'Ode aan de liefde.' – *NRC Handelsblad*

'Literair realitydrama om je vingers bij af te likken.' – Adriaan Jaeggi, *de Volkskrant*

'In één ruk uitgelezen en het niet droog gehouden.' – Paul de Leeuw, *Papaul*

'Kluun weet je mee te trekken en diep te raken.' – *Marie Claire*

'Confronterend boek.' – *Metro*

'Ik zou zeggen: ga het lezen (...) zeer aangrijpend relaas dat veel indruk op me heeft gemaakt.' – Mirjam van Biemen, *KRO's Dolce Vita*

'Zat het op het strand te lezen en tranen rolden achter mijn zonnebril vandaan.' – Maartje Fleur, *Flair*

'Eigentijdse mix van Erich Segals *Love Story* en Jan Wolkers' *Turks fruit*.' – Literair internetmagazine *Meander*

'Goed voor een avondje pittige discussie.' – *Spits*

'Man, man, wat een heftig boek.' – Myrna Goossen, *Aperitivo*

'Wat het boek zo bijzonder maakt is dat er ondanks alle ellende minstens zo veel te lachen valt.' – *One Magazine*

'Nooit wordt het pathetisch, nergens wordt gevraagd om medelijden. En dat maakt het zo écht.' – *Viva*

'Aan het einde van lijn 51 kwam ik tot de conclusie dat ik al vele haltes eerder uit had moeten stappen. Huilen in de metro is niet cool dus heb maar wat tranen doorgeslikt.' – *Maaike*

'Godverdomme Kluun, goed boek! Heb het in een ruk uitgelezen. Complimenten, en mocht er maar 50% van waar zijn: je bent een hufter, maar wel een goeie!' – *Walther*

'Ik zit midden in de shit die jij beschrijft. Mede door jouw boek ben ik erin gesterkt geraakt dat de liefde zal overwinnen.' – *Jack*

'Ik ben zelf een jonge borstkankerpatiënte en heb het boek in één keer uitgelezen. (...) Er zijn momenten geweest waarop ik je een opdonder wilde verkopen omwille van je pijnlijke openhartigheid (...) maar er straalt zoveel liefde uit jullie verhaal.' – *Elly*

'Balen, balen dat ik je boek nu al uit heb. Ik ben gisteravond om 22.30 uur begonnen en kon niet ophouden. Mijn vriend was op de bank in slaap gevallen en ik kwam hem met betraande ogen en een hondenhuil om 03.30 uur ophalen! Hij begreep er niets van!? Hij is niet zo gek met lezen en boeken, maar toen ik vertelde over beschrijvingen van lekkere wijven, Ajax en uitgaanstenten wilde hij het misschien ook wel gaan lezen. Jullie blijven toch typisch mannen...' – *Claire*

'Zelden zo'n mooi en eerlijk oprecht boek gelezen!' – *Saskia*

'De meest heftige emoties die elkaar in hoog tempo afwisselen. Van griezelig herkenbaar tot niet-voorstelbaar. Ook ik had je boek in een paar avonden uit, vandaag is mijn vrouw begonnen in je boek. Kijken of ze m'n mobieltje nu meer in de gaten gaat houden. Je wordt bedankt.' – *J.*

Kluun

Komt een vrouw bij de dokter

Uitgeverij Podium
Amsterdam

Dit boek draag ik op aan Juut en aan Naat.

Eerste druk oktober 2003
Negenentwintigste druk juli 2006

Copyright © Kluun 2003
Omslagontwerp Eric Hesen
Typografie Sander Pinkse Boekproductie
Foto omslag Eric Hesen
Foto auteur Suzanne Karsters

Verspreiding voor België: Van Halewyck, Leuven

ISBN-10: 90 5759 166 9
ISBN-13: 978 90 5759 166 2

www.uitgeverijpodium.nl
www.kluun.nl

Inhoud

'Wrample [wrempel] [< *Eng*] (m.), lett.: *written sample*: een muziek- of tekstfragment dat wordt ingepast in een geschreven tekst. *Vgl: wramplen, wrampling.* Variant op wat in de muziek <met name hiphop en house> bekendstaat als een *sample;* een eerder door derden opgenomen muziek-fragment dat gebruikt wordt als onderdeel voor een nieuw stuk muziek.

Monofo'bie [< *Gr*] (v.), ziekelijke angst voor een (seksueel) monogaam leven, met als gevolg een dwangmatige behoefte tot vreemdgaan.

Yesterday/all my troubles seemed so far away

The Beatles, uit *Yesterday* (Help, 1965)

Deel I
Stijn & Carmen

What the hell am I doing here/I don't belong here

Radiohead, uit *Creep* (Pablo Honey, 1992)

EEN

Het moyenne gaat aardig oplopen, denk ik bij mezelf als ik voor de derde keer in een paar dagen door de draaideur van het Lucas-ziekenhuis loop. Dit keer moeten we op de eerste verdieping zijn, kamer 105, staat er op de afspraakkaart van Carmen. De gang waar we moeten zijn, zit vol met mensen. Net als we ons daartussen willen nestelen, wijst een oudere man – met overduidelijk een toupet op – met zijn wandelstok naar de deur.

'U moet u eerst binnen melden.'

We knikken en lopen onwennig kamer 105 binnen. *Mw. dr. W.H.F. Scheltema, internist* staat er op het bordje naast de deur. De ruimte binnen is de echte wachtkamer – de gang blijkt voor de overflow, zie ik nu. Als wij binnenkomen, daalt de gemiddelde leeftijd der aanwezigen met enige decennia. We worden uitgebreid, haast meewarig bekeken door de andere patiënten. Ook een ziekenhuis heeft zijn eigen rangorde. Wij zijn hier duidelijk nieuw, wij zijn de toeristen van de wachtkamer, wij horen er niet bij. Maar de kanker in Carmens borst denkt daar heel anders over.

Een vrouw van een jaar of zestig in een ziekenhuisrolstoel, met in haar knokige handen eenzelfde afspraakkaart in een plastic hoesje als Carmen, neemt ons schaamteloos van top tot teen op. Als ik het merk, probeer ik me een houding van superioriteit aan te meten – mijn vrouw en ik zijn jong, mooi en gezond en dat kunnen we van jullie niet zeggen, stelletje ouwe vellen, denk maar niet dat we hier blijven, we zijn zo weer weg uit deze kankerzooi – maar mijn lichaamstaal werkt niet mee en verraadt mijn onzekerheid. Alsof ik

De Bommel in Breda binnenloop, aan de spottende blikken merk dat ik duidelijk te Amsterdams overdressed ben en ter plekke spijt krijg dat ik die ochtend mijn roze blouse en *snake leather* laarzen heb aangetrokken. Carmen is ook niet op haar gemak. Dit is een realitymoment: hier horen wij vanaf nu dus gewoon bij.

In kamer 105 is ook een incheckbalie. De verpleegster die erachter zit, lijkt onze gedachten te kunnen lezen. Ze vraagt snel of we niet liever even in het kamertje hiernaast willen zitten. Net op tijd, want Carmen houdt het weer niet droog, zie ik uit mijn ooghoek. Ik ben opgelucht dat ik niet tussen die aanstaande lijken in de wachtkamer of op de gang hoef te zitten.

'Het moet een enorme klap zijn geweest, eergisteren,' zegt de verpleegster als ze terugkomt met de koffie. Ik begrijp meteen dat het Geval Carmen van Diepen tijdens het afdelingsoverleg is doorgenomen. Ze kijkt naar Carmen. Daarna naar mij. Ik hou me groot. Een verpleegster die ik tot vijf minuten geleden nog nooit heb gezien, hoeft niet te merken hoe zielig ik mezelf vind.

Bij mannen die op een hoeveelheid vrouwen
jagen kunnen we gemakkelijk twee categorieën
onderscheiden. De ene zoekt in alle vrouwen zijn eigen
en subjectieve droomvrouw. De andere wordt gedreven
door een verlangen de oneindige verscheidenheid van
de objectieve vrouwenwereld te grijpen.

Milan Kundera, uit *De ondraaglijke lichtheid van het bestaan* (1984)

TWEE

Ik ben een hedonist met zware monofobie. Dat hedonistische vond
Carmen prachtig – het schiep meteen een band. Met mijn panische
angst om monogaam te zijn, is ze van meet af aan minder gelukkig
geweest. In het begin dacht ze nog dat het allemaal wel meeviel. Ze
vond de verhalen over mijn relationele verleden, dat van vreemdgaan
aan elkaar hing, zeer vermakelijk en zag er eerder een spannend extra
koopargument in dan een waarschuwing.

Tot ze er een dik jaar later – we woonden net samen – achter
kwam dat ik Sharon, de receptioniste van BBDvW&R/Bernilvy, het
reclamebureau waar ik toen werkte, had geneukt. Toen wist ze zeker
dat ik nooit trouw zou worden of er zelfs maar een poging toe zou
wagen. Jaren daarna vertelde ze me dat ze na Sharon even op het
punt had gestaan om me te verlaten, maar dat ze daarvoor te veel van
me hield. In plaats daarvan had ze zich voorgenomen mijn vreemdgaan stilzwijgend te gedogen en het als een slechte eigenschap te zien
die nou eenmaal bij mij hoorde. De ene vent peutert in zijn neus, de
andere gaat vreemd. Zoiets. Op die manier beschermde ze zichzelf
emotioneel tegen het idee dat haar man 'zijn pik met grote regelmaat
in de kut van andere wijven steekt'.

Tegenover mij hield ze al die jaren vol dat ze van me af zou gaan als ik ooit nog eens zoiets als met Sharon zou flikken. Zo wilde ze bereiken dat ik mijn escapades voortaan op z'n minst voor haar verborgen zou proberen te houden. Dat lukte.

De volgende zeven jaar vonden we onszelf het gelukkigste stel van het westelijk halfrond en omstreken.

Tot drie weken geleden, toen Carmen me belde terwijl ik samen met Frenk wakker probeerde te blijven bij het gezwets van de productmanager van Holland Casino.

It's the end of the world as we know it

REM, uit *It's The End Of The World As We Know It* (Document, 1987)

DRIE

In casino's komen Chinezen, patsers en vrouwen in Wehkamp-jurken. Ik heb er nog nooit één lekker wijf gezien. Afschuwelijk.

Toen de productmanager van Holland Casino ons belde en zei dat-ie misschien klant wilde worden bij *creative & strategic marketing agency* Merk in Uitvoering, heb ik hem verteld dat ik gék ben op casino's.

Holland Casino is goed voor een paar honderd uur per jaar, denken we. Vanmiddag zitten we in het casino op het Max Euweplein in Amsterdam. De productmanager wilde dat we een 'kijkje in de keuken kwamen nemen van een van zijn *toko's*'. Ja, *toko's*. Dat soort woorden gebruiken onze klanten. Ik kan het ook niet helpen. Ze hebben het ook wel eens over 'met de voeten op tafel en dan lekker brainen'.

We, dat zijn Frenk en ik, en uren daar leven we van bij **Merk in Uitvoering.** Mensen die echt een vak hebben geleerd maken dingen. Er zijn ook mensen die dingen verkopen. Minder eervol, maar ook best nuttig. Frenk en ik verkopen geen dingen, maar uren. En die maken we niet eens zelf. De bulk van het denkwerk bij Merk in Uitvoering wordt gedaan door zes jongens en meiden van in de twintig, allemaal Sturm und Drang-types zoals Frenk en ik vroeger waren, toen we nog niet voor onszelf waren begonnen. Het denkwerk van onze slimme twintigers wordt door Frenk en mij wat bijgeschaafd, we zetten het in een rapport, we laten onze secretaresse Maud – een ontzettend lekker ding – er een mooie kaft omheen doen en dan presenteren we ons gedachtegoed met veel aplomb aan onze klanten. Die reageren er doorgaans enthousiast op, complimenteren ons uitvoerig en doen er vervolgens niets mee. En dan gaan wij weer verder met het volgende duurbetaalde rapport voor die klant. Zo werkt ons businessmodel.

Frenk stelt de vragen waarvan hij weet dat die het goed doen bij klanten, de productmanager probeert wereldkampioen informatie-overkill te worden en ik doe alsof ik luister. Dat laatste heb ik tot kunst verheven. De klant denkt dan dat ik mijn hersenen pijnig over zijn marketingprobleem. De werkelijkheid is dat ik dan denk aan seks, uitgaan of Ajax. Soms heb ik geen idee wat een klant zojuist gezegd heeft, maar dat maakt niet veel uit. Een imago van verstrooid-heid – in combinatie met een fronsende blik en lange, mysterieuze stiltes – is in mijn vak een pre. Het helpt zelfs de uurprijzen hoog te houden. Zolang ik maar wakker blijf, komt alles dik voor elkaar, zegt Frenk altijd.

Dat wakker blijven kost me moeite vandaag. Ik heb al twee keer opzichtig zitten gapen, tot grote ergernis van Frenk. Net als mijn oog-leden weer een aanval van vallende ziekte krijgen, gaat mijn telefoon. Opgelucht excuseer ik me en vis mijn gsm uit mijn zak. CARMEN MOB.

'Hé liefie,' zeg ik, terwijl ik van de tafel wegdraai.

Mijn liefie huilt.

'Carm, wat is er?' vraag ik geschrokken. Frenk draait zich om en kijkt me met een bezorgde blik aan. De productmanager ratelt vrolijk verder. Ik maak een *don't worry*-gebaar naar Frenk en loop van de tafel.

'Ik zit in het ziekenhuis en ze zijn bang dat het niet goed is,' snikt ze.

Het ziekenhuis. Ik was alweer vergeten dat ze vandaag zou gaan. Twee dagen geleden, toen ze me vroeg of ik echt niks geks zag aan haar tepel, die zo branderig aanvoelde, had ik haar ervan geprobeerd te overtuigen dat dit vast kwam omdat ze die week ongesteld moest wor-den. Of door een hard randje in haar bh. Niks ernstigs. Net zoals een half jaar daarvoor, toen het uiteindelijk ook loos alarm bleek te zijn. Ik zei dat ze gewoon even naar dokter Wolters moest gaan als ze het niet vertrouwde en dat ze dan vast weer gerustgesteld zou worden.

Ik kan niet tegen slecht nieuws en reageer daar gewoonlijk op door mezelf en de mensen om me heen direct aan te praten dat het allemaal wel los zal lopen. Alsof ik me ervoor schaam dat sommige dingen gewoon onweerlegbaar, onontkoombaar, onvermijdelijk klote zijn. (Dat had ik vroeger al, als mijn pa vroeg wat NAC had gedaan en ik moest zeggen dat het 0-1 voor Veendam was geworden. Dat te moeten toegeven voelde alsof ik hem zelf in eigen doel gepeerd had. Slecht nieuws krijgen of geven verpest je dag.)

'Carm, vertel nou eens rustig wat ze hebben gezegd,' zeg ik door de telefoon, zorgvuldig het woord 'dokter' vermijdend waar Frenk bij is.

'Hij wist het zelf ook niet precies. Hij vond de tepel er vreemd uitzien en zei dat hij het toch niet helemaal vertrouwde.'

'Hm...,' zeg ik, een voor mijn doen buitensporig pessimistisch statement. Voor Carmen het teken om nu echt in paniek te raken.

'Ik zei toch dat mijn borst zo warm aanvoelde!?' roept ze met overslaande stem. 'Ik wist dat het niet goed was, verdomme!'

'Rustig, rustig, schat, dat weten we toch nog helemaal niet?' probeer ik. 'Zal ik naar je toe komen?'

Ze denkt even na. 'Nee. Je kunt hier toch niks doen. Er moeten bloedmonsters genomen worden en dan moet ik urine achterlaten en ik krijg nog te horen wanneer er plaats is om een kijkoperatie te doen, net als toen, weet je nog?' Ze klinkt iets rustiger. Praten over praktische zaken helpt de emotie onderdrukken. 'Ik zou het wel fijn vinden als jij Luna van de crèche haalt. Ik ga ook niet meer naar Brokers.

Brokers heet voluit **Advertising Brokers.** Het is Carmens bedrijf. Ze kwam op het idee toen ik bij BBDvW&R/Bernilvy – het Real Madrid van de reclamewereld, zoals we onszelf noemden – werkte. Carmen ergerde zich mateloos aan dat wereldje. 'Opgeblazen ego's die zichzelf belangrijker vinden dan hun klanten, hun collega's en God,' zei ze. 'Een beetje de kunstenaar uithangen, maar wel een dikke kar willen rijden en een topsalaris willen verdienen.' Ze vond het een grappig idee om daar een beetje in te stoken. Op een receptie van Bernilvy vroeg ze stiekem aan een klant van ons (Centraal B. te A.) waarom ze de rechten van hun commercials en advertenties niet verkochten aan bedrijven in andere landen, die toch geen concurrent waren. 'Een soort makelaar in ideeën, zoals dat ook met boeken, films en televisieprogramma's gebeurt,' zei ze. Die klant vond het een briljant idee en stelde het de dag erna meteen voor aan Ramon, de directeur van Bernilvy. Voor de lieve vrede ging die morrend akkoord. Carmen mocht op pad. Binnen een half jaar had ze de rechten van de commercials verkocht aan bedrijven in Zuid-Afrika, Maleisië en Chili. De reclamewereld schreeuwde moord en brand. Men vond het ordinair. Koehandel. Het boeide Carmen voor geen meter. Ze had een goudmijn aangeboord. Ineens wilde iedereen klant worden bij Advertising Brokers. De reclamebureaus zagen het licht. Door Carmen verdienden ze plotseling wel vier- of vijfdubbel op hun creatieve gedachtegoed. En hun klanten, die al die jaren de tarieven van de topreclamejongens tandenknarsend hadden betaald, uurprijzen die ze bij Yab Yum niet eens hoefden te betalen, zagen hun in eerste instantie duurbetaalde reclamecampagnes ineens geld ópleveren, omdat Carmen ze als occasion wist door te verkopen aan een of ander bedrijf in Verweggistan. Binnen twee jaar had Carmen twintig man voor zich werken en klanten over de hele wereld. Ze geniet van haar *selfmade* wereldbaan, vliegt soms – als ze zin heeft; het moet natuurlijk wel leuk blijven – naar een van haar klanten ergens op de wereld en heeft de grootste lol. 'Wat een grap, hè?' zegt ze bij iedere nieuwe klant weer.

Ik heb geen zin om me daar met dit jankgezicht nog te vertonen. Ik hoop dat ik hier voor zessen weg ben. Wat zullen we met eten doen?'

Ik moet lachen. Wij maken ons nooit druk over eten. Wij zijn zo'n stel dat pas 's avonds beseft dat er gegeten moet worden en dan iedere avond opnieuw verbaasd constateert dat er niks in huis is, behalve een lade vol Olvarit-potjes voor Luna. Onze vrienden drijven de spot met ons om het weekbudget dat wij uitgeven aan de spareribslijn, Domino's Pizza, de Chinees en de avondwinkel.

'We zien wel wat we met eten doen. Zorg jij nou maar dat je snel weg bent daar zodat ik je kan troosten. En misschien valt het uiteindelijk allemaal wel weer mee,' zeg ik zo luchtig mogelijk en ik hang op. Maar mijn rug is nat van het zweet. Iets zegt me dat ons leven hier een ongeluk heeft gekregen. Ik staar voor me uit. Er moet iets positiefs zijn. Straks even rustig alles op een rijtje zetten. Lichtpuntjes zoeken. Iets om Carmen, die daar in haar eentje in dat kloteziekenhuis zit, straks mee te troosten.

Dan zucht ik diep en loop terug naar de tafel waar Frenk met de productmanager zit. Die is net begonnen te vertellen over de problemen die Holland Casino heeft om van *first time visitors* vaste klanten te maken.

> Jullie leefden beestachtig gelukkig, maar daar is gewoon
> een einde aan gekomen.
>
> Jan Wolkers, uit *Turks fruit* (1973)

VIER

Ik parkeer mijn Chevrolet Blazer tegenover ons huis op de Amstelveenseweg, aan de rand van het Amsterdamse Bos.

Ik haat het Amsterdamse Bos, ik haat de Amstelveenseweg en ik haat ons huis. Vijf jaar lang woonden we midden in de stad, in de Vondelstraat, op eenhoog. Binnen twee maanden na de geboorte van Luna wilde Carmen er weg. Ze was het beu om die niet te tillen maar o-zo-hippe driewielerwandelwagen de trap op te moeten sjouwen, na eerst twintig minuten te hebben rondgereden op zoek naar een parkeerplaats. En na die keer dat we ons net met picknickmand en flessen rosé op een kleedje in het Vondelpark hadden geïnstalleerd en erachter kwamen dat Carmen – 'nee jij zou ze meenemen, Stijn' – de

Ons huis is op nummer 872. Het is een karakteristiek vooroorlogs huisje, door de vorige bewoners prachtig opgeknapt. De voorkant is zwart geverfd en er zit een groen houten puntdak met witte randen op. 'Pittoresk' noemde de makelaar het dak. Wat nou pittoresk, dacht ik, het is hier verdomme geen Zaandam. Maar de druk van Carmen om te verhuizen werd met de dag groter en ik was allang blij dat we niet in 't Gooi of in Almere terechtkwamen. Nu wonen we nog net in Amsterdam, maar de gevoelstemperatuur is zwaar Amstelveen. Ik voelde me er vanaf het begin niet thuis. Zodra ik vanuit het Olympisch onder het viaduct van de A10 door rijd, waan ik me op safari. 'Kijk, een zebra,' zei ik toen we er voor het eerst naartoe reden voor de bezichtiging. Carmen deed net of ze er niet om moest lachen. Er rijdt geen tram maar een bus langs ons huis. Nou, dan weet je het wel. Maar ach, het is hooguit voor een paar jaar, tot Merk in Uitvoering en Advertising Brokers een tiet met geld gaan opleveren en we een benedenhuis in het centrum van Amsterdam kunnen betalen, dus vooruit met de zebra.

21

luiers vergeten was, begon ze een intensieve campagne voor Amstelveen. Een huis met een eigen tuin. Uiteindelijk werd het een huis op de Amstelveenseweg.

Ik zie aan de zwarte Beetle, die een meter of vijftig verderop staat, dat Carmen al thuis is. Ik haal Luna uit de auto, loop naar de voordeur, haal diep adem en steek de sleutel in het sleutelgat. Ik ben zenuwachtig, wat me voor het laatst gebeurde in 1995, toen Ajax in de laatste minuten de 1-0 moest vasthouden tegen AC Milan.*

Even lijkt het op een avond zoals alle andere avonden. Zodra Luna Carmen ziet, krijgt ze een grijns die haar gezicht bijna in tweeën splijt. Carmen roept haar gebruikelijke langgerekte 'LUUUNAAA!', trekt een gekke bek, doet Luna's waggelende peuterdrafje na en omhelst haar, zittend op haar hurken. Luna antwoordt met een intens blij 'MAMAAAAA!'. Vanavond ontroert het tafereel me meer dan anders.

> **Luna** is mijn zonnetje. Ze is op dezelfde dag jarig als ik. Met haar geboorte was ik er in één klap van verzekerd dat mijn vrienden ook op mijn verjaardag komen als ik zestig ben. Ze willen die mooie strakke vriendinnen van mijn dochter, die er dan zullen rondlopen, vast niet missen.

'Dag liefie van me,' zeg ik als Carmen opstaat en ik kus haar op haar mond. We omhelzen elkaar en ze begint meteen te huilen. Weg gewone avond. Ik hou haar stevig vast en kijk over haar schouder naar niks. Ik zeg dat het allemaal uiteindelijk misschien wel weer meevalt, net als een half jaar geleden. Iets beters heb ik sinds vanmiddag niet kunnen verzinnen.

Ze stapt in bed en ik trek haar naar me toe. We beginnen te zoenen. Ik merk aan haar bewegingen dat ze opgewonden wordt. Zonder iets te zeggen, ga ik met mijn hoofd naar beneden. Als ze komt, drukt ze haar inmiddels kletsnatte kruis tegen mijn gezicht aan. 'Neuk me, nú!' fluistert ze. We neuken hard. Ze voelt dat ik bijna klaarkom, zegt

* Finale Champions League, 24 mei 1995, Wenen, Ernst Happel Stadion. 1-0 (Kluivert). Van der Sar, Reiziger, Blind, F. de Boer, Rijkaard, Seedorf (Kanu), Litmanen (Kluivert), Davids, Finidi, R. de Boer, Overmars.

Als Carmen zich in de slaapkamer uitkleedt, kijk ik naar haar borsten. Toen ik **Carmen** voor het eerst naakt zag, keek ik met open mond naar haar lichaam. Ik stamelde dat ik nog nooit iemand met zo'n lichaam in bed had gehad. Ze lachte en zei dat ze in Rosa's Cantina, eerder die avond, heus wel had gezien dat mijn blik steeds omlaag schoot naar die canyon in haar zwarte, diep uitgesneden T-shirt. Na Luna's geboorte zijn haar borsten een beetje gaan hangen, maar ik vind ze er niet minder mooi om. Nog steeds kan Carmen me opwinden door zich alleen maar uit te kleden en die fantastische tieten van haar vrij te geven. Ik vind het elke avond weer een feest. Leven met Carmen is sowieso een feest voor lichaam en geest.

met hunkerende ogen 'kom maar, spuit me vol,' en met enkele harde laatste stoten kom ik klaar, op mijn lip bijtend qua Luna in de kamer naast ons.

Meteen na mijn orgasme begint ze weer te huilen.

'Kom maar, liefie van me,' fluister ik. Ik kus haar haren en blijf minutenlang op en in haar liggen.

'We vieren volgende week gewoon jullie verjaardag, hoor,' zegt ze even later, als ik het licht heb uitgedaan. 'Misschien is het wel de laatste keer dat ik erbij ben.'

Een typisch kenmerk van spijt/is dat het steeds weer te
laat komt/en nooit op tijd

Extince, uit *Op de dansvloer* (Binnenlandse funk, 1998)

VIJF

Om halfvier slaap ik nog steeds niet. Ik zie er nu al tegenop onze vrienden en familie straks weer slecht nieuws te moeten vertellen. Alsof we ze een half jaar geleden bedrogen hebben toen we zeiden dat het loos alarm was. Nu moeten we ze weer tot de biopsie in onzekerheid laten zitten. Die is volgende week vrijdag. Over tien dagen. Tien *fucking* dagen wachten op een kijkoperatie. Eerder lukte echt niet, had dokter Wolters tegen Carmen gezegd, en zoveel maakten die tien dagen nu ook niet meer uit, verzekerde hij. Toen ik daar vanavond kwaad over werd, werd Carmen weer kwaad op míj. 'Wat had ik verdomme dán moeten zeggen, Stijn? Dat we die biopsie dan zelf wel doen?' Daarna hield ik mijn mond maar.

Dokter Wolters. Het is een half jaar geleden, en ik heb hem toen alles bij elkaar misschien een halfuur gezien, maar ik zie zijn gezicht zo weer voor me. Jaar of vijfenvijftig, gedistingeerd grijs haar, scheiding aan de zijkant, rond brilletje, witte jas. Een half jaar geleden had de nachtmerrie een kleine week geduurd. Het begon met een bezoek van Carmen aan onze huisarts, dokter Bakker. Die adviseerde om voor alle zekerheid toch even naar de borst te laten kijken in het ziekenhuis. Daar schrokken we van. In het Lucas-ziekenhuis kwamen we terecht bij dokter Wolters. Die keek ernaar en vond dat Carmen toch maar even een biopsie moest laten doen. Daar schrokken we nog meer van. Niet dat we wisten wat een biopsie was, maar als ze iets gaan doen in een ziekenhuis waar je nog nooit van hebt gehoord, is dat per definitie foute boel.

De avond voor de biopsie had ik in het schemerdonker van onze slaapkamer geprobeerd Carmen niet te laten merken dat ik lag te janken. Eerder die avond had ik in haar ogen gezien dat ze doodsbang was. En dat begreep ik wel. Want van kanker ga je dood.

Vanavond schoten me ineens Wolters' woorden van toen, een paar uur na de biopsie, weer te binnen. 'De cellen zijn onrustig, we weten niet precies wat het is, maar het is in ieder geval *niet kwaadaardig.*' Ik herinner me dat hij het amper had uitgesproken of we waren al opgestaan. Wat waren we opgelucht en wat wilden we weg, weg, weg uit dat ziekenhuis, terug naar ons gelukkige leven, waarin we gewoon, zoals we gepland hadden, nog lang en gelukkig zouden doorgaan met leven. Met de tijd aan onze zijde, en plannen voor wel honderdduizend jaar.* Buiten waren we in elkaars armen gevallen. Alsof we net een gezond kind hadden gekregen, zo blij waren we. Ik had jubelend Carmens ma, Thomas en Anne, Frenk en Maud gebeld om te zeggen dat er niks aan het handje was. Carmen was *gezond.*

Níét kwaadaardig. Hadden we Wolters niet net zo lang moeten doorzagen over zijn we-weten-niet-precies-wat-het-is? Hadden we tóch niet een second opinion moeten afdwingen in een ander ziekenhuis? Is het achteraf niet onze eigen schuld? Hebben we ons niet gewoon laten afschepen? Dat Carmen in haar opluchting allang blij was, valt te begrijpen, maar had *ik* toen niet moeten doorvragen, moeten eisen dat-ie door was gegaan met zoeken tot-ie verdomme *wel* had geweten wat het precies was? Niet Wolters, maar ik ben hier de grootste lul. *Ik* ben toch haar man, ik moet haar toch beschermen?

Het was misschien allemaal te voorkomen geweest, bonkt het door mijn hoofd.

Dat gaat me deze keer niet gebeuren. Als hij ons volgende week vrijdag weer verzekert dat het wel goed zit, trek ik hem aan zijn witte jas over zijn bureau heen. Dat kan ik hém verzekeren.

---

* Wrample uit *Een dag zo mooi* van Tröckener Kecks (Andere plaats andere tijd, 1992).

ZES

Oncologie heet de afdeling in het Lucas-ziekenhuis waar de biopsie wordt gedaan, zie ik op het bordje boven de klapdeur. Oncologie. Ik kende het woord vaag, maar wist niet dat het met kanker te maken had. Het klinkt zo onschuldig. Meer als een wetenschap die zich bezighoudt met het onderzoeken waarom de mammoet ooit is uitgestorven of zoiets.

Luna zwaait met Elmo, die ze vorige week voor haar verjaardag heeft gekregen. Carmen zit op de rand van het bed. Ze is net gewogen en er is bloed geprikt. De zwarte tas waarin ze vanochtend haar toiletspullen, pantoffels, een paars zijden nachthemd – waarvan ik niet wist dat ze het had – en een *Marie Claire* heeft gedaan, ligt op bed. Ik zit naast haar, mijn jas nog aan, en pak de twee foldertjes die we net hebben gekregen. Een groene, *Leven met kanker*, en een blauwe, *Borstkanker*. Op allebei staat een logo dat ik ken van die collectebussen. Het Koningin Wilhelmina Fonds, meen ik. Ik begin te bladeren in de blauwe folder, zoals je in het vliegtuig de gids met *duty free articles* leest om in de stemming te komen. *Voor wie is deze brochure?* staat er boven aan de eerste bladzijde. Ik lees dat Carmen en ik tot de doelgroep van deze folder horen. Ik hou er niet van om tot een doelgroep te behoren, en al helemaal niet van deze folder. In de inhoudsopgave zie ik hoofdstuktitels als *Wat is kanker?*, *Borstprothesen* en *Pijnbestrijding*. Waarom lezen

> Het **Lucas-ziekenhuis**. Er zijn mensen die de Europarking het deprimerendste gebouw van Amsterdam vinden. Anderen De Nederlandsche Bank. Of de flats in de Bijlmer. Ik nodig hen uit het Lucas eens te bezichtigen. Als ik het zie liggen langs de A10 krijg ik al bultjes.

we deze gezellige lectuur eigenlijk? Het is toch maar een kijkoperatie? Kunnen we voorlopig niet net doen of alles gewoon weer goed komt, of die ingetrokken tepel op die rode borst – die de laatste dagen trouwens zichtbaar roder en groter is geworden, zelfs voor mijn ongeoefend oog – toch niet alsnog is veroorzaakt door weet ik veel, hormonen of zo?

Het is ondertussen negen uur en er komt een verpleegster binnen. Ze heeft een dossier bij zich waarop Carmens naam staat.

'Je hoort er al helemaal bij, joh,' zeg ik, met een knik naar het dossier.

Carmen lacht. Een beetje.

'De kijkoperatie is gepland voor twaalf uur,' zegt de zuster.

De zuster is een jaar of vijftig. Ze doet haar best om dit routinepraatje zo persoonlijk mogelijk te brengen. Ze legt haar hand zelfs een keer op Carmens knie. Carmen is vriendelijk, zoals Carmen altijd vriendelijk tegen iedereen is. Ik voel me helemaal niet op mijn gemak en wil eigenlijk zo snel mogelijk met Luna naar de crèche en dan naar Merk in Uitvoering. Geen idee wat ik daar moet gaan doen op deze dag, als ik maar weg kan uit dit kutziekenhuis. Er een zo gewoon mogelijke dag van maken.

Carmen merkt het. 'Ga maar hoor, ik red me wel. En de koffie bij Merk in Uitvoering is vast beter dan die hier,' lacht ze.

'Als mevrouw uit de narcose is, bellen we u wel,' zegt de zuster.

Luna en ik knuffelen Carmen en ik fluister dat ik van haar hou. Vanuit de deuropening geef ik haar een kushand. Luna zwaait.

Carmen doet haar best te glimlachen.

I hide my tears behind a painted smile

Isley Brothers, uit *I Hide My Tears Behind A Painted Smile* (Soul On The rocks, 1967)

ZEVEN

Om tien uur open ik de voordeur van ons kantoor. Het ligt in het Olympisch Stadion. Vanaf de dag dat we de sleutel ontvingen, voel ik me daar meer thuis dan thuis. Een deel van mijn jeugd ligt in het Stadion. Als Bredaas jochie van zestien, vond ik het rellerige Amsterdam van begin jaren tachtig mateloos stoer. Zo vaak ik kon, ging ik op zondag met de trein naar Amsterdam om dan 's maandags op school te verhalen over de rellen bij 'Ojox!!!' en de vernielingen onderweg in 'de negen' naar De Meer of 'de zestien' naar het Olympisch. Waar ik zelf ver weg van bleef omdat ik het dan, net als de jaren ervoor op de B-Side van NAC, zowat in mijn broek deed van angst, maar dat hoefden ze op school weer niet te weten.

Frenk houdt van mooi en ik van Ajax. Daarom is **ons kantoor** – schuin onder vak TT, waar de F-side altijd stond als Ajax in het Olympisch speelde – een compromis geworden. Ik heb bedongen dat er over de volle breedte van de zijmuur een foto van zeven bij anderhalve meter hangt. Hierop zie je de spelers het veld betreden voor de laatste Champions League-wedstrijd in het Stadion,* omringd door een zee van fakkels en rode rook. Het kantoor van Merk in Uitvoering lijkt op de slaapkamer die ik had toen ik vijftien was, maar dan tien keer zo groot. En ontelbaar keer zo hip. Dat is de invloed van Frenk en de ontwerper, een Engelse nicht met een te hippe bril. De ontwerper vond mijn voetbalfetisj niet passen in het geheel. Ik zei dat hij pech had en zijn creatieve gang mocht gaan als hij maar van die foto afbleef. Als het om voetbal gaat, ben ik heel principieel. Hij ging mokkend akkoord. Maar dan wilde hij wel carte blanche voor de rest van het kantoor. 'Mij best,' zei ik. Dat heb ik geweten. Hij had bedacht dat in de open ruimte van ons kantoor drie gekleurde plexiglas schermen van twee meter breed bij anderhalve meter hoog moesten komen. Een rode, een gele en een blauwe. Verder besloot hij om roze tl-licht achter de kasten te laten schijnen, om een wand van vijf meter hoog appelgroen te laten schilderen en een andere wand met paarse vilten kussens te bedekken. Al met al een kleurig geheel. En budgettair volledig onverantwoord. Frenk zei dat ik daarover niet moest zeiken, ik had toch mijn zin gekregen met mijn Ajax-foto?

Achteraf blijken de nicht en Frenk toch niet helemaal van de ratten besnuffeld te zijn. In de paar weken dat we hier nu zitten, wist Frenk mij gnuivend de komst te melden van *Het Parool*, drie internationale bladen, alle marketing- en reclamevakbladen, een blad over monumenten, twee excursies van groepen architecten (waaronder een groep uit Denemarken met een dusdanig lekker wijf erbij dat ik heb besloten om vanaf nu niet meer over de budgetoverschrijding te blijven zaniken, gebeurd is gebeurd) én een nieuwe klant. Het is allemaal zo moeilijk niet, een eigen marketingbureau.

* Ajax-Panathinaikos, 3 April 1996, 0-1. Van der Sar, F. de Boer, Blind, Reiziger, Bogarde, R. de Boer, Litmanen, Davids, Finidi, Kanu, Overmars. Uit won Ajax gewoon met 0-3.

'Hoi,' zeg ik als ik binnenkom. Iedereen is er al. Ik loop meteen door naar het koffiezetapparaat in het kleine keukentje, uit het zicht van iedereen. De rest van ons kantoor in het Stadion is zo open dat even ongezien zwaar in je neus peuteren er niet bij is. Het koffiezetapparaat is een aankoop van Frenk, de koffie is dus zeer verantwoord en na de druk op de knop duurt het nog een halve minuut voordat je koffie hebt. Vandaag kan het me niet lang genoeg duren. Als mijn kopje vol is, blijf ik nog even staan. Ik verzamel al mijn moed en loop langs Mauds bureau. Ik vermijd haar aan te kijken.

Frenk kijkt me peilend aan als ik ga zitten.

'Nou, eh... ze is nu dus in het ziekenhuis,' probeer ik zo laconiek mogelijk te zeggen. Maud is er ook bij komen staan. En ik voel de ogen van de anderen in mijn rug.

'Tja. Nou ja, we zien het wel, hè,' zeg ik en start mijn pc op. Ik kan mijn tranen nauwelijks inhouden. Maud legt een hand op mijn schouder. Ik leg mijn hand even op de hare en kijk door het raam naar buiten. Was ik maar een kind. Dan kon ik mezelf wijsmaken dat alle ellende vanzelf ophield door er gewoon niet over te praten.

It ought to be easy ought to be simple enough/
man meets a woman and they fall in love/but the house
is haunted and the ride gets rough

Bruce Springsteen, uit *Tunnel Of Love* (Tunnel Of Love, 1992)

ACHT

Om vijf uur 's middags krijg ik Carmen aan de lijn. Ik zit net in de auto op weg naar de crèche. Ik hoef niet eens te vragen hoe het met haar is. Ik hoor het al aan haar stem.

'De dokter is net bij me geweest... Het is helemaal fout, Stijn.'

'Ik ben al onderweg. Even Luna ophalen en dan kom ik.'

Ik durf verder niks te vragen.

Met kloppend hart loop ik met Luna op mijn arm over de gang van de afdeling Oncologie. Ik loop de kamer binnen waar ik Carmen vanochtend alleen achtergelaten heb. Ze is weer aangekleed en zit op bed met een verfrommeld papieren zakdoekje in haar hand uit het raam te kijken. Haar ogen zijn rood en opgezwollen. Naast haar liggen nog twee zakdoekjes, in dezelfde staat. Ze ziet ons binnenkomen en slaat haar hand voor haar mond. Een gebaar dat ik van haar ken als er iets heel ergs is gebeurd. Zonder iets te zeggen loop ik naar haar toe en omhels haar. Ze duwt haar hoofd tegen mijn schouder en begint onbedaarlijk te huilen. Ik durf nog steeds niks te vragen. Ik kan niet eens iets vragen. Ik kan geen woord uitbrengen. Luna heeft nog geen geluidje gemaakt sinds we de ziekenhuiskamer inkwamen.

Carmen kust Luna en weet er zowaar een glimlach uit te persen.

'Dag lieverd van me,' zegt ze, Luna over haar hoofd strelend.

Ik schraap mijn keel. 'Vertel eens,' zeg ik. Het moet toch.

'Kanker. Een hele gevaarlijke vorm. Diffuus, noemden ze het. Geen knobbeltje, maar een ontstekingsvorm en het zit al in mijn hele borst.'

Boem.

'Weten ze het zeker?' Meer kan ik niet verzinnen.

Ze knikt, ondertussen haar neus snuitend in het zakdoekje dat nu toch echt geen vocht meer kan hebben.

'Het heet mastitis carcihuppeldepup...' – ik knik, alsof ik het begrijp – '...Als je wilt kun je nog even bij dokter Wolters naar binnen lopen, heeft-ie gezegd. Hij zit een paar deuren verder.'

Wolters. Alleen die naam al. We hebben hem de afgelopen week doodgezwegen. Vragen van Thomas en Anne en van Carmens moeder, of er een half jaar geleden niet een enorme fout is gemaakt, werden snel weggewuifd. Misschien zat het er toen al en was het toen ook al te laat geweest, was ons antwoord. Einde discussie. Alleen al de gedachte dat Carmen dood zou kunnen gaan door een medische blunder...

Wolters zit achter zijn bureau. Ik herken hem direct van een half jaar geleden. Hij mij niet. Ik klop op zijn openstaande deur.

'Hallo...?' zegt hij fronsend.

'Dag,' zeg ik kortaf. Dat hij niet vergeet dat hij de schuld van alles is. 'Ik ben de man van Carmen van Diepen.'

'O, sorry, dag meneer Van Diepen,' zegt Wolters, en hij staat vlug op van zijn stoel om me de hand te schudden. 'Gaat u zitten.'

'Ik blijf wel staan. Mijn vrouw zit op me te wachten.'

'Juist. U komt voor de uitslag van de biopsie, neem ik aan.'

Nee, voor die van NAC-Ajax, nou goed.

'Ja.'

'Tja. Dat zag er niet helemaal in orde uit.'

'Nee. Dat begrijp ik ook,' zeg ik met een cynisme dat hij waarschijnlijk niet eens opmerkt. 'Kunt u mij uitleggen wat er precies aan de hand is?'

Wolters vertelt waarom het deze keer wél kwaadaardig is. Ik luister maar half naar wat hij zegt en snap er nog minder van. Ik vraag hoe zeker hij is.

'Behoorlijk zeker... We moeten het nog onderzoeken, maar het ziet ernaar uit dat het mastitis carcinomatosa is. Meer kunnen we nu niet doen.'

Ik knik. Wolters schudt me de hand.

'Nou, ik zou zeggen, heel veel sterkte samen, en u kunt morgen terecht bij dokter Scheltema. Dat is de internist en die kan u alles vertellen over de dingen die nu staan te gebeuren. Goed?'

Ik knik weer. En ik trek hem niet over zijn bureau heen. Sterker nog: ik zeg niks. Niks. Ik sla dicht. Als een klant een vinger uitsteekt naar een strategie van me, hak ik die er bijna af, en nu deze hufter door een fout een half jaar geleden ons leven heeft verkankerd, gedraag ik me als een speler van een Limburgse club die voor het eerst in zijn leven een uitwedstrijd in de ArenA speelt.

Carmen heeft Luna op schoot en kijkt over de bijna lege parkeerplaats van het ziekenhuis heen als ik haar kamer weer binnenkom.

'Mag je mee, of moet je hier nog iets doen?' vraag ik.

'Ik geloof dat ik klaar ben,' zegt Carmen. Ze kijkt de kamer rond, met haar ogen haar zwarte tas zoekend. Ik loop zwijgend naar de tafel waar haar jas overheen ligt en help haar in haar jas, wat ik anders nooit doe. Het is een poging om mezelf het gevoel te geven nog íéts nuttigs te doen.

'Niet zo ver naar achteren,' zegt Carmen, als ik haar jas achter haar openhoud. 'Ik kan mijn armen niet zo goed naar achteren bewegen door die wond aan mijn borst.'

'O. Sorry. Kom Luna, we gaan,' zeg ik en ik til haar op van het bed. Ze is nog steeds opvallend rustig.

Carmen steekt nog even haar hoofd in de deuropening van de verpleegstersruimte en zegt 'nou daaag'. De verpleegster, dezelfde als vanochtend, schuift snel haar bord met warm eten opzij, staat op van haar stoel, pakt Carmens hand met twee handen vast en wenst ons sterkte.

'Redden jullie het samen vanavond?'

'Vast wel,' zeg ik stoer en geef haar een geruststellende knik.

Met zijn drieën lopen we naar de lift. We zeggen niks.

The times are tough, just getting tougher/I've seen
enough, don't wanna see anymore/turn out the light
and block the door/come on and cover me

Bruce Springsteen, uit *Cover Me* (Born In The USA, 1985)

NEGEN

Thuis bel ik Frenk en zeg hem dat Carmen borstkanker heeft.

'Godverdomme,' vat Frenk de situatie kernachtig samen.

Carmen belt Anne. Ze vertelt wat er aan de hand is. Binnen een uur staat ze met Thomas op de stoep. Ze omhelst me langdurig, en loopt dan, haar jas nog aan, naar de huiskamer en pakt Carmen vast. Die begint direct weer te huilen.

Thomas geeft mij een ongemakkelijke knuffel. 'Het is klote, maat van me,' mompelt hij. Hij loopt naar binnen en durft Carmen amper aan te kijken. Hij staat naar de grond te turen, met afgezakte schouders en de handen in de zakken. Hij heeft zijn pak en stropdas nog aan.

Thomas komt ook uit Breda-Noord en ik ken hem al vanaf de lagere school. 'We liked the same music, we liked the same clothes, we liked the same bands,'* zingt Bruce en zo was het met Thomas en mij ook. Toen we twaalf waren, gingen we samen naar NAC, toen we zestien waren gingen we samen naar punkbandjes in Para en toen we achttien waren gingen we op zaterdagavond samen op jacht in De Suykerkist. Daar was Thomas mateloos populair. Ik niet. Ik had puisten en een duikbril en moest genoegen nemen met de restjes van Thomas.

Na de middelbare school gingen we allebei naar de heao, waar we ook Frenk leerden kennen. Thomas haalde de heao met klotsende oksels en het zweet tussen de billen. Thomas was en is niet superintelligent. Hij werd vertegenwoordiger bij een bedrijf dat wegenzout verkoopt en is dat nu nog. Zijn klanten zijn ambtenaren van gemeentes en Rijkswaterstaat. Thomas is dikke vrienden met hen, ik denk omdat hij net als zij houdt van moppen over Belgen, negers, blondjes en vrouwen die bij de dokter komen, en omdat hij ook pastelkleurige button-down overhemden van Kreymborg draagt. Thomas en ik bellen elkaar vaak. We zien elkaar minder dan vroeger. Afgezien van carnaval in Breda hoeft stappen voor hem niet meer zo. Hij zit in het weekend liever thuis met een kaasje en een wijntje en een film met veel schieten, tieten en helikopters. Die afgenomen stapbehoefte heeft ermee te maken dat zijn schedel een paar jaar geleden aan het kalen sloeg en zijn buik ontzagwekkende vormen begon aan te nemen. 'Goddomme, Stijn, ik ben net melk en jij net wijn,' zei hij ooit tegen me toen hij begreep dat zijn afnemende populariteit bij 'de vrouwtjes' structurele vormen begon aan te nemen. Pragmatisch als Thomas is, ondernam hij actie. Toen hij een keer een leuke jonge stagiaire zag binnenhuppelen bij zijn bedrijf, nu zes jaar geleden, nam hij haar mee uiteten en liet haar daarna nooit meer los.

* Wrample uit *Bobby Jean* (Born In The USA, 1985).

Die stagiaire, dat was **Anne**. Thomas en Anne hebben elkaar helemaal gevonden. Anne is wars van alles wat trendy (lees: Amsterdams) is, ook zij is gek op kinderen, kaas en wijn en ze ziet er net als Thomas uit alsof ze chronisch zwanger is. Sinds de geboorte van hun kinderen, Kimberley (4), Lindsey (3) en Danny (1) is Anne dichtgeslibd. Anne zegt dat ze haar gezin en haar huishouden belangrijker vindt dan haar uiterlijk. Ze draagt leggings en T-shirts van Miss Etam. De status van de verslonzing, noemt Carmen dat. Maar dat weet Anne weer niet. Carmen zou Anne nooit kwetsen. En terecht. Want Anne is uitgegroeid tot Carmens beste vriendin. Ze bellen elkaar elke dag en toen Carmen een half jaar geleden in doodsangst zat voor die biopsie was Anne niet weg te slaan bij ons thuis. Hoewel ik me kapot ergerde aan haar aanwezigheid elke keer als ik thuiskwam van mijn werk, moest ik toch toegeven dat Anne weet wat vriendschap is. Carmen en Anne zijn tegenwoordig veel closer dan Thomas en ik. Carmen vertelt Anne alles. Ik Thomas niet. Althans niet meer sinds ik ontdekte dat hij alles wat ik doe (en hij zou willen doen) doorklept aan Anne. Voor je het weet komt het weer bij Carmen terecht en dat moeten we natuurlijk niet hebben. Eerlijkheid is een overschatte deugd. Anne denkt daar anders over. Maar zij heeft makkelijk praten. Haar uiterlijk kan niet bepaald uitnodigend tot geslachtelijk verkeer worden genoemd.* Anne zou nog niet vreemd kunnen gaan al zou ze het willen.

* Wrample uit *De Avonden* van Gerard Reve (1947).

Anne is nuchter. Ze adviseert om alle vragen die we morgen aan de dokter willen stellen op te schrijven. Dat vinden we een goed plan. Met zijn vieren bedenken we wat we allemaal willen weten. Ik schrijf.

Het werkt. We degraderen de kanker tijdelijk tot een neutraal object dat we kritisch en haast zakelijk aan het analyseren zijn. Carmen heeft al een uur niet gehuild.

Om halftien gaan Thomas en Anne weg. Ik bel Frenk, Carmen gaat zitten internetten. Als ik heb opgehangen, vraagt ze of ik me nog herinner wat de Engelse naam van haar vorm van borstkanker is.

'Dat heeft Wolters niet gezegd. Wel de Latijnse naam, mastitis carcinogwat...'

'Carcinomatosa, ja. In het Engels heet het dan...' – ze kijkt op het scherm – '...Inflammatory Breast Cancer... En *Inflammatory* wil zeggen dat het een ontstekingsvorm is. Een soort zweer die – als je er te laat bij bent – meteen in je bloedlichaampjes komt. Dat klopt toch, hè?'

'Eh... ik geloof van wel, ja,' antwoord ik voorzichtig.

'Nou, dan is dat mooi kut, want dan is de kans dat...' – haar stem breekt – '...dat ik nog langer dan vijf jaar te leven heb, nog geen veertig procent.'

Veertig procent. 'Hoe weet je nou zo zeker dat dat hetzelfde is?' reageer ik geïrriteerd. 'Weet je wel zeker dat je het goed gelezen hebt?'

'Ja, ik ben goddomme toch niet achterlijk, Stijn?!' schreeuwt ze. 'Dat staat hier toch! Of niet soms?'

Ik kijk niet naar het scherm, maar druk op de uitknop van de iMac.

'Zo. En nu mee naar bed.'

Ze kijkt verbouwereerd naar het zwarte scherm en daarna naar mij. Eerst met een dodelijke blik en dan begint ze onbeschrijflijk hard te janken.

'Godverdomme, als die klootzak het toen goed had gezien, dan was het nu misschien niet te laat geweest!'

Ik pak haar bij haar arm en sleep haar mee de trap op.

Na een huilbui die niet op lijkt te houden, valt ze in mijn armen in slaap. Ik ben klaarwakker en zie op tegen morgenochtend. Het moment dat ik wakker word en besef dat ik niet heb gedroomd, maar dat het echt waar is.

Carmen heeft kanker.

Het regent harder dan ik hebben kan

Bløf, uit *Harder dan ik hebben kan* (Boven, 1999)

TIEN

Dokter Scheltema schudt ons de hand, gebaart dat we mogen gaan zitten en neemt zelf weer plaats achter haar bureau.

Ze begint een dossier door te nemen. Het is een ouderwetse bruine hangmap. Ik kijk mee, op zijn kop, en zie dat het hetzelfde dossier is dat die verpleegster eergisteren bij zich had. Er liggen twee röntgenfoto's in (van Carmen, neem ik aan) en ik zie een lang met de hand geschreven verhaal (van dokter Wolters?) en een tekening van een borst, met

> **Dokter Scheltema** is niet een type van wie je vermoedt: dat wordt lachen. Grijs haar, veel pennen in haar borstzak en een typisch B-pakketgezicht. Tussen dokter Scheltema en mij gaat het niet klikken. Dat zag ik al aan de uitdrukking op haar gezicht waarmee ze mij en mijn poepbruine leren *seventies* jack opnam toen ik haar kantoor binnenstapte.

een pijltje en een onleesbare tekst ernaast. Scheltema leest het dossier alsof we er niet zijn. Het is verschrikkelijk stil in haar kantoor.

Ik houd Carmens hand vast. Ze knipoogt naar me en maakt een Mr. Bean-achtige knikkebollende beweging als Scheltema na een halve minuut nog steeds zonder iets te zeggen in het dossier blijft lezen, erin bladert, weer terugbladert en weer vooruitbladert. Ik wend mijn blik vlug van Carmen af voor ik in de lach schiet, want ik vermoed dat dit de band tussen mij en de dokter niet zou versterken. Ik kijk maar eens rond. Achter haar bureau hangt een ingelijste kopie van een impressionistisch schilderij (vraag me niet van wie – ik kom uit Breda-Noord en ik vind het al heel wat dat ik weet dat dit een impressionistisch schilderij is), en aan de muur bij de deur hangt een rekje met folders waarin ik, naast voor mij nieuwe titels als *Goede voeding bij kanker, Kanker en seksualiteit* en *Pijnbestrijding bij kanker* ook de inmiddels vertrouwde blauwe folder *Borstkanker* ontdek.

Dokter Scheltema kijkt op uit het dossier.

'Hoe is het geweest, de afgelopen dagen?' begint ze.

'Niet geweldig,' vat Carmen met gevoel voor understatement samen.

'Nee, dat kan ik me voorstellen,' zegt de dokter. 'Het is wel zuur dat het destijds zo ongelukkig is gegaan. Dat is toch wel eh... buitengewoon slordig geweest.'

'Ja, want nu is het te laat, hè?' mompelt Carmen.

'Zo mag u nog niet denken, hoor,' reageert Scheltema. 'We hebben nog een aantal instrumenten die we kunnen inzetten. Terugkijken heeft geen zin, we moeten nu zoeken naar wat er wél kan.'

Stomverbaasd door het hoge gebeurd-is-gebeurdgehalte waarmee ze praat over de blunder van haar collega, kijk ik Carmen aan. Die lijkt zich er bij neer te leggen. Ik hou me ook maar in.

'Wat ik heb heet toch *inflammatory breast cancer*, hè?' vraagt Carmen.

'De officiële naam is mastitis carcinomatosa, maar *inflammatory* is inderdaad de Engelse naam... eh, hoe weet u dat eigenlijk?

'Dat heb ik gisteren op internet opgezocht.'

'Nou, daar moet u mee uitkijken hoor,' zegt Scheltema korzelig.

Ja, dank je de koekoek, denk ik, want dan wordt het lastig voor jou. Ik gnuif, en in tegenstelling tot gisteren, toen ik razend op Carmen was omdat ze zichzelf het ergste van het ergste had aangepraat na het bekijken van tientallen sites over alle denkbare vormen van borstkanker, ben ik trots op haar dat ze al meer weet dan de dokter lief is.

'En klopt het dat maar veertig procent van de vrouwen bij wie dit wordt geconstateerd de eerste vijf jaar overleeft?' gaat Carmen verder.

'Ik ben bang nog minder,' zegt Scheltema ijskoud, in een kennelijke poging het lezen van dit soort websites voor eens en voor altijd te ontmoedigen, 'want u bent nog jong en dan delen de cellen zich sneller dan bij oudere mensen. De tumor in uw linkermamma is nu dertien bij vier centimeter, en dat is waarschijnlijk in enkele maanden gegroeid.'

Dertien bij vier? Een courgette is dertien bij vier! En dat in een paar maanden tijd? Ja, dat moet trouwens wel, zoiets zou zelfs dokter Wolters destijds niet over het hoofd hebben gezien.

'Kan het niet worden weggehaald?' vraagt Carmen. 'Desnoods moet mijn borst er maar af, hoor.'

Ik weet niet wat ik hoor. Zonder met haar ogen te knipperen zegt ze dat haar trots, haar handelsmerk dan maar geamp–

Scheltema schudt nee.

'Opereren zou op dit moment gevaarlijk zijn,' zegt ze. 'De tumor is te groot. We kunnen niet precies zien waar de cellen zich hebben verspreid. Als we gaan snijden, dan lopen we kans dat de tumor in het littekenweefsel van de afgezette borst komt en dan zijn we nog verder van huis. Pas als we zeker weten dat de tumor in uw borst kleiner is geworden, behoort opereren misschien tot de mogelijkheden.'

Ze zegt het alsof we er blij mee mogen zijn.

'Een ander middel dat we wel eens gebruiken om een tumor aan te vallen is een hormoonkuur...' – *ja, een hormoonkuur! Daar had ik iets over gelezen, herinner ik me* – '...maar dat kan ook niet. Het zit u namelijk niet mee. We hebben in uw bloed gezien dat uw oestrogeen-receptoren negatief zijn. Uw tumorcellen zouden niet reageren op hormonen. Maar het vervelendste is dat uit de biopsie bleek...' – *wel-ja, kom maar door* – '...dat de tumor diffuus is, waardoor het vrijwel zeker al in de bloedvaten zit, en dan weet u het wel, hè...'

Nee, ik weet het niet, want ik heb een A-pakket en het is heel gek, maar er gingen tot voor kort hele dagen voorbij dat ik niet aan kanker dacht. Omdat ook Carmen een uitdrukking op haar gezicht heeft die verraadt dat ze het niet weet, gaat Scheltema door, als een nieuwsle-zeres van het *Jeugdjournaal* die uitlegt waarom grote mensen oorlog maken.

'Kijk, het zit zo. Bloedlichaampjes gaan het hele lichaam door. En uw kankercellen nu dus ook. De tumormarkers in uw bloed hebben nu nog geen alarmerende waarden, maar het is toch waarschijnlijk dat er al cellen verspreid zijn in uw lichaam.'

Carmen en ik kijken elkaar een lange tijd zwijgend aan. Ik wrijf met mijn duim over haar hand. Ook Scheltema zwijgt. Even.

'Als we nu niets doen, dan ben ik bang dat er nog maar enkele maanden resten. Hooguit een jaar.'

De opmerking is niet meer dan een logisch gevolg van alle voorgaande informatie, maar komt aan als een mokerslag. Nu is het uitgesproken. Zo gaat dat dus. *Komt een vrouw bij de dokter en die krijgt te horen dat ze nog maar een paar maanden te leven heeft.* Carmen begint te beven, brengt haar hand voor haar mond en begint met schokkende schouders te huilen. Mijn maag trekt samen. Ik sla een arm om haar heen en houd met mijn andere hand de hare vast.

'Dat komt hard aan, hè?' constateert Scheltema scherp. We antwoorden niet. We zitten met de armen om elkaar heen. Carmen huilend, ik verdoofd.

'En nu?' vraag ik na een tijdje.

'Ik wil adviseren zo snel mogelijk met een chemotherapie te beginnen,' hervat Scheltema het gesprek, zichtbaar opgelucht dat ze weer over technische zaken kan praten. 'Liefst deze week nog.'

Chemotherapie. Het woord zat er al een paar minuten aan te komen, maar het hakt er toch in. Chemotherapie. Lees: kaal. Lees: doodziek. Lees: we-weten-met-zijn-allen-dat-het-geen-ene-fuck-helpt-maar-we-moeten-toch-wat.

Scheltema vervolgt: 'Chemotherapie gaat namelijk door uw hele lichaam, dus daarmee maken we de meeste kans de kanker aan te pakken.'

'En bestralen?' vraag ik. Carmen kijkt ook even op. Ja, bestralen, dat doen ze toch ook vaak, zie ik haar hoopvol denken. Op een of andere manier klinkt bestralen minder erg dan chemotherapie.

Scheltema schudt haar hoofd. Domme vraag.

'Bestralen heeft alleen lokaal effect. Op de borst dus. En we moeten nu proberen de kanker uit het lichaam te krijgen, en dus is chemotherapie het beste,' zegt ze, duidelijk geïrriteerd omdat ze dit toch net heeft uitgelegd.

'Kunt u wat meer over zo'n chemotherapie vertellen?' hoor ik mezelf vragen op een manier alsof ik informeer naar het routeplanningssysteem in de nieuwe Audi A4.

Scheltema fleurt op. Het lijkt wel of ze opgetogen is dat ze eindelijk over haar favoriete speeltje kan vertellen. We krijgen een spoedcursus chemotherapie. Het principe blijkt simpel. Je lichaam krijgt een enorme optater en dat is bedoeld om die kankercellen een nóg grotere optater te geven. Die kankercellen doen maar wat, gaan alle kanten uit, als een elftal zonder spelverdeler. Ze kunnen zelfs door botten groeien, zegt Scheltema vol waardering, als ze zich even in haar enthousiasme laat meeslepen. Maar daarom zijn ze ook gevoeliger voor een aanval dan de gezonde cellen in het lichaam. Helaas zijn alle gezonde cellen die snel delen tevens het haasje. 'Bijvoorbeeld uw haar, mevrouw Van Diepen, u zult last van haaruitval krijgen.'

Scheltema komt nu lekker op gang. 'Ik denk dat een CAF-kuur het beste is voor u. CAF, dat staat voor cyclofosfamide, adriamycine en 5-FU...' – we knikken, alsof we snappen waar het mens het over heeft – '...en een middel dat het braken en de misselijkheid door de chemotherapie tegengaat...' – we knikken weer – '...Sommige mensen moeten desondanks toch een paar dagen erna veel overgeven. Maar om dat tegen te gaan krijgt u medicijnen die u na iedere kuur kunt slikken, als dat nodig is...' – we raken langzaam in een staat van emotionele ontbinding – '...Daarom gaan de meeste mensen minder eten. De combinatie van misselijkheid en gebrek aan smaak bevordert de eetlust natuurlijk niet... Verder is er een kans op diarree. Als dat langer dan twee dagen aanhoudt, moet u even contact opnemen...' – alsof ze het over een lekkage van de wasmachine heeft – '...en verder kan uw mondslijmvlies ontsteken en kan uw menstruatie onregelmatig worden of verdwijnen. Ten slotte moet u goed in de gaten houden dat u geen koorts krijgt. Dan moet u meteen bellen, al is het midden in de nacht.'

Ik wil het niet meer horen, ik wil niets meer horen. Carmen was al bij het woord haaruitval afgehaakt. Maar Scheltema gaat nog even door.

'Tja, en dan kan het zijn dat de kankercellen in uw lichaam niet gevoelig zijn voor de CAF. Maar die kans is maar vijfentwintig procent.'

'En dan?'

'Dan proberen we een andere kuur.'

'O.'

'Maar daar gaan we niet van uit.'

'Nee.'

'Wat ik nog voor u heb, is het volgende,' zegt ze en ze pakt een geel foldertje uit haar bureaulade. 'Als u wilt kunt u gebruikmaken van de psychotherapeut hier in het Lucas-ziekenhuis. Die is gespecialiseerd in het begeleiden van patiënten met kanker.'

Carmen kijkt even in het foldertje en zegt dat we dat waarschijnlijk wel zullen doen. Welja. Als we toch kanker in ons leven verwelkomen, laten we het dan maar goed doen ook, met alles d'r op en d'r an.

Ik kijk op ons briefje met vragen. Scheltema ziet het en kijkt op haar horloge. Ik zie nog een vraag staan die de sfeer er niet beter op zal maken.

'Is het niet beter dat mijn vrouw in het Antoni van Leeuwenhoek-ziekenhuis behandeld wordt? Dat is toch gespecialiseerd in de behandeling van kanker?'

Scheltema reageert als Louis van Gaal tijdens een persconferentie.

'Dat heeft geen enkele zin. Wij hebben over iedere patiënt overleg met het Antoni van Leeuwenhoek. We praten iedere week met elkaar en dan worden alle dossiers besproken.'

Ik kijk Carmen aan. Ze knikt haastig dat het goed is zo. Ze wil geen ruzie met de arts die haar gaat behandelen. Ik besluit het niet op de spits te drijven. Ik kijk nog een keer op ons briefje. Nu wordt het gezellig.

'Laatste vraag. Zijn ze in Amerika niet een stuk verder dan in Europa?'

Scheltema kijkt me aan alsof ik een schooljongen ben die het gewaagd heeft de juffrouw onder haar rok te kijken.

'Ik bedoel, eh... niet dat ik twijfel aan uw expertise,' haast ik eraan toe te voegen, al twijfel ik daar natuurlijk wel aan, maar ik moet toch iets zeggen om niet uit de klas te worden gezet, 'maar we willen nou eenmaal het beste voor mijn vrouw, snapt u?'

Scheltema snapt me niet, zie ik aan haar blik, die er geen twijfel over laat bestaan dat ze zich zwaar in haar kruis getast voelt. Ze zucht een keer en begint op onderkoelde toon te praten.

'Alle informatie over kanker die beschikbaar is, alle medische onderzoeken die worden gepubliceerd, lezen wij ook, meneer Van Diepen. Wat morgen in Chicago of Los Angeles wordt ontdekt, weten wij dezelfde dag ook. En sinds het internet bestaat, is alles helemaal open. Iedereen kan het bekijken. Uw vrouw heeft dat al ontdekt...'

O, wat haat ik dat spottende toontje, de arrogantie die Scheltema tentoonspreidt, wetende van de 'buitengewoon slordige' fout die haar collega in hetzelfde ziekenhuis heeft gemaakt.

'Verder nog iets?'

Ja, een ons rosbief, trut.

Ik kijk Carmen aan, die nee schudt. Ze wil weg. Wat gisteren nog relevante vragen waren, zijn nu een vervelende verlenging van het ziekenhuisbezoek.

'Nee. Dat was het,' zeg ik.

We staan op en doen onze jas aan.

'Ik hoor wel van u of u begint aan de chemokuur. Ik zou het maar wel doen,' zegt dokter Scheltema als ze Carmens hand schudt, nu poeslief.

'Ja... goed. We bellen morgen wel.'

'U ook tot ziens,' zegt ze, weer koel. Ik krijg zowaar een hand.

'Bedankt voor uw tijd. Tot de volgende keer,' zeg ik.

Als we door de gang lopen, hou ik Carmens hand vast en kijk niemand aan. Ik voel de blikken van de mensen die in de gang op hun beurt wachten, in mijn rug priemen. Alsof je met een lekker wijf met een te kort rokje langs een terras loopt – je weet dat iedereen kijkt, maar doet alsof het je niks doet. Carmen heeft geen kort rokje aan vandaag, maar rode ogen en een zakdoek in haar hand. Ik heb mijn arm om haar heen, mijn blik strak naar het einde van de gang gericht. Ze zullen elkaar aanstoten, een knikkende beweging richting ons maken, elkaar toefluisteren. Ach god, dat vrouwtje, zo jong nog, ziet er zo leuk uit, zie haar daar nou toch lopen. Vast net te horen gekregen dat ze kanker heeft. En kijk die jongen erbij, ach wat zielig. Ik voel het medelijden, de sensatiezucht in mijn rug porren. Jammer voor die mensen dat Luna er vandaag niet bij is. Had het beeld nog mooier gemaakt.

I don't believe in magic/but for you I will/darlin' for
you/I'm counting on a miracle

Bruce Springsteen, uit *Countin' On A Miracle* (The Rising, 2002)

ELF

Carmen leest voor wat er op het foldertje staat dat dokter Scheltema
ons heeft gegeven. De psychotherapeute werkt volgens de methode
van Carl Simonton. De man is volgens de folder 'een pionier op het
gebied van de technieken van behandeling van kanker waarbij niet
alleen het lichaam maar ook de geest een belangrijke rol speelt'.

'Een neefje van Emile Ratelband dus,' zeg ik spottend.

Een halfuur later lopen we met twee boeken van dr. Simonton de
boekhandel uit.

Als we Luna in bed hebben gelegd, en de telefoon, die vanavond maar
blijft overgaan, van de haak hebben gelegd, pakken we allebei een
boek van dr. Simonton. Carmen slaat *De kracht die in je schuilt* open,
ik begin in *Op weg naar herstel*.

'Sommige mensen zullen misschien bezorgd zijn omdat zij vinden
dat wij patiënten "valse hoop" geven. Maar hoop is naar onze mening
in zo'n situatie een veel gezondere houding dan wanhoop,'* lees ik.

Even later vliegt *De kracht die in je schuilt* door de huiskamer.

'Zit ik hier godverdomme over kanker te lezen! IK WIL HELEMAAL
NIET OVER KANKER LEZEN!' schreeuwt Carmen. 'DIT IS NIET EER-
LIJK, DIT KAN TOCH NIET WAAR ZIJN, DIT MAG TOCH NIET!'

Ik ben het roerend met haar analyse eens, maar al wat ik kan doen,
is mijn brullende, schokkende Carmpje vasthouden, strelen, kussen

* Uit *Op weg naar herstel, een kans om te overleven* van dr. O. Carl Simonton (1983).

45

en haar 'rustig maar liefie, kom maar, kom maar...' toefluisteren.

Het is de avond voor Koninginnedag. Terwijl de hele stad zich klem zuipt, houden op de Amstelveenseweg 872 twee hoopjes ellende elkaar vast.

Dan wil ik dansen, dansen, dansen/dansen op de vulkaan

De Dijk, uit *Dansen op de vulkaan* (Wakker in een vreemde wereld, 1987)

TWAALF

Om kwart over negen gaat de bel en staat Frenk voor de deur. Ik val om van verbazing omdat Frenk op zijn vrije dagen de dag voor twaalven als niet begonnen beschouwt.

Frenk is lui, egocentrisch, een snob en mijn beste vriend. In tegenstelling tot Thomas weet Frenk alles van mij. We werken de hele dag samen. Hij weet hoe ik denk, wat ik op mijn brood lust, hij weet dat ik bij BBDvW&R/Bernilvy niet alleen met Sharon, maar ook met Lies, Cindy en Dianne heb geneukt, dat ik, toen Carmen en ik nog niet zo lang wat hadden, het toch nog regelmatig met Maud deed en – omdat hij in de loop der jaren vele hotelkamers en appartementen met mij heeft gedeeld – wat voor geluid ik maak als ik klaarkom.

Frenk heeft een diapositief libido in vergelijking met mij. Toen ik hem nog niet zo lang kende, dacht ik dat hij zijn seks stiekem in boze huizen haalde, maar nu weet ik dat neuken hem gewoon niet interesseert. Dat schijnt te bestaan. Heel, heel af en toe is er een vrouw die hém versiert en dan heeft-ie seks. Dat is bij mijn weten drie keer gebeurd in de vijftien jaar dat ik hem ken. Ik denk dat ik ook wel weet hoe dat komt. Frenk heeft zichzelf in het middelpunt van het universum geplaatst en dat bevalt hem uitstekend. Daar past verder niets bij. Geen vrouw, geen gezin, niets. Het enige waar Frenk geld aan uitgeeft, is aan Frenk. En Frenk geeft verrekte veel geld uit. Sloten. Wel altijd met beleid. Frenk heeft stijl en dat zal iedereen weten. Frenk gaat naar de juiste toneelvoorstellingen. Naar de restaurants die ertoe doen. En hij heeft de nieuwste Prada's al voor ze in de P.C. Hooft te krijgen zijn (hetgeen hij niet verzuimt langs zijn neus weg te melden aan de lunchtafel bij Merk in Uitvoering). Het meeste geld gaat op aan verantwoorde spulletjes voor zijn penthouse op de Bloemgracht. Dat penthouse is een balzaal en alles wat erin staat, is duur. Alleen de keuken kost al meer dan de hele inboedel van ons huis aan de Amstelveenseweg. Niet dat Frenk vaak in die keuken komt, want Frenk kan niet koken. Frenk kan ook niet strijken. En geen kleren wassen, geen boodschappen doen en geen banden plakken. Daarnaast heeft Frenk geen huishoudster, geen rijbewijs en geen idee hoe hij aan dat soort aardse dingen zou moeten komen. Zijn vader komt soms over uit Breda en doet alle klussen in zijn penthouse, zijn moeder maakt schoon en doet zijn was, twee keer per week komt hij bij Carmen en mij eten en hij beschouwt het als vanzelfsprekend dat hij altijd met ons kan meerijden als we ergens met de auto heen gaan. Hij komt er allemaal mee weg omdat hij er één ding tegenover stelt. Frenk is een Vriend.

'Ik kan jullie toch niet alleen laten op Koninginnedag?' In tegenstelling tot Thomas geneert Frenk zich niet om mij te omhelzen en te kussen. Als Frenk en ik op kantoor terugkomen na een vakantie, als we jarig zijn en als we *new business* hebben gewonnen, omhelzen we elkaar. Daar hou ik van. Het doet me denken aan vriendschap die je anders alleen tegenkomt in Bruce Springsteen-songs en Amstelcommercials. De stemming in huize Stijn & Carmen is even helemaal opgetogen. Carmen is blij verrast en Luna kraait van plezier. Ze is gek op Frenk en Frenk op haar.

Als we aan de keukentafel zitten en Frenk met graagte Carmens aanbod om een croissant mee te eten, heeft geaccepteerd, vraagt-ie hoe het gaat. Carmen vertelt, af en toe aangevuld door mij, het verhaal. Steeds als ze het even moeilijk heeft, legt hij zijn hand op haar arm. Frenk luistert aandachtig naar ons verslag van wat we gisteren allemaal te horen hebben gekregen. De uitleg van dokter Scheltema, de chemotherapie, hoe we ons voelden toen we over die gang het ziekenhuis uit liepen.

Ik word met de minuut stiller. Ik ben een paar minuten geleden al een keer opgestaan om naar de wc te gaan terwijl ik eigenlijk niet hoefde, maar weet nu weer niet waar ik het zoeken moet. Gelukkig ruik ik een weeïge poeplucht.

'Ik ga Luna boven even een schone luier omdoen.'

Ik neem haar op mijn arm mee naar boven. Met betraande ogen veeg ik Luna's billetjes schoon en doe haar een nieuwe luier om. Luna kijkt me vanaf de commode verbaasd aan. 'Och, schatje toch... Lief klein schatje van me...' Ik maak de drukkers van haar rompertje weer vast. Ik til haar op, neem haar stevig in mijn armen en terwijl de tranen over mijn wangen lopen, staar ik uit het raam. Ik kan het nog steeds niet bevatten. We zijn zesendertig, hebben een schat van een dochter, allebei een eigen zaak, we leven als God in Amsterdam, we barsten van de vrienden, we doen alles wat in ons opkomt, en nu zitten we op Koninginnedag de halve ochtend over niets anders dan kanker te praten.

Als ik Frenk (die vraagt of we echt geen zin hebben om mee te gaan vandaag – Carmen geeft geen krimp) heb uitgelaten, voel ik me nog beroerder. Carmen had me vanochtend al te verstaan gegeven dat ze niet in de stemming was om vanmiddag ergens tussen een housende massa te staan. Dat begreep ik uiteraard, maar nu het vooruitzicht van nog een hele middag thuiszitten en treuren wel heel concreet wordt, word ik bijna gek. Stijn een feest ontzeggen is nog erger dan Luna haar speen afpakken. En zeker nu. Ik wil eruit, ik wil me bezatten, ik wil feesten, ik wil alles behalve verder praten over kanker.

Ik zucht demonstratief, als ik weer aan de keukentafel plaatsneem.

'Je kunt ook iets minder duidelijk laten merken dat je baalt hoor,' snauwt Carmen. 'Ik kan er ook niks aan doen dat ik kanker heb.'

'Nee, en ik ook niet,' zeg ik nijdig.

I want to run/I want to hide/I want to tear down the
walls/that hold me inside

U2, uit *Where The Streets Have No Name* (The Joshua Tree, 1987)

DERTIEN

Een uur later hou ik het niet meer. Carmen zit maar wat te bladeren in haar *VT Wonen*, en ik weet zeker dat ze niet weet wat ze leest.

'Godverdomme, wat doen we hier in godsnaam thuis?!' roep ik plotseling.

Ze kijkt me aan en staat op het punt te gaan grienen. Nee, daar heb ik zin in, huilbui nummer zoveel van de laatste vierentwintig uur. Ik dwing mezelf rustig te worden, loop naar haar toe en pak haar vast. 'Schat, het is volgens mij echt beter als we iets gaan doen. Hier schieten we niks mee op. Laten we dan ten minste even lekker met Luna naar het Vondelpark gaan.'

Ze veegt haar tranen weg. 'Oké... Dat is misschien wel beter, ja...'

Het Vondelpark is op Koninginnedag van de kinderen uit Amsterdam-Zuid, het luxereservaat van de stad. Zelfs de getoonde kunsten zijn des Amsterdam-Zuids. Twee jongetjes met Kinderen-voor-Kinderenaccent verkopen zelfgemaakte Oranjetaart. Ik heb als kind nooit een taart gemaakt en ik kan me ook niet voorstellen dat een van mijn vriendjes uit Breda-Noord dat wel heeft gedaan. Een kind met een veel te serieus gezicht voor haar leeftijd – 'als ik zo'n kind had zou ik een postnatale abortus overwegen,' zegt Carmen – draagt gedichten voor. Wie voedt zijn kind nou zo op? Poëzie is als symfonische rock, als 4-3-3, als eten bij de Chinees – buiten mijn leraar Nederlands van vroeger en de recensent van *Het Parool* ken ik niemand die nog poëzie leest. Carmen en ik worden steeds meliger van de kinderen die staan te declameren, violeren, jongleren en irriteren, gadegeslagen door hun trotse ouders. Een meisje met een paardenstaart in een oranje jurkje laat horen wat ze heeft geleerd op vioolles. 'Ik haal Luna later nog liever op van het politiebureau dan van vioolles,' fluister ik in Carmens oor. Ze proest het uit. De moeder van het kind met het oranje jurkje vindt ons niet leuk.

'Was toch wel even lekker, hè?' vraag ik, als we, Luna op mijn nek, door de Cornelis Schuytstraat naar de bushalte op de De Lairessestraat lopen.

Carmen geeft me een kus op mijn wang en knipoogt.

Het is weer voorbij die mooie zomer/die zomer die
begon zowat in mei/je dacht dat er geen einde aan zou
komen/maar voor je het weet is heel die zomer alweer
lang voorbij

Gerard Cox, uit *Het is weer voorbij die mooie zomer* (Het beste van Gerard Cox, 1973)

VEERTIEN

Over drie maanden zijn de zomer en de chemokuren voorbij en is Carmen kaal. In de auto op weg naar het Lucas-ziekenhuis voor Carmens eerste kuur schiet me van alles te binnen dat ik deze zomer wel kan vergeten. Op zondag naar Bloemendaal? Nee, daar zal Carmen zin in hebben, als ze straks kaal is. Ons plan om met hemelvaart naar New York te gaan kunnen we ook gevoeglijk vergeten als die chemo straks in haar lijf huishoudt. Voetballen in het park op dinsdagavond? *Forget it*. Dan zal ik thuis moeten zijn om Luna eten te geven en in bed te doen, omdat Carmen kotsend in bed ligt. En om nou Frenk of Maud te vragen om te komen en vervolgens zelf te gaan voetballen...

En dan heb ik nog niet eens nagedacht over het leven na de zomer, na de chemo's. Wat er de komende maanden allemaal staat te gebeuren, is al niet te behappen – ik durf niet eens verder te kijken. Het is als Ajax-Juventus in de ArenA in de nadagen van Louis van Gaal. Bij rust al 0-2 en toen moesten we nog drie helften.*

Als we op de ring rijden, begint het te motregenen. Goed zo. Van mij mag het gaan vriezen deze zomer. Ik zet de radio uit. Edwin Evers staat

---

* 9 april 1997. 1-2. Van der Sar, Melchiot, Blind, F. de Boer, Musampa, Scholten, Litmanen, Witschge, Babangida, R. de Boer, Overmars. 0-1 Amaruso, 0-2 Vieiri, 1-2 Litmanen. Uit was het helemaal niet te hachelen (Lombardo, Vieiri, Amaruso en Zidane).

me iets te vrolijk op vandaag. Ik druk op de cd-knop. Michael Stipe zingt dat we moeten volhouden als de dag lang duurt, dat we moeten volhouden als we zeker weten dat we niet verder kunnen in dit leven, als alles fout is. We zijn stil, allebei. Carmen zit ook te luisteren. Ze veegt een traan weg. Ik hou haar been stevig vast. *No, no, no, you're not alone. Hold on. Hold on.* Carmen legt haar hand op mijn hand. *Hold on. Hold on.* * 'Phoe,' zucht Carmen als het nummer is afgelopen.

We lopen langs Scheltema's kantoor naar het eind van de gang. Eerst bloed prikken. Waarom dat was, weet ik niet meer. Iets met witte bloedlichaampjes. Of rooie. Carmen wordt geprikt, krijgt een watje om op het wondje te houden en dan gaan we terug die gang in. Wachten. Wat ik in een paar weken ziekenhuis al heb geleerd, is dat wachten hier de gewoonste zaak van de wereld is. Het tijdstip dat op de afspraakkaart staat, is niet meer dan een 'vanaf'-tijd. *De Volkskrant*, die ik heb gekocht in het winkeltje in de hal van het ziekenhuis, had ik een kwartier geleden al uit. Er ligt nog een *Voetbal International* tussen de *Story's* en *Margrieten* in de gang, zag ik net, maar de uitslag van Nederland-Argentinië op het WK in Frankrijk van vorig jaar kende ik al. Eindelijk worden we bij Scheltema binnengeroepen. Die is zowaar opgewekt.

'Zo, vandaag gaan we ertegenaan, hè!' zegt ze als een akela die met haar club verkennertjes aan de voet van een heuvel in de Ardennen staat.

Het bloed van Carmen is in orde. De kuur kan doorgaan. We mogen naar de chemokamer op de derde verdieping, zegt ze.

Ik was er nog nooit geweest, maar iets zei me dat chemokuren meemaken niet leuk was. Ik heb Carmen beloofd dat ik elke keer mee zou gaan. Ze was opgelucht en zei dat ze het lief vond dat ik dat wilde doen. Nou ja, wil, wil, dacht ik nog, het enige dat ik nog minder graag wil, is dat Carmen er alleen heen moet. Ik kan me niet voorstellen dat

* Uit *Everybody Hurts* van REM (Automatic For The People, 1992).

er iemand is die graag mee wil naar een chemokuur.

Dat blijkt te kloppen. Het merendeel van de partners der chemo-patiënten zit thuis, op het werk, of waar dan ook, maar niet in de chemokamer.

Als we die chemokamer binnenlopen gaat er een nieuwe wereld voor ons open. Dit is geen gewone ziekenhuiszaal, nee, hier is over-duidelijk een poging tot huiselijkheid gedaan. Bij het raam staat een tafel met twee koffiekannen, een stapel koffiekopjes en een schaal met plakken ontbijtkoek. De helft ervan is beboterd, de andere helft kaal, om in chemosfeer te blijven. Er staan twee lage ronde tafels, met tafelkleedjes. Op een ervan staat een klein plantje (vraag me niet wat voor plantje) dat er wat verlept bij hangt. Om beide tafels staan lage stoelen. Er is alles aan gedaan om iets van een huiskamergevoel te creëren. Jammer dat de patiënten wat uit de toon vallen. Ze hebben enorme pleisters op hun handen, waar doorzichtige snoertjes onder vandaan komen, die omhooggaan naar een soort kapstok op wieltjes waaraan zakjes met rode en doorzichtige vloeistof hangen. Die vloei-stof druppelt door de snoertjes naar beneden, zie ik nu, en verdwijnt onder de pleister, naar ik vrees het lichaam in. Het ziet er niet gezond uit en al helemaal niet gezellig.

Drie van de vier patiënten hebben zo'n kapstok. Eén man, een jo-viaal type met forse, vervaagde tatoeages, heeft geen kapstok, en is dus net als ik geen patiënt, vermoed ik. Hij zal wel bij de oudere dikke vrouw horen, die naast hem zit en wier hand hij vasthoudt. Zijn vrouw heeft wel een kapstok met zakjes vloeistof. En flinterdun, donkerrood geverfd haar. Je kunt de hoofdhuid erdoorheen zien. In de lage stoel naast haar zit een man van in de vijftig, die net zo kaal is als Collina, die Italiaanse scheidsrechter. Ook deze man heeft van die vreemde, bolle ogen. Ook hij is gekoppeld aan een kapstok. Nu ik de man nog eens goed bekijk, zie ik dat het niet door zijn ogen komt dat hij er zo vreemd uitziet, maar door het ontbreken van wenkbrauwen en wimpers.

De derde kapstok behoort toe aan een hippe jongen met een *Great Gatsby*-pet op. Ik schat hem achter in de twintig. Vorige week, op de gang bij dokter Scheltema, was hij er ook, herinner ik me. Toen was hij samen met zijn vriendin, een klein meisje, Italiaans type, zwart halflang krullend haar. Lekker ding wel. Ik weet nog dat ik het fijn vond om te zien dat wij dus niet de enige jonge mensen waren die kanker hadden. Waar is die vriendin trouwens vandaag? Ze zal hem wel verlaten hebben omdat hij teelbalkanker heeft of zoiets. En als ze hem niet verlaten heeft dan is het een nog grotere trut, want waar is ze nu dan, terwijl haar vriend aan de chemo zit? Nee, ik ben zo'n slecht vriendje nog niet, constateer ik zelfgenoegzaam.

'Goeiemorgen, ik ben Janine,' zegt een verpleegster die zo scheel als een otter kijkt.

'Hallo, ik ben Carmen,' zegt Carmen innemend.

'Dag. Stijn,' zeg ik koel, terwijl ik Janine de hand schud.

De schele verpleegster gebaart naar een tuthola van een jaar of twintig, die ook een witte jas aanheeft: 'En dit is Jolanda, die loopt stage bij ons.'

Stage? *Stage?* Een of andere huppelkut van twintig jaar gaat onze chemodoop, waarvan ik nu al op mijn klompen aanvoel dat die niet zonder tranen voorbij zal gaan, zo meteen eens even lekker gadeslaan in het kader van een *stage*? En dan zeker vanavond in de kroeg aan haar studenten-vriendinnetjes vertellen 'dat er vandaag een vrouw bij de chemo was, toch zo'n mooie meid, hooguit een jaar of vijfendertig, Carmen heette ze of zo, heel vriendelijk, met haar vriend, een arrogante eikel, hij zei helemaal niks, nou die vrouw en haar vriend dus, die kwamen voor de eerste keer, en toen begon die vrouw te huilen, en ik had zo met haar te doen... Zeg, jij nog een biertje? En hoe is het eigenlijk bij jou op je stage, jij zat toch bij dat revalidatiecentrum?'

Kutwijf.

Schele Janine vertelt dat de chemospullen voor Carmen al zijn besteld bij de ziekenhuisapotheek en dat het niet zo lang zal duren, want het is niet zo druk. Vandaag zijn er maar vier mensen die hun kuur hebben, en Carmen is de laatste, de rest zit al daar, zegt ze met een hoofdknik richting de drie kapstokken. Soms zijn er wel acht patiënten tegelijk, en dan is het best vervelend, want dan is de apotheek pas tegen de middag klaar met prepareren van de laatste kuur.

Ik snap het allemaal niet precies, maar daar zal deze zomer ongetwijfeld verandering in komen. Over drie maanden weten we vast hoe vroeg we moeten zijn om snel geholpen te worden, zoals ik exact weet hoe laat ik 's nachts bij Paradiso moet zijn om niet te lang te hoeven wachten in de rij, maar ook niet in een lege zaal te staan.

De telefoon gaat. Janine neemt op.

'De chemokuur voor mevrouw Van Diepen is klaar,' zegt ze tegen de stagiaire als ze heeft opgehangen. 'Wil jij hem even ophalen?'

Die knikt en loopt de kamer uit.

'Goeie meid,' zegt Janine tegen ons en, terwijl ze zich een beetje naar ons toebuigt, 'dat is wel eens anders met die stagiaires.'

'Ja,' zegt Carmen glimlachend, 'ik weet het.'

'U heeft ook wel eens stagiaires?'

Carmen en Janine keuvelen vrolijk verder over de in's en out's van het hebben van stagiaires. Weer verbaast Carmen me met haar vermogen om in elke situatie vriendelijke, spontane niks-aan-de-handgesprekken te voeren. Ik weet dat ze bloednerveus is, dat ze als een berg opziet tegen de chemokuur, maar toch slaagt ze erin geïnteresseerd te luisteren naar het verhaal over de vorige stagiaire van Janine.

Ik niet. Ik wil niet bewust de hork uithangen, maar iedere keer als ik dat ziekenhuis binnenstap, gebeurt dat automatisch. Ik kan er niks aan doen. Ik haat de kanker en wat die met ons leven doet. Ik haat mijn nieuwe status als man van een kankerpatiënt. Ik ben woedend, gefrustreerd, machteloos. Kwaad op dokter Wolters, op dokter Scheltema, op de verpleegsters, op de stagiaire, op de andere patiënten, op de man die dit godvergeten deprimerende Lucas-ziekenhuis heeft gebouwd, op de auto die vanochtend in de file voor het stoplicht niet zag dat het al een eeuwigheid groen was, op Janine die zo vriendelijk is dat ik haar met de beste wil van de wereld geen trut kan vinden.

En ik ben kwaad op mezelf omdat ik zo kwaad ben. Dat ik er niet in kan berusten, niet kan accepteren dat Carmen nou eenmaal kanker heeft en dat ik nou eenmaal haar man ben, in voor- en tegenspoed. Natuurlijk ging ik vandaag mee met Carmen, en ja, natuurlijk was ik trots op mezelf toen ik Carmen gisteren in telefoongesprekken met haar ma en met Anne hoorde zeggen dat ze het zo fijn vond dat ik mee zou gaan naar de chemo. En natuurlijk zeg ik dat we die kanker met zijn tweeën een doodschop gaan geven, dat ze ons niet klein krijgen, NATUURLIJK zeg ik dat allemaal! Wat moet ik anders? Moet ik Carmen dan vertellen dat ik de knuffels, de troostende woorden, de kussen op haar wang en hoofd, de strelende duim over haar handpalm als we hand in hand over de gang lopen alleen maar geef omdat ik me bewust inspan om lief te zijn? Uit plichtsbesef: Gij zult lief zijn voor uw vrouw die kanker heeft. Het is mijn eergevoel, mijn gevoel van zo-hoort-het dat me lief maakt. Maar het komt niet vanzelf. Ik moet de liefde uit mijn tenen halen.

De stagiaire komt binnen met een uit de kluiten gewassen Tupperware-doos, waarvan de deksel vastzit met twee ijzeren klemmen.

'Dat is snel,' roept Janine vrolijk. 'Ik ga meteen een dokter bellen om het infuus bij u aan te laten prikken.'

De dokter is een jonge, verlegen man in een witte jas.

'Deze mevrouw moet aangeprikt worden, Frans,' zegt Janine, wijzend naar Carmen.

Frans de dokter geeft Carmen een hand en begint te blozen. Ja, da's nog eens wat anders dan al die ouwe vellen hier, hè? Gelukkig voor Frans heeft Carmen vandaag een wijdvallende trui aan, anders zou zijn bril ervan beslaan. Als ik zie dat andere mannen Carmen aantrekkelijk vinden, word ik altijd zo trots als een hond met zeven lullen en etaleer dat op typisch Stijniaanse wijze door de persoon in kwestie zo cool aan te kijken als ik kan. Dat lekkere wijf waar jij naar kijkt, sukkel, daar kan jij alleen maar van dromen! En dan barst ik bijna uit elkaar van trots dat ik Carmens man ben.

Ik schrik op uit mijn dagdroom, want Carmen begint te huilen omdat Frans, die steeds zenuwachtiger wordt, zegt dat hij het moet overdoen. Hij zat met het belachelijk dikke buisje – wel een halve centimeter in doorsnee, zie ik met een angstige blik – niet in een goede ader. Ik kijk Frans even dood, maar hij ziet het niet, want hij is samen met Janine bezig de bloeding te stoppen die uit het gat in Carmens hand komt.

De tweede poging van Frans dreigt te lukken. Dat leid ik af uit zijn bemoedigende 'dat ziet er beter uit', terwijl hij zachtjes op Carmens hand klopt.

'Ja, het is gelukt,' zegt Janine ineens opgelucht. Ze houdt Carmens linkerhand vast en aait haar, terwijl ik – mijn eigen tranen ternauwernood bedwingend – aan de andere kant van Carmen zit en haar hoofd tegen mijn borst druk, zodat ze niet hoeft te kijken naar het gepoer in haar hand.

'Sorry dat het zo lang duurde. Uw aderen zijn niet gemakkelijk om te prikken,' verontschuldigt Frans zich. Hij schudt Carmen onhandig de linkerhand, mompelt een 'tot ziens' zonder ons aan te kijken en weet vervolgens niet hoe snel hij weg moet komen.

Janine vraagt of we zo meteen bij de anderen, die niet gegeneerd lijken te zijn door Carmens huilbui – alles went voor een kankerpatiënt –, aan een van de twee lage tafels willen gaan zitten, of dat we liever in de afgescheiden ruimte hiernaast plaatsnemen. Ik kijk Carmen aan, die de laatste tranen van haar wang veegt met de hand waar geen buisje in zit.

'Nee, we gaan wel aan die andere tafel zitten, bij die mensen daar. Wel gezellig,' lacht ze.

Ik weet niet of ik dat wel zo gezellig vind. Ik schaam me een beetje voor de anderen, merk ik. De jongen met de *Great Gatsby*-pet, de man zonder wenkbrauwen, de vrouw met de witte trui en haar joviale man hebben uitgebreid kunnen kijken hoe ik mijn huilende Carmpje tientallen kussen op haar hoofd heb gegeven. En het kan niet anders of ze hebben gezien dat ik alle moeite moest doen om mezelf goed te houden. Iemand vol overgave troosten, is hetzelfde als je broek laten zakken. Je laat jezelf van je intiemste kant zien. Maar waarschijnlijk heeft Carmen gelijk. Laten we ons maar mengen in het gezelschap. We moeten er toch aan wennen. Als het niet gaat zoals het moet, dan moet het maar zoals het gaat.*

Ik loop naar de tafel bij het raam waar de thee op staat. Carmen

* Uitspraak van Richard Krajicek.

komt naast me staan en wacht tot ik heb ingeschonken. Ik voel dat ze niet in haar eentje tussen haar collega-kankerpatiënten wil gaan zitten.

'Het valt allemaal niet mee, hè?' zegt de dikke vrouw met de witte trui en het dunne haar. De rode vloeistof druppelt door het snoertje haar hand binnen.

'Nee...,' zegt Carmen.

'Dit is zeker de eerste keer dat je chemo krijgt?'

'Ja.'

'Je went eraan, hoor.'

'Ik hoop het...'

'Maar leuk wordt het natuurlijk nooit.'

'Jezus, het lijkt de belastingdienst wel,' zegt haar man jolig, met zwaar Amsterdams accent.

'Zolang ze maar beter voor ons zorgen dan voor die plantjes,' zegt de dikke vrouw, en ze knikt in de richting van het zielige plantje. Er wordt gelachen. Carmen lacht mee, ik dus ook maar. Ik kijk haar aan en besluit dat ik er maar het beste van moet maken vandaag. Een van de kastjes, ik denk dat van de jongen met de *Great Gatsby*-pet, begint te piepen.

'Heeft er iemand iets in de magnetron gezet?' probeer ik het type humor van de man van de dikke vrouw zo dicht mogelijk te benaderen.

'Ja, ik! Een kroket en een kaassoufflé,' valt hij me bij.

Er wordt weer gelachen, ook door Carmen. De stagiaire loopt naar de jongen met de pet en doet een van de andere slangetjes in het apparaat. Ik zie dat twee van de drie zakjes aan zijn kapstok al leeg zijn.

Carmen en ik gaan aan de lege tafel zitten. De stoelen aan de andere tafel zijn allemaal bezet. Jammer. Het werd net zo gezellig.

Carmen krijgt een eigen kapstok, gelukkig van Janine. Hoe scheel ze ook kijkt, toch liever zij dan die stagiaire. God weet wat zo'n kind allemaal fout kan doen. Bovenin hangt Janine twee zakjes met de doorzichtige vloeistof ('de ene is tegen het braken, daar beginnen we zo meteen mee') en een zakje met rode ellende ('dat is de adriamycine'). Het rode spul ziet eruit zoals ik het me voorstelde. Eng. Gif. Er komt nog net geen rook vanaf. Dit is hem dus. De Chemo. Dit spul, dat hier aan de kapstok naast Carmen hangt, dat zo meteen haar lichaam binnen gaat stromen, dat spul, dat gaat misschien de kanker aanvallen en zeker Carmen kaal maken.

Het buisje in Carmens hand wordt vastgeschroefd aan het doorzichtige snoertje, en dat gaat naar een kastje met rode digitale cijfertjes en pijltjes, ergens halverwege de kapstok. Aan een van de twee zakjes met doorzichtig spul wordt ook een doorzichtig snoertje bevestigd en dat gaat boven in het apparaat met de rode cijfers. Janine zegt dat de zoutoplossing er in twintig minuten doorheen gaat en drukt op wat knoppen op het kastje, dat gehoorzaam de cijfers 20 aangeeft.

'Als-ie straks klaar is, gaat-ie piepen, en dan moet je mij even roepen, als ik het zelf toevallig niet zie.'

Ik ken de procedure al, van de kapstok van de jongen met de pet.

'Wel stoer, mijn eigen chemokar,' knipoogt Carmen.

We worden melig.

'Jezus, wat is ze scheel, hè?' fluister ik Carmen in haar oor.

Carmen knikt en bijt op haar wang om niet te lachen.

'Zullen we haar Panorama Mesdag noemen?' vraag ik onnozel.

Carmen verslikt zich in een slok thee en proest het uit. Ik doe net of ik van schrik struikel over de poten van haar kapstok. Quasi-geïrriteerd draai ik me om, trek een Mr. Bean-gezicht en dreig het ding door de kamer heen te trappen als Janine even niet kijkt.

'Nou, Stíjn!' giert Carmen van het lachen.

Janine lacht naar Carmen en is blij dat Carmen lacht.

'Zo te zien gaat het weer een stuk beter met je,' zegt ze tegen Carmen en ze knipoogt naar mij. Ik bloos, want ik voel dat ze doorheeft dat mijn fluistergrap ten koste van haar ging. En ik besef dat schele Janine er alles aan zou doen om het leven van haar patiënten minder ellendig te maken, al is het maar voor een ochtend, voor een uur, voor een minuut. En als het helpt om daarvoor als mikpunt van spot te dienen, dan moet dat maar. Ik voel me klein worden bij schele Janine.

Ik ga naast Carmen zitten. Ze kust me en fluistert in mijn oor dat ze van me houdt. Ik kijk haar verliefd aan en ben trots op ons. De eerste chemo-crisis is bezworen door het Theater van de Lach.

Don't speak/don't tell me cause it hurts

No Doubt, uit *Don't Speak* (Tragic Kingdom, 1996)

VIJFTIEN

Meteen als ik bij Merk in Uitvoering binnenkom, vraagt Maud hoe het vanochtend is gegaan.

'Het viel niet tegen. We hebben zelfs nog gelachen.'

'Gelukkig. En hoe voelt Carmen zich nu?'

Maud is mijn ex. We hadden iets met elkaar in het seizoen '88/'89. Maud was ooit model, tot ze – een paar jaar later dan haar agent – doorhad dat ze nooit echt zou doorbreken. Ze stopte met modellenwerk en met lijnen. Haar taille verdween, haar cup verdubbelde en Maud ging in de horeca werken. Toen Merk in Uitvoering een secretaresse zocht, haalde ik Frenk over om haar een kans te geven. Maud is spontaan en niet dom, maar haar cup, die zelfs Frenk niet ontging, gaf uiteindelijk de doorslag in het beslissingsproces van de directie van de firma Merk in Uitvoering. Maud werd aangenomen.

In de beginjaren van Carmen & Stijn deden Maud en ik het nog wel eens stiekem met elkaar, maar daar wilde ze op een gegeven moment mee stoppen. Ze vond Carmen veel te aardig. Nu geven we elkaar *for old times sake* soms nog wel eens een zoen, en na de kerstborrel van vorig jaar is het nog wat uit de hand gelopen op de door de Engelse nicht bedachte designkussens in de loungehoek van ons kantoor, maar daar is het bij gebleven. Ze begint me de laatste tijd zelfs aan te spreken op mijn vreemdgaan, iets wat ze niet eens deed toen zíj een relatie met me had. Zo heeft ze Sharons witte rokje een keer met een glas rosé opgeleukt toen die mij iets te licha-melijk begroette in De Pilsvogel. Op zich ben ik het wel eens met Mauds argumenten waarom ik nu maar eens met dat vreemdgaan moet stoppen. Volgens Maud zet ik er de mooiste relatie uit mijn leven mee op het spel. Verder doe ik er volgens beproefd Stijn-gebruik niks mee: we drinken een glas, we doen een plas en alles blijft zoals het was. Ik blijf monofoob.

Maud was er kapot van toen ze hoorde dat Carmen borstkanker had.

'Het gaat. Ze heeft een hele berg pillen gekregen tegen de misselijkheid.'

'Waar is ze nu?'

'Thuis. Haar moeder is er.'

Ondertussen heb ik mijn pc opgestart. Ik wil niet meer over kanker praten. 'Heeft Holland Casino nog gebeld of ze akkoord zijn met die begroting?'

Frenk schudt zijn hoofd.

Fijn. Dat geeft mij de gelegenheid eens heerlijk iemand uit te kafferen.

'Godverdomme, bel jij 'm dan even! We hoeven toch niet op die eikels te wachten? Bel die klootzak dan zelf, man! Jezus nog 'ns an toe, zeg, moet ik hier in deze kuttent nou alles zelf doen?'

Frenk laat de kanonnade over zich heen komen.

Tegelijkertijd klik ik op een mailtje van Carmen, dat ze een minuut of tien geleden heeft verstuurd, zie ik.

Van: Carmenvandiepen@xs4all.nl
Verzonden: dinsdag 4 mei 1999 14.29
Aan: Stijn@creativeandstrategicmarketingagencymerkinuitvoering.nl
Onderwerp: Lief vriendje...

Dag vriendje,

Ben nu wel 'n beetje misselijk, maar 't gaat redelijk. Ik wil nog even zeggen dat ik zo blij ben dat jij wél meegaat met me, dat ik niet zoals die anderen alleen bij die kuren zit.

Xxx Carmen.

PS: Ik hou van je, lief vriendje.

Ik sta snel op en loop, zonder Frenk aan te kijken, naar de wc. Daar komt de huilbui die ik vandaag steeds net kon binnenhouden eruit.

Na een paar minuten veeg ik mijn tranen weg, snuit mijn neus, gooi een paar plenzen water in mijn gezicht, kijk of ik er een beetje normaal uitzie – nee –, trek de wc door alsof ik lang heb zitten schijten, zucht nog een keer en loop dan terug.

Acht collega's doen of ze niets doorhebben.

When I get old and lose my hair/Many years from
now/Will you still be sending me a valentine/Birthday
greetings, bottle of wine/Will you still need me/Will you
still feed me/When I'm sixty four

The Beatles, uit *When I'm Sixty-Four* (Sgt. Pepper's Lonely Hearts Club Band, 1967)

ZESTIEN

Carmens moeder neemt de telefoon op. 'Hallo?'

'Hoi, met Stijn. Hoe gaat het met Carm?'

'Ze heeft enorm overgegeven vanmiddag. Nu slaapt ze.'

'Fijn. Ik ga zo Luna ophalen van de crèche en even langs Appie.
Waar heb jij zin in?'

'O, doe maar wat, iets kant-en-klaars of zo.'

'Wil Carmen nog wat, denk je?'

Carmens ma lacht. 'Een extra emmer?'

Carmens moeder is een schat van een mens. Ze is opgegroeid in de Jordaan en lijkt op de schoonmoeder van André Hazes, maar dan zonder die lasbril. Carmens vader ken ik niet. Tien jaar geleden ging hij er, na eenentwintig jaar huwelijk, vandoor. Briefje op de keukentafel, dat werk. Carmens moeder kon haar geluk niet op. Binnen een maand had ze een nieuwe vriend. Carmen meende de man te herkennen van een verbouwing aan hun huis. (Aardige anekdote in deze: toen Carmens moeder (toen 54) haar nieuwe vriend (60) aan Carmen (27) voorstelde vroeg deze hem: 'Wat doet je vader?') Bob de Bouwer is intussen alweer passé. Een paar maanden nadat het huis waar Carmens moeder naartoe was verhuisd door hem was uitgebouwd en opgeknapt, ging ze twijfelen of ze wel genoeg van hem hield. Exit Bob. Carmens moeder woont weer alleen, in het prachtig verbouwde huis in Purmerend. Heel af en toe neemt ze nog wel eens een vrolijke snuiter mee, maar vaker dan bij één kerstdiner of verjaardag heeft er nog geen een mogen aanschuiven. 'Mijn huis hoeft toch pas over een jaar of tien opnieuw verbouwd te worden,' zegt Carmens moeder.

In de Albert Heijn op het Groot Gelderlandplein kijk ik naar een man en een vrouw van een jaar of tachtig. Ze lopen gearmd en schuifelen langs het schap met wijn. Hij wijst met zijn stok naar een rode wijn die in de aanbieding is. Zijn vrouw pakt de wijn en doet deze in het mandje dat ze in haar hand heeft. Hij zegt iets tegen haar dat ik niet kan verstaan. De bejaarde vrouw schiet in de lach en knijpt haar man in zijn arm. Ik hou Luna's handje een beetje steviger vast en kijk snel een andere kant op.

Het verliefde bejaarde stel maakt me stikjaloers. Carmen en ik gaan dit samen nooit meemaken.

Now all them things that seemed so important/well,
mister they vanished right into the air

Bruce Springsteen, uit *The River* (The River, 1980)

ZEVENTIEN

De medicijnen tegen de misselijkheid helpen niks. Carmen is twee dagen lang zo ziek als een hond.

Pas donderdagavond gaat het beter. De avond gaat zelfs voorbij zonder dat een van ons tweeën huilt.

Op vrijdag gaat Carmen weer naar Advertising Brokers. Het dagelijkse leven gaat door. We proberen tot de volgende chemokuur, over een kleine drie weken, te doen alsof er niets aan de hand is, al weten we allebei dat we onszelf voor de gek houden.

Het paradijs is niet meer.

In your head do you feel/what you're not
supposed to feel

Oasis, uit *Sunday Morning Call* (Standing On The Shoulders Of Giants, 2000)

ACHTTIEN

'Hallo, ik ben Gerda. Jullie zijn gezellig met zijn tweetjes gekomen?'
vraagt de psychotherapeute als ze ons de hand schudt en die eng lang
vasthoudt. Ik zie het al. Gerda is zo'n type dat altijd op tafel gaat zitten als er toch echt voldoende stoelen in de ruimte zijn.

'Ja, dat vonden we wel fijn,' antwoordt Carmen.

Ik vind het helemaal niet fijn. Ik vind het nog erger dan de chemo.
Nooit in mijn leven heb ik ook maar een seconde gedacht dat ik ooit
naar een psychotherapeut zou gaan.

Gerda's spreekkamer is een hok van twee bij drie. Er staan twee
lage stoelen – 'dat praat wat fijner dan die hoge stoelen' –, een poef,
een oude schemerlamp en een laag tafeltje. Er staat een platte, ouderwetse cassetterecorder op. Een Yoko, volgens mij dezelfde als mijn
allereerste. Op het eerste bandje dat ik opnam, stond geloof ik *I Love
The Sound Of Breaking Glass* van Nick Lowe. O ja, en *Psycho Killer*
van Talking Heads.

Gerda verontschuldigt zich voor haar hok. 'Binnenkort krijg ik gelukkig een andere kamer, een beetje groter, met ramen waar daglicht
door naar binnen kan, dat is toch wel een stuk prettiger, maar voorlopig doen we het er maar mee, hè. Koffie heb ik niet, daar hou ik zelf
niet zo van, ik drink liever thee. Suiker?'

Ze schenkt de thee in en gaat zitten op de lage stoel naast het tafeltje. Carmen zit op de andere stoel en ik op de poef.

'Zo,' opent Gerda op naar ik aanneem therapeutisch verantwoorde
wijze het gesprek.

'Ja,' zegt Carmen.

'Daar zitten we dan, hè?'

'Ja. Zeg dat wel.'

Het moet gezegd, Carmen past zich aardig aan het niveau van het gesprek aan. Ik minder. Ik doe mijn best om niet al te bot te doen, maar ik ben bang dat het van mijn voorhoofd af te lezen is dat Gerda wat mij betreft de tering kan krijgen. Maar Gerda heeft vaker met dit bijltje gehakt en is niet het minst onder de indruk van mijn nauwelijks verholen minachting. Ze blijft irritant aardig.

'Vind je het niet moeilijk dat je nu bij een psychotherapeute zit om over een ziekte te praten waar je misschien wel aan doodgaat? Dat bedenk je toch niet, hè meid, als je in de bloei van je leven bent?'

Hallo! Zet u 'm daar maar neer! Gerda weet exact op welk knopje ze moet drukken. Ik kijk verschrikt naar Carmen. Ja hoor, daar komen de tranen weer. Meteen pak ik haar hand vast en begin die te strelen. Ik heb in de paar weken dat Carmen nu kanker heeft vaker haar hand gestreeld dan in de zeven jaar daarvoor. Gerda zegt niets. Ik kijk naar Carmens hand in de mijne. Ik voel me niet op mijn gemak. Ik voel me alsof ik examen moet afleggen of ik het wel erg genoeg vind dat mijn vrouw kanker heeft en misschien wel doodgaat. Ik wil sociaal correct huilgedrag vertonen, maar het lukt me niet. Voorovergebogen naar Carmen voel ik de ogen van de psychotherapeute in mijn rug, die ongetwijfeld allang haar oordeel klaar heeft: hij houdt niet van haar, want hij laat zelf geen traan.

'Het moet er toch uit, Carmen,' zegt Gerda na een tijdje.

Carmen vertelt dat we de laatste weken van de hemel in de hel zijn beland. Dat alles goed was, dat we het zo leuk hadden met zijn drieën, dat we gelukkig waren, en dat dat in één klap, pats boem voorbij is.

'De hele dag gaat er geen minuut voorbij zonder dat ik eraan denk,' zegt ze tegen Gerda.

Dat is nieuw voor me, maar dat laat ik Gerda vanzelfsprekend niet merken. Bij mij gaan er hele uren voorbij zonder dat het door mijn hoofd spookt. Het grootste deel van de dag, vanaf het moment dat ik 's ochtends bij Merk in Uitvoering binnenstap, denk ik er niet aan. Ik dacht dat dat voor Carmen ook zo was. Neem gisteren. Dat leek mij toch een avond zoals we die hadden in de tijd voor de kanker. Luna naar bed, 'zet jij vast thee?', Carmen languit op de driezits met de ELLE, ik voor de televisie, heerlijk ouderwets niks aan de hand. Goed, ik vermijd krampachtig ieder heikel onderwerp en stel alleen emotioneel risicoloze vragen. 'Een stroopwafel of een plak cake, schat?' 'Wil jij een spaatje of een wijntje?' 'Kijken we zo naar *De Soprano's* of die film op Canal Plus?'

'Is er iets dat je de laatste dagen hebt gedaan, waarvan je merkt dat het je wel rust brengt?' vraagt Gerda.

Carmen denkt na.

'Als je met Luna speelt, of haar in bad doet misschien?' probeer ik, in een verwoede poging mezelf ten opzichte van Gerda te herpositioneren van de-man-die-geen-traan-laat-om-zijn-vrouw tot de constructief meedenkende, liefdevolle levenspartner.

'Nee,' schudt Carmen fanatiek haar hoofd, 'dan moet ik er steeds aan denken dat ik dat kleine schatje misschien nooit zal zien opgroeien.'

De doos tissues op Gerda's tafeltje maakt overuren. Kut, hoe kan ik nou zoiets lomps zeggen. Mijn tenen trekken krom van schaamte. Terug in je hok, Stijn.

'Hoewel, nu ik erover denk: afgelopen weekend, toen ik de tuin een beetje aan het bijwerken was, had ik wel wat rust,' zegt Carmen.

Nu is het weer Gerda's beurt om Carmen in tranen uit te laten barsten. Met dit verschil dat Gerda het bewust doet, en ik uit pure lompigheid.

'Maar dan denk je zeker: als ik die plantjes volgend jaar nog maar zie opkomen...'

Allejezus zeg. Carmens sluizen gaan nu helemaal open. Gerda spreekt uit waar wij niet eens aan durven denken: misschien is Carmen er over een jaar al niet meer. Door ja te zeggen tegen chemo's hebben we dit rampscenario weggestruisvogelpolitiekt.

Nu ben ik aan de beurt. Gerda ligt op ramkoers.

'En jij Stijn, zeg eens eerlijk, denk jij niet: waar heb ík dit aan verdiend?'

Schok.

Wat Carmen, Frenk, Maud, Thomas en Anne niet is gelukt, lukt Gerda met de eerste opmerking die ze rechtstreeks tot mij richt. Gerda slaat de spijker op de gevoelige snaar.* Ik heb het niemand verteld, ik laat het niemand merken, maar het is waar: ik voel dat de kanker mij net zo hard heeft gepakt als Carmen. Ik voel me genaaid.

Ik buig mijn hoofd, knik en voel mijn ogen vochtig worden. Shit. Waarom nú, bij de allereerste aanval van Gerda op mijn eigen gemoed? Had ik verdomme daarnet maar een huilbuitje om bestwil geproduceerd, toen het imagotechnisch goed uitkwam. Toen ik Gerda had kunnen laten zien hoeveel ik van Carmen houd. Waarom sla ik nu door, nu Gerda in *mijn* gevoelens gaat lopen wroeten, waarom lijd ik verdomme nu ineens aan huilincontinentie? Wedden dat Gerda me een egoïstische klootzak vindt die pretendeert het zo erg te vinden voor zijn vrouw, maar hier op heterdaad wordt betrapt op het overtreden van de ongeschreven erecode der partners van kankerpatiënten: gij zult geen zelfmedelijden hebben. Met mijn hoofd omlaag, een door Carmen aangegeven tissue in mijn hand, huil ik tranen met tuiten.

'Voel je je schuldig dat je het ook voor jezelf zo erg vindt?' vraagt Gerda.

'Ja... Een beetje wel...' snik ik vol schaamte. Ik heb al weken dat stemmetje in mijn hoofd dat me blijft treiteren, blijft vertellen dat het allemaal niet telt dat ik meelees in die kutboeken van Simonton, dat ik meega naar alle gesprekken met doktoren en naar de twee chemokuren die Carmen tot nu toe heeft gehad. De laatste keer was er buiten mij geen enkele partner bij. De vrouw met het flinterdunne haar was er dit keer niet – vakantie? genezen? opgegeven? dood? – en haar man dus ook niet. En die ene jongen had zijn *Great Gatsby*-pet weer op maar zijn meisje weer niet bij zich. Het is alsof ik al die dingen die ik goed doe, niet vind opwegen tegen mijn niet-aflatende, onreine behoefte aan hedonisme, aan plezier maken. Als een pedofiel

---

* Gewrampled van Wim T. Schippers.

die er jarenlang in slaagt om zich in te houden, maar zich toch schuldig blijft voelen door zijn vunzige gedachten over kinderen.

'Dat hoeft niet hoor, Stijn. Voor jou is het misschien nog wel erger dan voor mij,' springt Carmen plotseling in.

Het duurt even voor ik hoor wat ze zegt. Ik kijk haar verbaasd aan.

'Ja,' vervolgt Carmen, 'jij bent gezond, je hebt nergens om gevraagd en nu zit je met een vrouw die de hele dag zit te janken en chagrijnig is en...' – ze slikt en wacht even – '...straks een kale kop heeft.'

Ik zie dat ze het meent. Ze vindt het verschrikkelijk voor mij. Voor *mij*.

Het moet niet veel gekker worden. Na twee weken kanker is onze psycho-emo-relationele status dus als volgt:

1. *Vrouw met kanker heeft schuldcomplex omdat ze dit haar man aandoet.*
2. *Man van vrouw met kanker heeft schuldcomplex omdat-ie vindt dat-ie te veel zelfmedelijden heeft.*

En dan janken we maar weer eens een potje, gezellig met zijn tweeën, de armen om elkaar heen geslagen.

'Goed zo,' zegt Gerda.

Ze zegt dat we de volgende keer verdergaan met de meditatie-oefeningen van Simonton. 'Ik denk dat dat goed voor je is. Bij die oefeningen leer je om je geest in te zetten tegen de kanker.'

Carmen knikt alsof ze het de normaalste zaak van de wereld vindt.

'Dat gaat met behulp van visualisatietechnieken,' vervolgt Gerda. Ik houd wijselijk mijn mond.

'Maar ze helpen ook om lekker rustig te worden.'

'Ja, dat lijkt mij wel wat,' knikt Carmen.

Ik knik ook. Al vond ik Carmen niet echt rustig toen ze dat boek van die Simonton door de huiskamer smeet.

'Als we die oefening doen, neem ik het op en dat bandje krijg je dan mee,' zegt Gerda, terwijl ze op de cassetterecorder wijst.

'Dan kan je het thuis, in de week daarna ook oefenen.'

'Nou, eh... klinkt goed,' zegt Carmen.

'Wat ik jullie nog wil vragen is om voor de volgende week een tekening te maken...' – *jullie, ze zegt jullie* – '...waarbij je probeert om de tumor in je borst te visualiseren...' – *mijn jarenlange oefening om zonder een spier te vertrekken de meest onnozele briefings en het oeverloze marketinggelul van klanten aan te horen, betaalt zich nu uit* – '...Jij kunt ook meedoen, Stijn, stel je gewoon de tumor in Carmens borst voor...' – *gewoon* – '...en dan ga je tekenen dat de chemo de tumor in de borst te lijf gaat...' – *Jiskefet! Ik zit in Jiskefet!* – '...en dat visualiseer je met wat er dan in je opkomt...' – *dat ik hier in de maling genomen word, dat komt er in me op.*

'Lijkt dat je wat, Carmen?'

'Ja, ik eh... denk van wel.'

'Jou ook, Stijn?'

'Ja, dat lijkt me een heel goed idee.'

'Nou, ik zou zeggen, tot de volgende week dan!'

'Ja, tot volgende week.'

Ze schudt ons allebei de hand.

'Dag, Carmen! Dag Stijn.'

'Dááág,' roepen we over onze schouder.

In de lift kijk ik Carmen voorzichtig peilend aan. Ze schiet keihard in de lach.

Gelukkig. Haar hersens doen het nog.

Seems kinda funny sir to me/That at the end of every
hard day/People find some reason to believe

Bruce Springsteen, uit *Reason To Believe* (Nebraska, 1982)

NEGENTIEN

Toch moet ik toegeven dat het gesprek met Gerda ons goed heeft gedaan.

Carmen en ik hebben er de briljante ingeving door gekregen elkaar iets meer van onze gevoelens op de hoogte te houden. Zo durf ik Carmen te vertellen dat ik baal dat we deze zomer amper in Bloemendaal zullen komen, dat ik dokter Wolters het liefst de vliegende Arabische tering aan zijn linkerhartklep zou zien krijgen en dat ik het heerlijk vind dat ik iedere dag bij Merk in Uitvoering een kankervrije zone binnenstap. En Carmen vertelt eerlijk als ze het even helemaal niet meer ziet zitten, en dat ze dagen voor de chemo al opziet tegen het geprik.

De onderwerpen die taboe blijven, zijn alle zaken die na de chemo's realiteit zouden kunnen worden – uitzaaiingen, borstamputatie en dood, om maar wat te noemen. Ik krijg hierbij steun uit onverwachte hoek: negatief denken heeft een ongunstige werking op de ontwikkeling van de ziekte, schrijft dr. O. Carl Simonton in zijn boek. Simon, zoals Carmen hem gedoopt heeft, duldt geen tegenspraak; met hoofdstuktitels als *Psychische krachten kunnen kanker beïnvloeden, Neem zelf de leiding over je gezondheid* en *Het wetenschappelijke bewijs voor onze benadering* is Simon de Louis van Gaal van de medische wetenschap.

Maar soms is het leven simpel: als alle statistieken onze vijanden zijn, en Simon alle statistieken en overlevingspercentages aan zijn Amerikaanse laars lapt, dan is Simon onze vriend. Daarom hebben we de afgelopen week aan iedereen die het wilde horen verteld dat Simons methode om met *positive thinking*, meditatieoefeningen en visualisatietechnieken kanker te bestrijden wetenschappelijk bewezen is (al heb ik eerlijk gezegd niemand over onze tekenopdracht bij Gerda verteld). En als iemand kampioen *positive thinking* is, dan is Carmen het wel.

Daar hadden we gelijk in, zei iedereen.

Als iemand het kan, dan is Carmen het wel.

We vertellen iedereen dat de geest sterker kan zijn dan het lichaam. Wat zeg ik – sterker *is* dan het lichaam! We gaan ervoor! Al wie ons liefheeft, volge ons in onze strijd tegen beter weten in en grijpe tezamen met ons deze strohalm! Halleluja Simon!

Blonde haren, blauwe ogen/uit een sprookjesboek gevlogen

Bloem, uit *Even aan mijn moeder vragen* (Vooral jong blijven, 1980)

TWINTIG

Carmens haar begint nu flink uit te vallen. 's Ochtends na het slapen ligt haar hele kussen vol. Sinds gisteren kan ze zonder dat het pijn doet hele plukken haar uit haar kop trekken.

'Let op,' zegt ze 's avonds als ik thuiskom, haar wijsvinger ernstig omhoogstekend, 'heel de dag op geoefend...'

Ze gaat voor me staan, trekt een gezicht alsof ze zich wezenloos schrikt, kijkt me met grote ogen aan, bijt op haar lip om een gespeelde schreeuw in te houden en trekt met twee handen een pluk haar uit haar hoofd. Een nieuwe grap in haar Mr. Bean-repertoire.

'Hij is goed, hè?' schatert ze.

's Avonds in de badkamer staat ze in de spiegel te kijken, haar hoofd een beetje naar beneden.

'Het wordt nu wel heel dun, hè?'

'Mwa. Het kan nog wel hoor.'

'Nee, het kan echt niet meer. Kijk hier nou eens,' zegt ze en ze trekt een pluk haar opzij, boven op haar hoofd. Ik zie een centimeter zonder haar.

'Ja, als je ze uit elkaar gaat trekken, dan zie je het wel, ja...'

Ze luistert amper.

'Ik vind dat het niet meer kan. Ik ben zo bang dat ik straks een keer op mijn werk of in de kroeg zit en dat mensen het dan zullen zien.'

Ze zit tussen kwaad en huilen in. *Mr. Bean has left the building.*

'Wat wil je?' vraag ik.

Het moment waar ik al weken bang voor ben, komt nu angstig dichtbij.

'Zullen we het er maar af halen?' vraagt ze aarzelend.

'Zal ik het voor je doen?' zeg ik, haar in de spiegel aankijkend.

Slik. Meen ik dit?

'Durf... zou je dat willen doen?' vraagt ze aarzelend, haast verlegen.

Ik weet niet hoe ik het voor elkaar krijg, maar ik knik en ik glimlach.

'Tuurlijk doe ik dat voor jou.'

Ze kijkt nog een keer naar zichzelf in de spiegel, wacht even en zegt: 'Doe het maar.'

'Goed,' zeg ik en ik pak mijn scheerapparaat uit het kastje naast de spiegel.

'Hoe wil je het doen?' vraagt ze onzeker.

'Eerst met de tondeusestand en daarna scheren?'

'Ja. Dat is wel het beste denk ik, hè? Het moet wel glad zijn. Het moet niet gaan kriebelen onder een pruik.'

Ik pak een witte handdoek en leg die over haar schouders. Ze kijkt nog steeds naar zichzelf in de spiegel. Ik kijk even naar de boven- en achterkant van haar hoofd, waarbij ik mijn hoofd als een volleerd kapper van links naar rechts en van boven naar beneden beweeg. Waar moet je in godsnaam beginnen, kan iemand me dat vertellen? Aan de achterkant van haar hoofd maar, zodat ze zo meteen zelf niet onmiddellijk de eerste hoofdhuid ziet, als ik de tondeuse eroverheen haal? Ja. Eerst de achterkant.

'Daar gaan we dan, schat.'

Ik zucht diep, zet de tondeuse aan en scheer van onder uit haar nek een strook van zo'n vier centimeter breed weg. Meteen kus ik haar op haar wang. Ze ziet in de spiegel de lange haren op de handdoek vallen, slaat haar hand voor haar mond en begint te huilen. Ik slik, maar ga onverstoorbaar door met scheren, haar om de paar seconden op haar hoofd kussend. We zeggen niks.

Tien minuten later is Carmen kaal.

You can hide neath your covers and study your pain/
waste your summer praying in vain

Bruce Springsteen, uit *Thunder Road* (Born To Run, 1975)

EENENTWINTIG

'*Aaarrrggghhh!* Dat ding jeukt als een gek, ik word er helemaal krankjorum van!'

Ik schrik op uit de *Oor*.

Het is warm op het terras achter ons huis. Door de uitbouw van de buren aan de ene kant en de hoge heg aan de andere staat er nooit wind. Alleen helemaal achter in de tuin, bij het beekje dat de stad scheidt van het Amsterdamse Bos, staat soms een vleugje wind, maar daar zitten we bijna nooit. Het voelt daar alsof je midden in het bos zit. Heel onnatuurlijk. Ik loop er wel eens heen met Luna om de eendjes te voeren, maar voor de rest houdt de tuin voor ons eigenlijk al op voor hij begint, na de rand van de houten vlonders van ons terras. We zitten onder de grote, rechthoekige parasol. Zelfs ik heb het warm en ik heb geen pruik op.

Prikkelpruikje noemt Carmen hem sinds gisteren. Ze draagt hem al een week, maar gisteren was het voor het eerst boven de twintig graden. Daarvóór was het pruiktechnisch een heerlijke zomer: hooguit een graad of zeventien, veel regen en geen stranddag gehad.

'Je kunt hem toch afzetten?'

'En Maud dan? Die staat zo voor de deur met die kleine.'

Luna heeft een nachtje bij Maud gelogeerd en vandaag mocht ze mee naar Artis. Ik was dolblij toen Maud dat voorstelde. Het was afgelopen dinsdag weer chemokuur en tegen de tijd dat Carmen zich wat beter voelt, zo rond het weekend, ben ik gebroken. Drie dagen fulltime Carmen en Luna verzorgen en tussendoor nog wat uren naar

Merk in Uitvoering beginnen me dan op te breken. Door Maud kon ik vanochtend uitslapen en daardoor heb ik nu zoveel energie gekregen dat ik vanmiddag misschien nog wel even naar Beachpop kan. Ik heb Carmen nog niets over mijn snode plan verteld.

'Nou en? Het is toch jouw huis? Iedereen moet er maar aan wennen dat je kaal bent,' zeg ik. En dan, zo terloops mogelijk: 'Maud zal trouwens toch niet zo lang blijven, ze wilde vanmiddag naar Beachpop gaan. In Bloemendaal, weet je wel. Dat begint vandaag weer.'

'Ik moet er niet aan denken.' Carmen heeft niet haar gezelligste dag. 'En ik wil ook niet dat jij gaat vanmiddag. Zit ik hier straks met Luna.'

'Nee, dat was ik ook niet van plan, hoor, schat,' jok ik. Kut.

'Oké, dat je het effe weet,' zegt ze, niet opkijkend uit haar *Blvd.*

'Ja-haa. Ik zei toch al dat ik dat niet van plan was?'

Stilte.

'O, wat een KUTDING!' gilt ze en ze krabt met haar vingers aan haar pruik.

'Godverdomme Carm, zet dat ding dan gewoon af!'

'Nee! Ik wíl niet voor lul zitten. Snap dat nou!'

Dan moet je het zelf maar weten ook, denk ik.

Een paar minuten later gaat de bel. Ik sta op en loop naar de voordeur.

'Wat een schatje is het toch,' zegt Maud. Ze streelt Luna over haar hoofdje, die ligt te slapen in haar kinderwagen.

Ze blijft nog een uurtje. Maud gaat zich zo meteen thuis ophippen. Ze zit al te stuiteren om naar Beachpop te gaan. Carmen babbelt en lacht vrolijk mee. Ik grimlach.

'Frenk en nog een paar anderen van Merk in Uitvoering komen ook,' zegt Maud.

'Wij blijven lekker thuis,' zegt Carmen.

Ik doe niks en ik doe niks/ik hang alleen maar rond/ik
kijk eens uit de ramen/en ik krab wat aan mijn kont/ik
staar wat voor me uit/ik neem nog maar een biertje/en
ik speel wat op mijn fluit

De Dijk, uit *Bloedend hart* (De Dijk, 1982)

TWEEËNTWINTIG

'En nu?' vraag ik.

Op het bed ligt een schaartje, een soort pizzadoos waar de dikke plakken geleiverband in zaten en een paar losse, afgeknipte stukjes. En er ligt een jonge, naakte, kale vrouw met één mooie, gezonde borst en een borst vol blaren, wondjes en half loszittende stukjes verbrand vel in de kleuren geel, roze, paars, rood en bordeaux. De zwarte lijnen die er vijf weken geleden voor de bestraling zijn opgezet, zijn nog net zichtbaar door het vulkaanlandschap heen.

Carmen tilt haar hoofd op en kijkt naar de zijkant van het deel van haar borst, dat nog niet ingepakt is. Het verband is aan de onderzijde met gelei bedekt, om te voorkomen dat met de volgende verschoning de vellen van de verbrande huid meekomen. Met haar ene hand houdt ze het stuk dat al op haar borst rust op zijn plaats, met haar andere wijst ze naar het verband.

'Die verpleegster maakte geloof ik hier ergens een inkeping. Anders past het zo meteen niet om mijn borst. Dan gaat dat spul plooien.'

'Ja ja. Hoe ver moet ik het ongeveer inknippen?'

'Een eh... centimeter of vijf, denk ik?'

Dokter Scheltema was niet ontevreden toen Carmen haar serie van vier chemo's had gehad. De tumormarkers in Carmens bloed zagen er hoopvol uit en de tumor in de borst was een stuk geslonken.

Ze durfde zelfs het woord opereren voorzichtig te laten vallen. 'Maar laten we eerst maar eens zorgen dat de tumor in de borst nog kleiner wordt, anders lopen we het risico dat het in de huid terechtkomt als ze gaan snijden. En dan zijn we nog verder van huis,' had ze gezegd. Er werd een radioloog van het Antoni van Leeuwenhoek-ziekenhuis bijgehaald. En die was het met Scheltema eens. Bestralen. Zeven weken lang, iedere dag naar het Antoni van Leeuwenhoek. En dan zouden we wel verder zien.

De eerste vier weken van de bestraling was er niks aan het handje, vergeleken met het afzien na elke chemokuur. Maar na twintig bestralingen begon, conform de voorspelling van de radiotherapeut, de huid het te begeven.

'Moet ik 'm nog verder inknippen, denk je?'

'Eh... nee, zo is het goed...' zegt Carmen angstig. 'Stop maar, stop maar!' Ze is doodsbang dat ik per ongeluk de pijnlijke, verbrande huid van haar borst zal raken. Ik leg het schaartje weg en met het puntje van mijn tong tussen de lippen hou ik de ene flap van het ingeknipte verband omhoog en laat de andere heel zachtjes, zonder hem aan te drukken, op de borst zakken. Daarna de tweede flap netjes ertegenaan en klaar is Kees. De borst is hermetisch afgesloten. Beverwijk aan de Amstelveenseweg.

Carmen inspecteert mijn knutselwerk. 'Ja,' knikt ze. 'Goed. Dank je.'

Ik veeg de zweetdruppeltjes van mijn voorhoofd, doe de stukjes beschermlaag en een restantje ongebruikt verband in de pizzadoos en loop naar de badkamer om de zooi in de afvalemmer te gooien. Als ik terugkom, slaapt Carmen. De bestralingen beginnen erin te hakken.

Op de wekkerradio zie ik dat het pas halfnegen is. Buiten is het nog licht. Gisteren ging ze om acht uur slapen, een kwartier na Luna. Ik wilde solidair zijn en ging mee naar bed. Om twaalf uur sliep ik nog niet.

Zachtjes loop ik naar haar toe en geef haar een kus op haar voorhoofd. 'Welterusten lieverd,' fluister ik. Ze slaapt verder.

Beneden pak ik een flesje Brand uit de koelkast. Trouwens, ik heb zin in rosé. Ik leg het bier terug en trek een fles open. Uit de kast neem ik een zakje Japanse mix. Ik kijk of ik nog sms'jes heb gekregen. Eentje van Ramon.

Frenk en ik kennen **Ramon** van BBDvW&R/Bernilvy. Daar kwam Ramon binnen als account-assistent van Frenk. Wat Frenk te veel aan stijl heeft, heeft Ramon te weinig. Hij is sportschoolbreed en dat ben je alleen maar als je nicht of proleet bent en nicht is Ramon beslist niet. Hij is trots op zijn lichaam en ik moet toegeven dat dat niet onterecht is. Het geeft hem meer zelfvertrouwen dan goed voor hem is. Hij kan nog wel eens agressief worden als hij wat op heeft en iemand hem (of zijn auto of zijn bier) per ongeluk aanraakt. Ramon doet alsof de hele wereld van hem is en de wereld trapt daar meestal nog in ook. Daarbij heeft hij een enorme lul en dat helpt ook om meer zelfvertrouwen uit te stralen dan objectief gezien verantwoord is.

Een echte vriend, zoals Frenk en Thomas dat zijn, is Ramon eigenlijk niet, maar we behoren tot dezelfde bloedgroep. Ramon is gek op tenten als La Bastille, Het feest van Joop en de Surprise Bar. Ik ken er maar één die dezelfde afwijking heeft en dat ben ik. Een andere gezamenlijke eigenschap is dat Ramon net als ik een vrouwenomnivoor is. We pakken wat op ons pad komt en laten ons daarbij niet hinderen door relationele verplichtingen. Ramon en ik vinden dat matigheid een deugd is die slechts beoefend wordt door diegenen die continu achter het net vissen.* De laatste overeenkomst is dat we allebei uit het zuiden komen. Ik uit Breda, Ramon uit Chili. Op zijn negende is zijn vader met het hele gezin naar Nederland gevlucht. Ramons vader was onderwijzer en te bijdehand naar de mening van het Pinochet-regime. De familie kwam in de Bijlmer terecht. Zijn vriendjes gingen gezellig aan de coke en aanverwante middelen, hetzij als gebruiker, hetzij als handelsagent. Ramon ging studeren. Hij wilde carrière maken, zei hij. Tien jaar later werd niet Frenk, maar Ramon plots benoemd tot directeur van reclamebureau BBDvW&R/Bernilvy. Frenk begreep niet dat een patjepeeër als Ramon nu ineens zijn baas werd en vertrok. Sindsdien kan hij het niet nalaten op te scheppen over creative & strategic marketing agency Merk in Uitvoering en af te geven op reclame als Ramon erbij is. Ramon zegt dan dat hij zijn reet afveegt met wat Frenk (of wie dan ook op deze planeet) vindt.

* Boccacio, eerder misbruikt door Ronald Giphart in *Ik omhels je met duizend armen*.

Of we vrijdag nog gaan Leidsepleinen.

Ja, hè hè... Is de paus katholiek?

Mijn wekelijkse voetbalavondje in het Vondelpark heb ik sinds de chemokuren laten schieten, ik doe niet meer aan borrels na het werk, maar Stijns Vrijdagse Stapavond blijft onverminderd van kracht.

Maar het is pas dinsdag en ik sterf van de energie. Ik zet de tv aan. Op Yorin de herhaling van *Big Brother* van vanavond. Heb ik al gezien, daar kijken we tegenwoordig elke avond om zeven uur naar. Je moet toch wat. Op RTL een echte Thomas-film. Jean Kloot van Damme. Mwa. Ik sms hem of hij zit te kijken. Op SBS6 Everton-Southampton voor de FA Cup. Ik kijk heel even. Klotewedstrijd. Op Canal Plus een Franse film. Ook niks. Dan maar MTV. Getver, R&B. Het Sportjournaal op 3 begint pas om kwart over tien.

Ik pak *Het Parool* van de vloer en lees dat artikel over het GVB in de bijlage dan toch maar. Ik kom tot de helft. In de lade van het tafeltje ligt *De ontdekking van de hemel,* waarin ik in de twee maanden dat ik erin bezig ben 67 bladzijden heb gelezen. Met tegenzin sla ik het boek open, lees tot bladzijde 71 en leg het zuchtend weer weg. Ah, een sms! Thomas, dat hij inderdaad zit te kijken en hoe het met Carmen gaat. Ik toets in dat ze al in bed ligt omdat ze kapot is door de bestralingen en dat ik me de pleuris verveel. Voor ik hem verzend, haal ik het gedeelte van het vervelen toch maar weg. Thomas zit al jaren thuis op de bank. En Anne zou er helemaal geen fuck van begrijpen.

Ik schenk nog een wijntje in en zet teletekst op. Pagina 601. Weinig nieuws. 703. Het blijft mooi weer deze week. Ook dat nog. Terug naar SBS. Nog steeds 0-0. AT5 misschien? O, god, een trut die alle wegopbrekingen van deze week in Amsterdam staat op te sommen. Tussendoor heb ik mijn computer opgestart en Outlook geopend. De vier mailtjes van een Amerikaanse chatgroep over *inflammatory breast cancer* laat ik dicht. Ik open een mailtje van Anne. Hoe het met Carmen ging vandaag. Die mag ze morgen zelf beantwoorden.

Hakan mailt Frenk, Ramon en mij dat hij ook mee gaat naar Miami in het laatste weekend van oktober.

Een reply van Frenk dat we nu dan wel heel snel moeten boeken en dat we even moeten kijken op www.pelicanhotel.com, want dat is het hotel van Renzo Rosso van Diesel en dat is helemaal oké. De volgende reply is weer van Hakan. Hij heeft gehoord dat The Pelican alweer uit is. Ik mail de mannen terug dat het me worst zal zijn in welk hotel we zitten, als we maar gáán. Het Sportjournaal mis ik omdat Carmens moeder belt om te vragen hoe het met Carmen is. Kwart voor elf pas. Ik heb voor geen meter slaap. Ik kijk op Bol.com. De nieuwe *Manic Street Preachers* is uit. Ik klik op bestel. Ik lees een recensie van *The Prodigy* op het scherm. Bestel. Een cd van *Eagle Eye Cherry*, waarvan Carmen dat ene nummer zo leuk vindt. Bestel. Ik pak mijn creditcard en vul mijn gegevens in. Zie je wel dat uitgaan goedkoper is dan thuisblijven. Ik schenk nog een glas rosé in, en leg de Japanse mix weg voor ik uit verveling die hele zak opvreet. Kwart over elf. Over een halfuur begint de porno op Canal Plus. Ik blader een ouwe *HP/De Tijd* door en lees een stuk uit *Op weg naar herstel* van Simonton. Ik hou het een kwartier vol. Carmen heeft ze allebei al gelezen. Ik zet de fles rosé, die voor driekwart leeg is, in de koelkast, ruim de tafel af, leeg de vaatwasser, zet Luna's bordje voor morgen klaar en loop terug naar de huiskamer. Ah, het is al bezig. Italiaanse porno vanavond. Dat zijn meestal goeie meiden met echte tieten. Ik hou niet van opgeblazen Amerikaanse pornotieten. Carmen en ik zijn het wat dat betreft roerend eens: liever grote tieten die echt zijn en een beetje hangen dan neptieten die staan en niet bewegen bij het neuken. Het is al maanden geleden dat we gezamenlijk onze wetenschappelijke analyses op tv-tieten hebben losgelaten. Als Carmen nu onder het zappen toevallig de porno op Canal Plus tegenkomt weet ze niet hoe snel ze door moet zappen. Voor Carmen is porno passé. Voor mij niet. Ik kijk twee scènes, kom klaar, pak een stuk van de keukenrol, veeg mijn buik schoon, loop naar de afvalemmer, doe het natte papier onder een stapel ouwe kranten en ga naar bed. Na een minuut of tien val ik naast Carmen in slaap.

> I do declare that there were times/when I was so
> lonesome/I took some comfort in
>
> Simon and Garfunkel, uit *The Boxer* (Bridge Over Troubled Water, 1970)

DRIEËNTWINTIG

Carmen kent Ramon amper. Ze hebben elkaar een paar keer gezien, op feestjes bij BBDvW&R/Bernilvy. Ramon was zwaar onder de indruk van Carmen. ('Hé amigo, wat dacht je ervan om eens een keer aan partnerruil te doen?' 'Ik ben gek. Ik moet er niet aan denken om jou te pijpen.')

Hij komt nooit bij ons thuis. We spreken altijd af op het Leidseplein, in Palladium.

Daar praten we een halfuurtje over Bernilvy en Merk in Uitvoering en kijken naar de jonge strakke meisjes waarmee Palladium bezaaid is en dan gaan we naar het jachtterrein waar we ons als vette dertigers beter thuisvoelen: de Bastille.

Eenmaal binnen gaan we over tot de orde van de dag. We spotten een clubje cocktail drinkende vrouwen aan de bar. Ramon onderhoudt zich met een meisje met een Moschinoriem. Ik met eentje wier blouse Carmen veel te bloot zou vinden (ik vind dat het wel meevalt) en haar billen te dik voor het rokje dat ze aanheeft

Palladium. De selectie van Ajax haalt er zijn vriendinnen al sinds jaar en dag. Het gerucht gaat dat zelfs Wim Jonk* er wel eens heeft gescoord.

* Saaiste Ajacied aller tijden. Had het later bij PSV beter naar zijn zin.

Geef mij nu de nacht, ik geef je de morgen terug, klinkt het buiten al. In **La Bastille** beseft men dat niets in het leven zo belangrijk is als regelmaat, en daarom draait men er minimaal eenmaal per kwartier iets van André Hazes. De clientèle bestaat vooral uit tweederondevrouwen (30-40, gescheiden, herkenbaar aan zware investeringen in cosmetica en zonnebank teneinde er nog iets van te maken). Hoge scoringskans.

(daar kan zelfs ik niet onderuit). Binnen de context van de Bastille is het niet eens zo heel ordinair. Na een lulgesprek van een halfuur staan we te kopkluiven. Na een uur vraag ik voor de derde keer haar naam en voor de tweede keer of ze in Amsterdam woont. Ik kan me niet aan de indruk onttrekken dat mijn populariteit begint af te nemen. Ze heeft een vriend, zegt ze ineens, en haar vriendinnen zijn erbij. Vervolgens begint ze erover dat het zo belachelijk druk is hier en dat ze net tien minuten bij de wc in de rij heeft moeten staan en daar nog voor moest betalen ook. Gezeik aan mijn kop heb ik al genoeg. Ik vraag Ramon of hij en zijn zwaan-kleef-aan zin hebben om mee naar de Surprise te gaan. Hij schudt nee. Ik haal mijn schouders op en verlaat de Bastille.

De **Surprise** is het voorportaal van de Bastille. Wordt de Bastille vooral bevolkt door tweederondevrouwen, in de Surprise is de gemiddelde vrouw tien jaar jonger. Het meisje wier verkering net uit is en die een korte, hevige stapperiode ingaat. Altijd met een vriendin, die meestal in hetzelfde post-relationele schuitje zit. Samen gaan ze twee, drie keer per week naar de Surprise (en na drieën naar de Cooldown of Het Feest van Joop). Daar worden ze al snel herkend door het immer goedgeluimde barpersoneel, bemachtigen een vaste plek aan de bar en – hét statussymbool voor de vrouwelijke Surprise-bezoekster – mogen ze hun handtasje en jas achter de bar leggen. De barman fêteert het meisje en haar vriendin bij ieder bezoek op gratis shooters en knipogen. Een buitengewoon zakelijke aanpak, want hoe meer van dit soort dames aan de bar, hoe meer mannen. Het meisje wordt vervolgens al snel verliefd op een mannelijke Surprise-bezoeker, het stel blijft voor de vorm nog een tijdlang in afnemende frequentie in de Surprise komen en belandt dan op de bank in hun nieuwe huis in Almere. Enkele jaren later volgt de scheiding en dan is het de beurt aan de Bastille. Zo recyclet het Leidseplein op vernuftige wijze zijn clientèle.

In de Surprise Bar hou ik het tien minuten uit. Blijkbaar zie ik er zelfs voor Surprise-begrippen uit als een bronstige baviaan. De meisjes geven geen sjoege. Zal ik dan maar naar Paradiso gaan en lekker even in mijn eentje dansen? Of zal ik... Wat kan mij het ook schelen.

'De Ruysdaelkade,' zeg ik tegen de taxichauffeur.

Uit schaamte laat ik me niet aan de kant van de hoeren, maar aan de overkant van de gracht afzetten en doe ik net of ik een woonhuis binnenga. Als de taxi uit het zicht is, steek ik over en kom na drie keer op en neer lopen tot de ontdekking dat de vrouwen die rond dit tijdstip nog werken niet meer de mooisten zijn. Uiteindelijk kom ik op een Afrikaanse uit. Ze draagt een zwart negligé dat te klein is voor haar vlezige borsten. Als ze zich uitkleedt, zakken ze een halve decimeter, maar ach, het zijn er in ieder geval twee en ze zijn niet verbrand.

Een halfuur later kleed ik me thuis wéér uit. Ik laat mijn kleren in de huiskamer liggen en loop zo zacht mogelijk de trap op. Stilletjes kruip ik in bed.

'Was 't leuk?' vraagt Carmen slaperig.

'Ja. Lekker geouwehoerd en gedanst. Was gezellig met Ramon.'

'Mmmm,' zegt ze met lieve stem. 'Fijn. Dat had je verdiend.'

Ik kus haar in het donker op haar wang.

'Welterusten, liefde van mijn leven.'

'Welterusten, allerbeste vriendje van de hele wereld.'

What is it about men and breasts? How can you be so interested in it? Seriously, they're just breasts. Every second person in the world has them. They're odd looking, they're for milk. Your mother has them too. You must have seen thousands of them. What's all the fuss about?

Notting Hill (1999)*

VIERENTWINTIG

Wie had ooit gedacht dat ik nog eens een week op vakantie zou gaan naar Centerparcs, Port Zélande. Ik kan het perfect uitleggen aan iedereen en aan mezelf, hoor, daar gaat het niet om. Volgt u onze *inescapable logic* even?

1. *Het is te link voor Carmen om ver weg te gaan, met al die chemo die nog steeds in haar lijf zit.*
2. *Vanwege Carmens pruik geldt er voor alle bestemmingen met een te verwachten temperatuur van boven de vijfentwintig graden een negatief reisadvies.*
3. *Een doe-, loop-, stap- of bezichtig-vakantie kan niet vanwege de leeftijd van Luna (een) en de conditie van Carmen (nul).*
4. *Centerparcs is een klant van Merk in Uitvoering en zo kan ik een deel van het verblijf alhier declareren als* field *research-uren.*

Bovendien ga ik over een dikke maand met de mannen naar Miami, dus door een weekje Port Zélande moet ik me wel heen kunnen slaan, dacht ik.

* Julia Roberts tegen Hugh Grant. Waarbij opgemerkt dient te worden dat Julia zelf geen tieten heeft, althans niet met het blote oog waarneembaar.

Fout. Het is niet leuk in Port Zélande. Alles zit tegen. Ik word gek van de mensen hier, het weer is geweldig en dus veel te warm voor prikkelpruikje, Carmen is net zo prikkelbaar als haar pruik en om het feest compleet te maken, weigert Luna sinds kort om overdag een uurtje te slapen, waardoor ze later in de middag moe en niet te genieten is, hetgeen een negatief multipliereffect op de rest van het gezin genereert.

Ten slotte helpt het ook niet dat Carmen over drie dagen dokter Scheltema moet bellen om te horen of haar borst er nou definitief wel of niet af mag. Dat zit zo.

Dokter Scheltema had het samen met de radiotherapeut en dokter Wolters als volgt bedacht. Vergelijk het maar met *backburning*, de techniek waarmee grote bosbranden worden bestreden. Dan branden ze expres een stuk bos plat om een verderop ontstane bosbrand tot staan te brengen. En zodra dat gelukt is, wordt het hele bos met de grond gelijkgemaakt. Met de bestraling van Carmens borst willen dokter Scheltema, dokter Wolters en de radiotherapeut precies hetzelfde effect bereiken. De chemo's hadden er al voor gezorgd dat de tumor iets kleiner was geworden. Daarna moesten de bestralingen de tumor zodanig verder verkleinen dat zonder al te veel risico de *grand apotheose* van het geheel zou kunnen worden gepland: het operatief verwijderen van de tumor. En het *backburnen* van Carmens borst.

Daarbij had Carmen het voordeel, zei Scheltema, dat ze behoorlijk grote borsten heeft. Dan is de kans groter dat de chirurg straks met het amputeren van haar borst de tumor, die bij de tepel begint, ook echt helemaal kan verwijderen.

Over drie dagen, op donderdagochtend, gaat de commissie Scheltema-Wolters in conclaaf met de radiotherapeut én de chirurg.

Niet alleen heel medisch Amsterdam, maar onze complete vriendenkring en familie is intensief betrokken bij de brede maatschappelijke discussie over de borst van mijn vrouw. Iedereen hoopt dat de dokters groen licht geven voor de operatie (niemand noemt het amputatie).

'Wat hoor ik, kan Carmen misschien toch geopereerd worden?'

'Ja...'

'Maarre... dat is toch een goed teken, hè?'

'Ja, op zich wel, want dat durfden ze eerst niet aan, en nu waarschijnlijk wel, dus dat is goed.'

'Oooo, wat fijn! Dat zou toch wel heel mooi zijn, hè?'

Nou! Sjonge, wat zou dat mooi zijn en wat zal Carmen opgelucht zijn! Opgelucht dat ze straks niet meer van die grapjes kan maken zoals die keer toen ik uit de badkamer kwam en ze naakt op bed lag met een grote grijns op haar gezicht en twee gele *post-it*-plakkertjes op haar tepels met op eentje de tekst 'lekker' en op de andere 'hè?'. Opgelucht dat ze zichzelf niet meer gekscherend een kruising tussen Blondie en Betty Boop kan noemen omdat ze niet meer blond en niet meer boop is.

En dan ik. Ik zal ook zóóó opgelucht zijn!

Opgelucht omdat er behalve een borst, ook iets anders zal worden geamputeerd. Haar vermogen om ongeremd, onbeschaamd ordinair geil te zijn. Een proces dat al in werking is gezet toen Carmen kaal werd. Vraag me niet hoe het komt, maar Carmen vindt zichzelf een stuk minder aantrekkelijk sinds ze kaal is. Al blijf ik herhalen dat ze ook zonder haar mooi is. Sterker nog, om haar kaalheid te vieren heb ik het weinige schaamhaar dat ze na de chemo nog over had ook maar geschoren en heb haar onder het likken verteld hoe lekker haar kutje zo was. Ook Carmen wond het op. Tenminste, de eerste avond. Daarna won het ongenoegen over haar kale kop het in bed van haar opwinding over haar kale kut. Einde seks. Gek, hè?

Na de borstamputatie zal het wel helemaal een feest worden in de slaapkamer. Hoe vaak ik ook zal zeggen dat ik haar nog steeds aantrekkelijk vind: elke keer als ze in de spiegel kijkt, zal ze zien dat ze Carmen niet meer is.

Carmen is bang haar borst kwijt te raken, ik ben bang de Carmen die ik ken kwijt te raken. Een eenzame angst, die ik met niemand durf te delen. Men zou eens denken dat ik meer belang hecht aan Carmens borst dan aan Carmens leven.

Ook Carmen en ik praten amper over de operatie, die steeds dichterbij dreigt te komen. We weten allebei waar we aan denken als we mosselen eten in het Port Zélande-restaurant, als we op het strand liggen, als we spelen met Luna, als we praten over niks, als we ruzie maken over niks, als we 's avonds in onze bungalow naar *David Letterman* kijken – elk moment van de dag denken we aan de borst. En als we slapen, dromen we over de borst. We weten het van elkaar en verzwijgen het voor elkaar.

De avond voor Het Telefoontje liggen we in bed. Ik kus Carmen en ga op mijn zij liggen.

'Zal ik het licht uitdoen?'

'Ja, doe maar.'

'Welterusten, liefie.'

'Welterusten, vriendje.'

Klik.

Er gaan een paar minuten voorbij.

'Stijn?'

'Ja?'

'Slaap je al?'

'Nee.'

'O.'

'Wat is er?'

'Wat denk jij dat ze zullen zeggen, morgen?'

'Ik weet het niet, schat.'

'En wat hoop je?'

'Ja, ik hoop natuurlijk dat ze het aandurven.'

'Maar jij bent een tietenman, Stijn. En straks heb je een wijf met een kale kop en één tiet.'

Ik draai me om en pak haar vast.

'Ik hoop écht dat ze het aandurven, Carmen.'

'Echt?'

'Echt.'

Ik voel een traan op mijn schouder vallen.

'Wat hoop je zelf dat ze gaan zeggen morgen?'

'Ik hoop ook dat-ie eraf kan.'

'Dan is het goed.'

'Maar het is wel erg, hè?'

'...'

'Stijn?'

'Ja... het is verschrikkelijk, schat. Maar ik heb echt liever jou met één borst dan jou helemaal niet meer.'

De volgende dag liggen we op het strand. Het is al middag. Ik kijk af en toe naar Carmen, maar durf niet te vragen of we niet even moeten bellen.

'Ik ga zo even naar de bungalow om te bellen,' zegt ze ineens.

'Je wilt liever niet hier bellen?' vraag ik, gebarend naar mijn gsm. Ze schudt nee.

'Liever niet. Ik wil even precies horen wat Scheltema gaat zeggen, en het waait hier zo.'

Natuurlijk wil ze niet hier bellen, kluns, denk ik bij mezelf. Lekker op een vol strand te horen krijgen dat je borst eraf mag.

'Zullen we samen naar het huisje gaan?' vraag ik.

'Nee. Ik ga liever even alleen. Blijf jij maar hier met Luna.'

Ze trekt een jurkje aan over haar bikini en loopt weg, het strand af.

Ik volg haar met mijn ogen tot ze bij de bosrand is en uit het zicht verdwijnt.

Het duurt bijna drie kwartier voor ze terug is. Ik heb Luna vermaakt met schepjes en emmertjes en water. Het is alsof ik in de wachtkamer zit terwijl mijn vrouw ligt te bevallen.

'Hoi,' klinkt het onverwachts achter me.

'Hé!' zeg ik en ik probeer aan haar gelaatsuitdrukking af te lezen wat Scheltema gezegd kan hebben.

'Ze weten het nog niet.'

'Ze weten het nog niet?'

'Nee. Scheltema zegt dat de chirurg eerst nog even naar mijn borst wil kijken, voor hij beslist of hij het aandurft.'

'Jezus,' zucht ik, 'wanneer doet-ie dat?'

'Volgende week. Ik heb maandag een afspraak met hem.'

Weer vier dagen langer spanning.

'Hm. Waarom duurde het eigenlijk zo lang? Je bent wel drie kwartier weggeweest.'

'Scheltema had lunchpauze.'

We zullen doorgaan/in een loopgraaf zonder licht/
om weer door te gaan

Ramses Shaffy, uit *Wij zullen doorgaan* (Wij zullen doorgaan, 1972)

VIJFENTWINTIG

De chirurg heet dokter Jonkman. Zijn kantoor zit naast dat van Wolters, op de afdeling Oncologie. Goed type, zie ik aan Carmen, die achter zijn rug om met haar tong over haar lippen gaat en mij een knipoog geeft.

'Lekker ding?' fluister ik zachtjes in haar oor. Ze knikt enthousiast.

'Als-ie aan je tieten komt sla ik 'm op zijn bek,' fluister ik. Carmen lacht.

Jonkman is een doktersromandokter. Rond de veertig, jongensachtig gezicht met halflang haar, beetje grijs aan de slapen. Doe hem een Paul Smith-pak aan en hij zou zo accountman kunnen zijn bij een reclamebureau. Hij kan zich beter verplaatsen in ons dan dokter Scheltema en dokter Wolters, die zo'n jaar of vijftien ouder zijn. Hij zal vast ook een vrouw hebben van Carmens leeftijd, en – gezien zijn uiterlijk – ongetwijfeld ook een lekker wijf. Dat schept een band.

Maar het blijft een dokter. Zodra hij Carmens dossier – dat ik ondertussen al van de buitenkant herken – opent en overschakelt van de mens Carmen op de patiënt mevrouw C. van Diepen begint hij te praten als een europarlementariër. Voorzichtig formulerend legt hij uit dat hij alleen dan tot een operatie overgaat als hij zeker weet dat het de overlevingskansen sterk verbetert.

'U bent een mooie, jonge vrouw, en na de ablatio...' – we kijken hem niet-begrijpend aan – '...eh, de amputatie, na de amputatie dus, heeft u een litteken van een centimeter of tien, horizontaal op de plaats waar nu uw borst zit...' – dat lijkt ons inderdaad niet mooi, nee – '...en dan kunnen we misschien ooit wel een borstimplantaat inbrengen, maar dan nog wordt het nooit meer zoals het nu is.' Hij pauzeert even en kijkt Carmen recht aan. 'Het is een afschuwelijke verminking.'

Afschuwelijke verminking. Ik schrik van zijn woorden, maar realiseer me dat hij bewust zo direct is. Hij wil weten of Carmen er klaar voor is. Ik mag hem wel. Jonkman is de eerste die snapt dat een borst voor een jonge vrouw en haar man meer is dan een uitstulping met – in Carmens geval – een gezwel erin.

'Zullen we even kijken naar uw borst?'

Carmen trekt haar blouse en bh uit en gaat liggen op het smalle onderzoeksbed in zijn kamer. Jonkman begint met zijn handen de borsten van mijn vrouw te bevoelen. Carmen knipoogt naar mij, ik glimlach.

'Tja...' zegt hij na een tijdje. 'Tja. Kleedt u zich maar aan.' Hij wast zijn handen. 'Ik schat de tumor op dit moment zes bij twee centimeter.'

'En dus...?'

Carmen durft haar vraag niet verder af te maken.

'Ik denk dat we het risico moeten nemen en om uw overlevingskansen te optimaliseren dan toch maar tot amputatie van de borst overgaan.'

Carmen reageert uiterlijk niet emotioneel, maar ik zie dat de klap hard aan komt. Jonkman gaat snel door. 'De ablatio kan in de derde week van oktober worden gedaan,' zegt hij, terwijl hij op een rooster kijkt dat aan de muur hangt, 'al ben ik dan zelf met vakantie. Dan doet dokter Wolters de operatie.'

Het horen van de naam Wolters in één zin met het woord operatie is voldoende om Carmen in tranen te laten uitbarsten.

'Dat denk ik niet,' zeg ik verbeten.

'Hoezo niet?' vraagt Jonkman geschrokken. Ik zie aan zijn gezicht dat hij nergens van weet. De hufters. Wolters en Scheltema hebben het onder de pet gehouden.

'Dokter Wolters heeft een klein jaar geleden een foutje gemaakt in een diagnose bij mijn vrouw. Daardoor zitten we nu hier. Mijn vrouw en ik willen niet dat hij nog met zijn handen aan haar lichaam komt.'

Carmen kijkt snikkend naar de grond. Jonkman hervindt snel zijn professionaliteit.

'Goed. Dan opereer ík u, een weekje later,' zegt hij zonder verder te vragen.

Carmen knikt en fluistert nauwelijks hoorbaar: 'Graag... Dank u.'

'Mijn assistente spreekt zo meteen de exacte datum met u af.'

De operatiedatum wordt vastgesteld op donderdag 31 oktober.

Vier dagen na Miami, schiet het ineens door mijn hoofd. Dat kan ik dus mooi vergeten. Kutkanker. In één gesprek een tiet én het leukste weekend van het jaar kwijt.

When I'm out in the streets/I talk the way I wanna talk/
when I'm out in the streets/I don't feel sad and blue/
when I'm out in the streets/I never feel alone/when I'm
out in the streets/In the crowds I feel at home

Bruce Springsteen, uit *Out In The Streets* (The River, 1980)

ZESENTWINTIG

En op de achtste dag schiep God Miami.

Ja, ja, ik ben er, hoor! Ocean Drive, Miami Beach, Florida.

In de taxi op Ocean Drive weten Ramon, Hakan en ik niet hoe snel we onze nek telkens moeten draaien met al dat lekkers om ons heen. Het is hier één grote snoeptrommel, beaamt Frenk zelfs.

Carmen kwam er zelf mee. 'Ga nou maar gewoon mee met de mannen, nu het nog kan. Straks komt die operatie en daarna zal ik je hard nodig hebben,' zei ze. Ik sprong een gat in de lucht en kocht de dag erna alle rozen van de bloemenstal tegenover het Olympisch Stadion op. Carmen was zo onder de indruk dat ze voorstelde of ik niet elke maand een weekend weg wilde.

We worden voor The Pelican Hotel afgezet. Het hotel is mintgroen. Het hotel ernaast roze, dat daarnaast lichtblauw. Een donkerblonde serveerster met enorme jetsers in haar witte Diesel T-shirt met V-hals huppelt het trapje naar het terras af. Ze ziet me kijken, lacht en zegt 'Hi'. 'Hi,' zeg ik terug.

Achter de receptie zit een Portoricaans meisje. Goeie god, zo zie je ze bij Hans Brinker Hotel niet. 'Lord, I'm not worthy,' stamelt Ramon. Het meisje lacht haar tanden bloot en geeft ons onze sleutels. Ik voel me net als twintig jaar geleden, toen ik voor het eerst in Lloret de Mar was.

Omdat Ramon en ik ervan verdacht worden dezelfde nachtelijke

97

interesses te hebben, wijst Frenk ons één kamer toe. We krijgen de *Best Whorehouse Room* toebedeeld. Frenk en Hakan nemen de *Me Tarzan, you vain Room*. De kamers zijn niet groot, maar het gaat hier om hip, niet om comfort, legt Frenk me uit.

Iedereen heeft de opdracht gekregen snel te douchen en binnen het halfuur weer beneden te zijn. Frenk heeft gereserveerd in The Delano, en daar schijn je op tijd te moeten zijn.

En goed gekleed, constateer ik als ik Frenk en Hakan zie. Frenk heeft een zwart krijtstreeppak aan waarvan hij trots het merk noemt – een designjapanner van wie ik nog nooit heb gehoord. Hij vermeldt terloops dat hij het op Madison Avenue in Manhattan heeft gekocht. Hakan zegt dat hij het een mooi pak vindt, maar dat de pakken van een ander merk – dat ik ook niet ken, maar waarvan hij toevallig vanavond zelf een shirt en schoenen aan heeft – toch net mooier zijn. Het spreekt voor zich dat ik het bij mijn *snake leathers* hou. En mijn witte broek en paarse shirt mogen in prijsklasse dan ver onderdoen voor Frenks outfit, ik vind zelf dat ik er kek genoeg uitzie om mijn marktwaarde bij de vrouwen in Miami te onderzoeken. Ramon draagt een strak T-shirt. Het staat hem verdomd goed. Met het oog op de concurrentiestrijd heeft hij gelukkig zijn zwarte leren broek weer aan die in de mode was toen Ajax nog in de Meer speelde.

Tijdens het eten, buiten onder de palmbomen bij het zwembad van het Delano, volgen de eerste diepgaande gesprekken. Kan Nederland Europees kampioen worden (ik: ja, Ramon en Hakan: nee, Frenk: weet niet); hoe gaat het met Merk in Uitvoering (Frenk: geweldig!,

The **Delano** – spreek uit Dèlano, en zeker geen Deláááno, zoals ik doe – is nog duurder dan The Pelican. Dat komt omdat het een van Ian Schragers hotels is, vertelt Hakan. Die naam spreekt hij met dusdanig veel ontzag uit, dat ik maar niet vraag who-the-fuck dat is. Het publiek van Delano's bestaat uit Ocean Drive-makelaars, reclamemensen en *business groupies*. Er wordt niet gelachen. Het eten, de cocktails, het decor en de vrouwen in The Delano zijn onbetaalbaar. Maar geld speelt geen rol dit weekend, hebben we besloten.

ik: het gaat); wie heeft het bij BBDvW&R/Bernilvy allemaal met Sharon gedaan (ik: ik, Ramon: tuurlijk, Hakan: alleen laten pijpen, Frenk: getver!); is St. Martin's Lane in Londen hipper dan The Delano (ik: weet niet, Ramon: weet niet, Frenk: nee, Hakan: ja) en gaan we vanavond aan de xtc die Ramon heeft meegenomen (ik: ja!, Ramon: o? ik dacht dat jij daar niet van was?, ik: zeik nou niet aan m'n kop en geef me maar gewoon zo'n ding, Hakan: vanavond niet, Frenk: natuurlijk niet). Ramon geeft mij een pil. Ik ben wat nerveus. Tot dusver in mijn leven heb ik slechts alcohol ingenomen. Carmen is tegen alles wat neigt naar drugs. Ik slik het ding met een slok bier door. Frenk kijkt me hoofdschuddend aan.

We gaan naar Washington Avenue, achter Ocean Drive. Hier zijn de meeste clubs en discotheken in Miami Beach gevestigd, aldus Frenk, die dit soort dingen gewoon wéét. Hoe is me een volstrekt raadsel, maar hij weet ze. We schijnen naar Chaos te moeten, waar het volgens Frenk allemaal te doen is. Hakan sputtert tegen. Hij zegt dat hij van de barman van The Delano heeft gehoord dat Washington Avenue passé is en dat we naar Club Tantra moeten, in een heel andere wijk. Ramon en ik wuiven Hakans bezwaren weg, we hebben verlekkerd geconstateerd dat er in de lange rij wachtenden bij Chaos bosjes mooie dames staan te wachten. Achter een fluwelen koord houdt een broer van Mr. T met zijn armen over elkaar de wacht. Ik weet niet waar het aan ligt, maar ik sta te stuiteren om binnen te ko-

De **RoXy**. Wijlen de RoXy. De Marco van Basten van het uitgaansleven. Wegens zware blessure (ernstige brandwonden) noodgedwongen vroegtijdig gestopt. Hierdoor net als Marco een *larger-than-life*-status gekregen. Ik heb er veel over gehoord, maar het zien is er nooit van gekomen.* Ik heb de RoXy gemist. Carmen was nooit van de house. Ik ook niet, al moet ik zeggen dat mijn interesse wel werd gewekt toen zelfs Frenk lyrisch verhaalde over de lekkere wijven die er kwamen. Ook Ramon ging er wekelijks heen, na zijn Leidseplein-rondje met mij. Dan ging ik naar Paradiso om tussen de lelijke wijven op The Cure te dansen. Nu is het te laat. Ik zal het moeten doen met de verhalen van Ramon en Frenk.

* Wrample uit *De Videokeizer* van Koot & Bie (Mooie Meneren, 1982).

men. Ramon blijkbaar ook. Hij kruipt voor en gooit direct zijn *'I spin in Amsterdam at the RoXy'*-truc erin.

Zonder hem ook maar aan te kijken, maakt Mr. T met een hoofdknik duidelijk dat hem dat aan zijn dikke zwarte reet zal roesten en dat we gewoon achter aan moeten sluiten en dan maar moeten bidden of we er van hem in mogen als we uiteindelijk vooraan belanden.

Dat mogen we, een halfuur later, niet.

'You guys are with four?'

'Yes.'

'No way.'

Ramon wil de man te lijf gaan, maar schat net op tijd in dat dit geen goed plan is. Ik kan er niet om lachen. Ik *moet* ergens naar binnen. Ik laat niks merken, zeker niet aan Frenk, maar als ik nog vijf minuten ergens in een rij moet wachten, kan ik er waarschijnlijk net als Teigetje uit dat voorleesboek van Luna overheen springen.

Vlak bij Chaos is Liquid. Daar stond maar een man of vijf te wachten, toen we met de taxi aankwamen, herinnert Frenk zich. Nu een rij ter lengte van de gracht om het veld van de ArenA. Kut. Jezus, die pil begint zich wel heel nadrukkelijk te manifesteren, zeg. Hakan probeert ons een taxi in te praten richting Tantra. We antwoorden niet en lopen door over Washington Avenue. Bij elke tent waar we langs komen, protesteert Hakan. Te druk, te weinig mensen, ziet er niet uit, zal wel niks zijn, enzovoort. Gelukkig dreigt Frenk dat hij *nu* naar huis gaat als we *nu* niet de eerste tent binnengaan die we tegenkomen. Dat is Bash. Er staat geen rij en de dj-truc van Ramon werkt bij deze portier wel. Al is de manier waarop anders dan gepland.

'The RoXy?'

'Yeah man! In Amsterdam.'

'So what do you spin at the RoXy?'

'Deep house. Every Thursday.'

'Every Thursday?'

'Yeah, I did a five-hour set last week!'

'You did?

'Yeah!'

'Didn't the RoXy burn down a while ago?'

'...'

'Hahaha, come in, you cocksucking fucking motherfuckers.'

Zelfs Ramon valt stil. We betalen gedwee de twintig dollar entree p.p., hetgeen niet tegenvalt voor Miamiaanse begrippen. Een veeg teken. Dat we zonder moeite met vier mannen binnenkomen ook.

In de wc brengen we de kragen van de hemden nog even in de juiste stelling, checken en dubbelchecken onze coupes, highfiven elkaar onder het uitroepen van 'yo!' en 'kom op, hè!' en stappen vol goede moed en xtc de grote zwarte deur door naar *the main room*. Er zit negen man binnen. Onszelf meegerekend.

Hakan wordt terstond chagrijnig, Ramon scant de twee meisjes die aan de bar zitten, ik ga in mijn eentje de dansvloer op en Frenk loopt op hoge poten terug naar de juffrouw in het entreehokje. Over een halfuurtje wordt het drukker, weet hij bij terugkomst te vertellen.

Inderdaad. Na een halfuur zijn er dertien mensen. Hakan voert de druk om uit deze treurigheid te vertrekken op. Frenk zegt dat de jetlag zich bij hem begint te wreken. Bij Ramon en mij niet. Wij gaan als de brandweer.

Pas om zeven uur in de ochtend gaat het licht aan in Bash. Ramon vertrekt met een meisje, ik loop totaal bezweet met een *smile* van oor tot oor van Washington Drive naar Ocean Drive. Ik ben bijna dertig uur op geweest. Een heerlijke avond gehad, niet eens vreemd gegaan, en een luttele vierhonderd dollar armer. *What the fuck.* Ik pak een biertje uit de mini-bar en val neer op bed, waar ik een poging tot aftrekken doe. Beelden van mezelf met Sharon, met Maud en met de Carmen van een jaar geleden wisselen elkaar af. Halverwege val ik in slaap met mijn halfharde lul in mijn hand en een halfvol blikje bier op het design-nachtkastje naast het bed.

> You think that I'm strong/you're wrong
>
> Robbie Williams, uit *Strong* (The Ego Has Landed, 1999)

ZEVENENTWINTIG

Anderhalf uur later ben ik alweer wakker. Klaarwakker. De dag kan me niet snel genoeg beginnen. Ramon is er nog niet. Ik neem de telefoon en bel het nummer van Thomas en Anne, waar Carmen dit weekend logeert.

'Met Anne.'

'Hé, Anne, met Stijn!' roep ik enthousiast.

'O. Hoi Stijn. Ik zal Carmen even geven,' zegt Anne een stuk minder enthousiast. Zou ik haar wakker hebben gebeld? Nee, het is middag in Nederland.

'Hoi,' zegt Carmen. Ik voel een afstand, maar doe net of ik niks doorheb en zeg dat het hotel te gek is en dat er de hele dag house klinkt, zelfs op de wc's. Lachend vertel ik over het eten bij The Delano en over het stappen en ik lieg dat ik nu wel heel moe ben. Ze reageert amper. Ik vraag hoe zij het heeft bij Thomas en Anne. Met een ondertoon die ik niet van haar ken, vertelt ze dat ze lekker thuis zitten, dat het gezellig is en dat ze een goed gesprek hebben. Even twijfel ik of ik dan net misschien een andere Anne aan de telefoon heb gehad.

Ik kom er niet langer onderuit en vraag haar wat er is en of ik iets verkeerds heb gezegd of gedaan. Ik hoor haar aan Thomas vragen of ze even de telefoon op hun slaapkamer mag gebruiken. Even is het stil. Dan hoor ik een klik en daar is ze weer. 'Ik voel me zwaar klote, Stijn...' zegt ze, ondertussen haar neus snuitend. 'Ik heb er toch meer moeite mee dan ik dacht... Het idee dat jij daar rondloopt tussen al die hitsige wijven met dikke tieten en ik hier zit met een kale kop en een verbrande tiet...'

Ik zeg dat ik niet zo goed weet wat ik daarop moet antwoorden. En dat ik geen meisje heb aangeraakt.

'Je doet net of dat een prestatie is,' zegt ze snibbig. Ik hoor een zucht. Iets vriendelijker zegt ze: 'Laat me maar even... het komt wel weer goed... veel plezier nog daar en doe Frenk de groetjes van me.' Ze probeert het zo gemeend mogelijk te laten klinken. Ik zeg dat ik van haar hou en dat zij de groetjes moet doen aan Thomas en Anne. Even is ze stil.

'Of dat nou zo'n goed idee is, weet ik niet, Stijn,' zegt ze en ze hangt op.

Beneden zitten Hakan en Frenk al in hun zwembroeken op het terras te ontbijten. Ik schuif aan. We eten samen en gaan dan naar het strand. Daar lopen we Ramon tegen het irritant afgetrainde lijf. Met een vette grijns vertelt hij dat hij zijn verovering vannacht en vanochtend alle hoeken van haar slaapkamer heeft laten zien en geen minuut heeft geslapen.

Op het strand leest Frenk in *Wallpaper*, een tijdschrift waar ik nog nooit van heb gehoord. Wel staan er allemaal spullen in die ik herken uit zijn penthouse. Hakan, Ramon en ik praten over de zaken des levens. Moet Ajax vasthouden aan 4-3-3 of niet, wat is het percentage vrouwen dat het doorslikt, het percentage mannen en het percentage vrouwen dat vreemdgaat, waarom mannen vreemdgaan en waarom vrouwen vreemdgaan. Ik heb het hoogste woord en verkondig luidkeels de ene na de andere Stijniaanse theorie. Dan brengt Ramon het gespreksonderwerp op hoe vaak we seks hebben met onze vrouwen. Hakan komt tot vier keer per week. Ramon tot zes (Hakan: 'Nee, alleen de keren met je eigen vrouw, zei ik toch!'). Vlak voor ik aan de beurt ben, zeg ik dat ik enorm moet zeiken en daarom even een duik in zee ga nemen.

'Stijn, zullen wij samen nog wat drinken?' vraagt Frenk als we terugkomen bij The Pelican. Ramon en Hakan gaan een schoonheidsslaapje doen. Frenk bestelt twee margarita's bij Onze Favoriete Serveerster. 'Dat was niks voor jou om daarnet weg te lopen toen jij aan de beurt was.'

Ik kijk naar de rondingen van de borsten van de serveerster, die bukt om onze margarita's neer te zetten. 'Ik heb geen zin om hier in Miami over kanker te praten.'

'Dat snap ik. Heb je Carmen al gebeld sinds je hier bent?'

'Vanochtend,' zucht ik. 'Ze was niet vrolijk. Anne trouwens ook niet.'

'Verbaast me niks,' antwoordt Frenk. 'Anne vond het belachelijk dat jij gewoon meeging naar Miami. Thomas ook. Hij snapt niet dat het jou allemaal niks doet en dat het zo goed gaat met jou.'

'Godverdomme!' roep ik. 'Het gaat helemaal niet goed met mij!'

Frenk slaat een arm om me heen. 'Dat hoef je míj niet uit te leggen.'

Ineens komt alles eruit. Ik vertel Frenk hoe erg ik het vind dat Carmen en ik niet meer samen gaan stappen, niet meer uiteten gaan en dat we geen seks meer hebben. Hij knikt.

'Kun je nagaan hoe dat straks wordt als haar borst eraf is, Frenk,' vervolg ik. 'Zelfs als de kanker wegblijft, zal Carmen nooit meer dezelfde zijn. En ik denk dat het dan tussen ons helemaal fout gaat...'

Hij pakt mijn hand vast. We kijken elkaar aan. Ik zie dat zijn ogen vochtig zijn. We zeggen niks. Het is het mooiste moment in Miami.

We proosten en nemen een slok van onze tweede margarita die we zojuist zonder iets te hebben gevraagd voor onze neus kregen van Onze Favoriete Serveerster.

'Het is best een lekker wijf, maar toch heeft Carmen grotere tieten,' zeg ik, als ze de trap van het terras op heupwiegt. 'Althans nog wel...'

Frenk proest zijn margarita uit.

I'll be home on a Monday/somewhere around noon/
please don't be angry

The Little River Band, uit *Home On A Monday* (Diamantina Cocktail, 1977)

ACHTENTWINTIG

Die avond hebben we via de jongens van The Pelican een tafel weten te bemachtigen in Tantra. Er wordt daar Turks gegeten, dat is helemaal hip in Miami, horen we van de barkeeper in The Pelican. Hakan groeit.

Na *diner time* schijnt het vanavond helemaal los te gaan in Tantra. Roger Sanchez draait, zegt Hakan uitgelaten. Frenk reageert enthousiast. Ik heb nog nooit van de man gehoord. Ik weet net zoveel van dj's als Clarence Seedorf* van penalty's. Het eten in Tantra is top, dat moet gezegd. Roger Sanchez ook. De vrouwen helemaal. En de pillen maken de cirkel rond. Ik ben nog uitgelatener dan gisteren. Ik vertel de mannen hoe geweldig ik het hier vind en dat we dit ieder jaar moeten doen en dat we volgend jaar dan naar Barcelona of New York kunnen. Nee, Tel Aviv, zegt Hakan, dat is nu helemaal hipperdepip. Nee, Rio, zegt Ramon. Ja, Rio, zeg ik. Dan zeggen we dat we van elkaar houden en elkaar nooit in de steek zullen laten en daarna zegt Ramon dat hij een afspraak heeft gemaakt met zijn meisje van gisteren en nu weggaat. Frenk kijkt hem dood. Ik kijk naar een mollig meisje met een zwarte doorkijkblouse. Na drie vrolijke blikken met haar gewisseld te hebben dans ik eropaf. Ze draagt een zwarte bh (cup C) onder haar blouse.

'Hi. What's your name?' zeg ik, origineel als ik ben.

'I'm Linda. And you?'

* Surinaamse voetballer. Zijn ego is het enige dat de hoogte waarmee hij penalty's over het doel jast, overtreft.

105

'Stain,' zeg ik, en er schiet me niets te binnen wat ik nu zou kunnen zeggen. Ik zou niet weten wat ik van het kind zou willen weten.

'Where are you guys from?' vraagt ze. O ja. Dat soort vragen.

'Emsterdem.'

'My sister has been there! Denmark is such a nice country, she says.'

'Yes, it is...' antwoord ik met plaatsvervangende schaamte, blij dat de mannen dit gesprek niet horen. Maar ik vind het allang best, bij gelijke geschiktheid geniet beperkte intelligentie vanavond de voorkeur.

'And where are you from?' vraag ik. Beter goed gejat dan slecht verzonnen.

'North Carolina. But I moved to Miami this summer. Love the weather and the beach.'

'Eh... yeah!' antwoord ik. Wat doe ik hier?

Ineens pakt ze me bij mijn nek en kust me vol op mijn bek.

O ja. Dat doe ik hier. Nou weet ik het weer. Ik pak haar stevig vast. Ze is vlezig. Haar vriendin knipoogt bewonderend. Ik ben door de ballotagecommissie gekomen. Of zij er bij Hakan en Frenk doorheen komt weet ik zo net nog niet, dus ik duw haar snel voor me uit naar een hoekje van de Tantra. Onderweg zie ik dat ze een kont heeft waar je een week vakantie voor moet nemen om eromheen te lopen. Eenmaal uit het zicht begin ik haar te zoenen. Mijn hand glijdt over de zachte stof van haar zwarte doorkijkblouse. Ze maakt zich even los uit mijn omstrengeling en zegt beschaamd dat ze niet zo strak is. Je meent het, denk ik, maar ik zeg dat ik niet van *skinny women* houd en knijp in haar billen. Ze lacht verlegen. Dan pak ik haar hand, zet die met de binnenkant tegen mijn mond en begin haar handpalm uitgebreid te beffen. Als ze doorheeft wat ik aan het doen ben, begint ze te giechelen.

'You are dirty,' zegt ze hoofdschuddend.

'Thanks,' zeg ik. Tijd om te gaan.

'Are you married?' vraagt ze in de taxi op weg naar The Pelican.

'No,' zeg ik en ik hou mijn hand waaraan mijn trouwring zit achter haar rug. Daarna duw ik mijn tong in haar mond, als de dood ons seksuele momentum te verliezen. Ondertussen wriemel ik achter haar rug net zo lang tot ik mijn trouwring los heb en steek die in mijn broekzak.

In de lift knoop ik haar doorkijkblouse open en trek haar bh over haar borsten heen. Linda heeft grote tepelhoven. Daar hou ik van. En Linda is geil. Hou ik ook van. Hijgend trekt ze de knopen van mijn broek open en zakt door haar knieën. Terwijl ze mijn lul, die zo hard is geworden als de stoeltjes van de ArenA, diep in haar mond heeft, gaat de liftdeur open en kijk ik recht in de ogen van Frenk. Frenks blik zakt naar het op en neer bewegende hoofd van Linda. Linda merkt dat ik verstar, kijkt verschrikt op en krijgt een hoofd als een biet. Ik hijs met onhandige bewegingen mijn broek op en berg mijn stijve op.

'Linda, Frenk. Frenk, Linda.'

'Hi Linda,' zegt Frenk, Linda recht in haar borsten kijkend.

'Hi Frenk,' zegt Linda, haar doorkijkblouse dichtknopend.

'Zo. Genoeg gepraat,' zeg ik snel. 'Zie je morgen Frenk!'

Frenk knikt.

'Bye Frenk,' zegt Linda.

'Bye, eh...'

'Linda.'

'Bye, Linda.'

Gearmd loop ik met Linda de gang op. Ik voel dat Frenk ons nakijkt. Ik pak de sleutel van mijn *Best Whorehouse*-kamer en geef Linda uit Tampa, Florida daar de hele nacht van jetje.

Ik word wakker van Ramon, die de kamer binnenkomt. Schichtig kijk ik naast me. Gelukkig. Linda is al weg. Ramon had mij en ronde Linda vierkant uitgelachen. Hij ploft neer op het bed, waar Linda net nog haar en mijn sappen uit zich heeft laten vloeien. Ramon is te moe om nattigheid te voelen en valt in slaap. Ik kan niet meer slapen. Ik sta op, pak mijn broek van de vloer en voel in de linkerzak.

De schrik slaat me om het hart. Er zit geen ring meer in. Rechterzak. Niks. Ik begin te zweten. Achterzakken. Ook niks. Ik ga op mijn buik liggen en kijk onder het bed en onder de verwarming. Ramon wordt wakker en vraagt wat ik aan het doen ben. Ik zeg dat ik mijn lenzen zoek. Hij valt weer in slaap. Ik zoek nog een keer mijn zakken na. En nog eens. De laden van het designkastje. De badkamer. Nergens. Fuck. Denken, Stijn, denken. Waar kan ik hem verloren hebben – Dat wijf! Die Linda. Die kut heeft mijn ring gejat! O, mijn god! O, nee. Carmen...

Ik ga weer op mijn buik liggen en zoek de hele vloer na. Daarna ga ik op bed liggen. Dit is een nationale ramp. Het einde van Carmen & Stijn. Ik ben in staat om zelfmoord te plegen, maar dat hoeft niet, Carmen vermoordt me toch wel. Mijn trouwring kwijt. Dat lul ik niet recht.

Beneden zitten Hakan en Frenk alweer op het terras aan het ontbijt.

'Heb je het laat gemaakt?' vraagt Hakan. 'Ik was je ineens kwijt.'

Dat is niets vergeleken met wat ik kwijt ben, denk ik.

'Mwa,' zeg ik, opgelucht dat Frenk blijkbaar niks over de liftscène heeft verteld. Frenk kijkt me onderzoekend aan. Ik hou me van de domme. Ramon komt beneden en vertelt in geuren en kleuren wat hij deze nacht weer met zijn date heeft gedaan. Er wordt gelachen. Ik doe mee, maar ik kan wel janken. Wat is erger? Ramon verraadt zijn vrienden door zich een half weekend niet te laten zien omdat hij liever ligt te naaien met een of andere snol, ik verraad Carmen door mijn trouwring af te doen uit angst een potje neuken met een andere snol mis te lopen. Kukeleku (3x).

De laatste uren voor we naar het vliegveld moeten, willen Hakan, Frenk en Ramon naar het strand. Ik loop willoos met ze mee. We gaan liggen. Ramon en Hakan praten over auto's, Frenk leest de MAN. Ik kijk naar de zee en kan elk moment gaan janken.

'Ik ga even een stukkie lopen.'

Ramon knikt, Hakan praat verder en Frenk kijkt niet op van zijn tijdschrift. Zou zelfs hij niks doorhebben? Misschien maar goed ook. Ik wil niet praten. Honderd meter verder kijk ik of ze me nog kunnen zien. Ik ga op het hete zand zitten en voel me de eenzaamste,

zieligste man ter wereld. Drie dagen lachen met de mannen zijn bijna
voorbij, de alcohol en de xtc zijn uitgewerkt, ik ben bestolen door een
vrouw die ik even daarvoor nog tot gillens toe heb bevredigd en morgen word ik thuis vermoord. Ik zie mijn tranen tussen mijn benen in
het zand vallen.

Op Schiphol nemen we afscheid van elkaar. In de taxi breekt het
angstzweet me uit. Nog tien minuten en dan ben ik thuis. Wat zal
ik zeggen. Dat ik hem heb afgedaan toen ik in zee ging? Of voor een
metaaldetector in een discotheek? De taxi neemt de afslag bij de VU.
Nog een paar minuten. Gelukkig staat het stoplicht op rood. Of ik
kan zeggen dat –
    Er komt een sms binnen. FRENK MOB.

> **Voel eens in je
> linkerzak van je jas.**

Ik voel snel. Niks. Weer een sms.

> **Ik bedoel de
> rechterzak ;)**

Koortsachtig voel ik in mijn andere zak. Ik voel... Ja! Mijn ring! MIJN
RING! Mijn eigen, lieve, mooie, fijne trouwring.
    Er komt weer een sms binnen.

> **Vond hem in de
> lift in the pelican.
> Stijn, Stijn... Niet
> meer doen. Sterkte
> vandaag. X.**

Meisjes/ze maken ons kapot meneer/ze maken ons zo
zot meneer/meisjes

Raymond van 't Groenewoud, uit *Meisjes* (Nooit meer drinken, 1977)

NEGENENTWINTIG

Ik weet niet of die vrouwelijke intuïtie wel zo goed ontwikkeld is als door mannen gevreesd wordt. Carmen informeerde niet eens langs haar neus weg of ik ontrouw was geweest toen ik thuiskwam. Integendeel, ze verontschuldigde zich dat ze zo kortaf was geweest door de telefoon.

Eén keer ben ik door de mand gevallen. Toen met Sharon.

Ik was zo dom geweest een telefoonnummer zonder naam in mijn agenda te zetten op een avond waarop ik 'uit was met een klant'. Een beginnersfout. Carmen had het nummer de dag erna gebeld, 'met Sharon' horen zeggen, opgehangen, op de telefoonlijst in mijn agenda gekeken of er ook een Sharon bij Bernilvy werkte en de nummers met elkaar vergeleken. Bingo. 's Avonds vroeg ze me op een onverwacht moment wie van de meiden op het bureau Sharon ook alweer was. Ik deed mijn uiterste best om niet te blozen en zei dat Sharon dat blonde meisje achter de receptie was.

> **Sharon** was receptioniste bij BBDvW&R/ Bernilvy. Blond, een tikkie uitdagend en ze had werkelijk prachtige borsten. Cup D, zwarte piste.* Vanaf dag een verlangde ik ernaar die borsten live te zien. Sharon had daar geen enkel probleem mee, Sharon maakte nagenoeg nergens een probleem van. Ook niet van Ramon. En van Hakan, weet ik sinds kort. Ach, wie ben ik om dat te veroordelen.
>
> * Gewrampled van Youp van 't Hek, oudejaarsconference 2002.

'Nee, hè,' zei ze en hield mijn agenda met Sharons nummer voor mijn neus. 'Dat vreselijk ordinaire wijf met die enorme memmen die er bijna uitpuilen. En daar ben jij mee naar bed geweest?'

Ik verschoot van kleur. Hier viel niet tegenop te liegen. 'Eh... Ja.'

'Hoe vaak?'

'Eh... Eén keertje.'

Een Clintoniaanse waarheid, het bureau van mijn directeur, de wc van de Pilsvogel en de bank bij haar thuis vallen immers niet onder de noemer bed.

De Pilsvogel. Goeie kroeg (als bruin café vermomde flirttent, hier komen de meisjes uit de Pijp), goed terras (lunchen in het zonnetje, tot halfdrie, tussen vijf en zes nog een uurtje zon, aan de andere kant van het terras), goed publiek (maar vermijd de vrijdag rond borreltijd, wanneer de stropdassen van de Zuidas De Pilsvogel confisqueren).

Carmen was des duivels, hetgeen me in al mijn naïviteit nog had verbaasd ook. Had ik Carmen niet ooit verteld dat ik regelmatig vreemdging? Goed, dat was weliswaar op onze eerste date, en daarna had ik het er nooit meer over gehad, maar ze wist toch hoe ik in elkaar stak? Frenk heeft me wel eens voorgehouden dat deze redenering niet kosjer was. Een mening waarin hij gesteund werd door Maud. Maar beiden hebben over al mijn escapades, ook die na Sharon, altijd hun mond gehouden tegen Carmen.

Met Thomas ben ik de laatste jaren voorzichtiger geworden. Hij weet niet dat een beetje tongen hier en daar voor mij nog steeds wekelijkse kost is. Laat staan dat ik nog regelmatig van vreemde bil ga. Alleen van Sharon weet hij het, maar dat stamt uit de tijd dat hij zelf ook nog wel eens tot scoren kwam. Anne weet trouwens ook van Sharon. Carmen heeft nadat ze erachter kwam een paar dagen bij hen gelogeerd.

Ramon is zelf monofoob. Het verschil met mij is dat hij niet ziet dat de frequentie waarmee wij vreemdgaan geen hobby meer is, maar een verslaving. Altijd iets achter de hand hebben. Adresjes, telefoonnummers, e-mailadressen. Als een alcoholist die voor zichzelf niet wil erkennen dat hij verslaafd is, maar wel een fles wodka in zijn bureaulade heeft liggen om hem de dag door te helpen. En die voor de buitenwereld verborgen houdt. Net als Carmen weet ook Ramons vrouw niet half hoe erg het is met hem.

Een monofoob is verslaafd aan de kick van het vreemdgaan. Ge-

voelens als spijt en schuldgevoel – voor normale mensen een inge-
bouwde rem om hen voor regelmatig vreemdgaan te behoeden – heeft
hij afgeleerd. Een monofoob praat zichzelf aan dat hij (of zij, maar
meestal hij) zijn partner geen enkel kwaad doet met zijn geneuk buiten de deur. Met uitspraken als 'zolang ze het niet merkt', 'ik hou echt
niet minder van haar als ik het met iemand anders doe' en 'ik kan
seks en liefde scheiden' strooit hij zijn vrienden – en zichzelf – zand
in de ogen. Diep vanbinnen weet een monofoob best dat dit een middel is om moreel te overleven, om zichzelf een goed mens te blijven
vinden. Omdat geen mens erin zou slagen een lifestyle vol te houden
die hijzelf als totaal verwerpelijk beschouwt. Een monofoob vindt
zichzelf niet slecht.

Bij mij is dat aan het veranderen. De trouwringactie is het laagste
dat ik ooit heb gedaan. Mijn monofobie, die ik altijd als een prettige,
onschuldige, beheersbare afwijking heb beschouwd, is een obsessie
aan het worden. De kick van het scoren wordt verslavender dan de
vrouwen of de seks op zich.

De laatste maanden, sinds Carmen en ik bijna iedere avond thuiszitten, tel ik iedere week de dagen af tot het weer vrijdag is. Stijns
Vrijdagse Stapavond. En als het dan zover is, en we aan het begin van
de avond Budweisertjes drinken bij Merk in Uitvoering of in een restaurant zitten te eten, ben ik onrustig en kan ik niet wachten tot het
tegen twaalven is. Het tijdstip waarop Vak Zuid, de Bastille, Paradiso
en Hotel Arena vollopen. Alleen dan voel ik me goed. Het versieren
wordt dwangmatig en het gaat steeds makkelijker. Zelfs Frenk, die ik
jarenlang van ieder avontuur op de hoogte stelde, weet niet meer hoe
erg het is. Daarom ga ik de laatste tijd veel liever met Ramon uit. Niet
dat hij nou mijn beste vriend is, maar voor hem hoef ik me tenminste
niet te schamen.

Tranen op haar wangen/verdriet op haar gezicht/radeloze
ogen/glanzend in het licht/kom hier en stop met huilen/ik
kus je tranen weg/veilig in mijn armen/geloof me als ik
zeg/we hebben altijd nog elkaar/toen zei ze sssssssst/en
ze fluisterde door haar tranen heen/je hebt alles al gezegd

Tröckener Kecks, uit *In tranen* (Met hart en ziel, 1990)

DERTIG

'De blaren zijn bijna weg.'

Carmen staat zichzelf voor de spiegel in de slaapkamer te bekijken. Ze tilt haar borst op, duwt hem een beetje naar links en rechts en onderzoekt hem van alle kanten. Ik lig in bed en kijk mee. De ergste verbrandingen zijn over, de huid op de borst begint zich te herstellen. Ze kijkt nog een keer goed, doet haar bh aan en stapt, verder naakt, naast me in bed. Morgen moet ze zich melden in het Lucas-ziekenhuis. Dan wordt haar borst geamputeerd.

Het is de laatste avond dat ik naast mijn vrouw slaap terwijl ze nog *doublebreasted* is. We weten allebei niet zo goed of we er over willen praten of juist niet. In ieder geval ontbreekt aan beide kanten de drang om dit met een goeie pot seks als een *Abschiedsabend* van haar borst te vieren. Carmen ligt met haar hoofd op mijn schouder. Even later doorbreekt ze de stilte door haar neus op te halen. Het duurt niet lang voor ik haar tranen, voor de zoveelste keer sinds de kanker zijn intrede in ons leven heeft gedaan, over mijn schouder voel lopen. Ik hou haar nog steviger vast en we zwijgen.

Er valt niets te zeggen. Dit is liefde in tijden van kanker.*

* Vrij gewrampled naar *Liefde in tijden van cholera* van Gabriel García Márquez (1985).

I don't want to spread any blasphemous rumours/but I
think that God has a sick sense of humour

Depeche Mode, uit *Blasphemous Rumours* (Some Great Reward, 1984)

Onder het toeziend oog van Luna versier ik samen met Maud de
huiskamer met feestslingers.

'Hoe was het gisteren eigenlijk?' vraagt Maud.

'Ze lag als een klein hoopje mens onder zo'n lichtblauw laken. Af
en toe kwam ze even bij uit haar slaap, meestal om over te geven. Ik
heb haar hoofd opgetild en er zo'n bakje onder gehouden, je weet wel,
zo'n wormvormige eierdoos.'

Maud slaat haar armen om me heen. 'Heeft ze... eh... al gezien hoe
het eruitzag?'

'Nee. De dokter adviseert ons om samen het verband eraf te halen.
Dat schijnt goed te zijn voor het verwerkingsproces.'

'Jezus... zie je er niet vreselijk tegenop?'

Ik knik. 'Ik ben zo bang dat ik me doodschrik van wat ik ga zien,
en dat Carmen dat dan merkt.'

Ik kijk Maud waterig aan. Ze pakt me vast en kust me op mijn
voorhoofd. Ik leg mijn hoofd even op haar schouders. Ze wrijft met
haar handen over mijn rug. 'Stijntje toch...' fluistert ze zacht, 'kom
maar, lieverd...' Na een poosje hervat ik mezelf en geef haar een kus
op haar mond. Ze lacht, geeft me quasi-boos een tik op mijn neus en
veegt een traan van haar wang.

'Laat ik maar eens gaan,' zeg ik. 'Geef jij Luna zo meteen nog een
potje Olvarit?'

Carmen is al aangekleed. Ze zit in de tv-kamer en draagt een zwarte, wijdvallende trui met een col. Het verschil tussen de linker- en rechterbobbel valt me zo op het eerste gezicht mee. Carmen ziet me kijken en zegt dat ze de borstloze kant heeft opgevuld met een afgeknipte, aan één kant dichtgeknoopte panty met drie paar in elkaar gerolde sokken erin. Tot ze de bh met prothese mag dragen zal de panty een verwoede poging doen het verschil tussen Cup D en Ground Zero zo onopvallend mogelijk te houden. Het is huisvlijt, niet eens onverdienstelijk.

De operatie is voorspoedig verlopen, zegt dokter Jonkman. Als straks de hechtingen eruit zijn, moet Carmen haar nieuwe bh met prothese gaan dragen. Dokter Jonkman zegt dat ze dat zo snel mogelijk moet gaan doen, want door de grootte van Carmens borsten (hij bedoelt 'borst' neem ik aan) bestaat het risico dat de ruggenwervel scheef gaat groeien vanwege het gewicht. Je zou van kanker nog hernia krijgen ook.

Die bh heeft één met klittenband afsluitbare buidel, waar de prothese in moet. De prothese zelf is een huidkleurige siliconenzak, in de vorm van een doormidden gesneden regendruppel. Nou ja, als er cup-D-regendruppels zouden bestaan dan. In het midden van de druppel zit een klein puntje, dat een tepel moet voorstellen. De zak voelt aan als een ballon met gelei erin. Toen Carmen hem net had gehaald, gooiden we het ding in de slaapkamer gierend van het lachen naar elkaar over, zoals je op hete zomerdagen met een ballon met water doet.

Dokter Jonkman vraagt of Carmen en ik samen het verband van de wond willen halen, in een kamertje in het ziekenhuis. Ik zeg dat ik dat wel wil.

Of ik er klaar voor ben, vraagt Carmen, voor ze haar bh uitdoet.

'Toe maar,' zeg ik geruststellend. Ik durf bijna niet te kijken. Zo meteen gaat het gebeuren. Dan zie ik mijn vrouw met één borst.

Ze maakt de sluiting van haar bh los en laat de bandjes van haar schouders zakken. Ik haal zo onopvallend mogelijk heel diep adem.

Daar is het dan.

Het is verschrikkelijk. Naast haar ene vertrouwde, grote, o zo mooie borst, is een plat vlak ontstaan met een groot stuk verband erop. Het is zoals ik dacht dat een plat vlak eruit zou zien, maar ik schrik ervan om het op de borstkas van mijn vrouw te zien. Grote borsten zijn prachtig, een vrouwenlichaam met één grote borst lijkt een sadistisch grapje van de Schepper. Ik kijk vrij lang, enerzijds omdat ik Carmen niet de indruk wil geven dat ik niet durf te kijken, anderzijds omdat ik blij ben dat ik haar zodoende niet in de ogen hoef te kijken. Ik voel dat ik íéts moet gaan zeggen.

'Wat zal ik ervan zeggen, Carm...'

In ieder geval niet dat het wel meevalt, want het valt niet mee.

'Het is eh... plat, hè?' zegt ze, kijkend in de spiegel naar het verband.

'Ja. Het is plat.'

Ik sta naast haar terwijl ze het plakband aan de randen van het verband losmaakt. Langzaam komt het verband los.

Wat eronder vandaan komt is vrouwonterend lelijk. Het is de grootste verminking die ik ooit *live* heb gezien. Een grote ritssluiting loopt van links naar rechts over haar borst. Wel tien, twaalf centimeter lang. Bij de hechtingen wordt de huid ongelijk strak getrokken, waardoor er op sommige plaatsen plooien ontstaan, als het eerste borduurwerkje van een kind op de kleuterschool.

'Die plooien gaan weg, hoor, als het litteken herstelt,' zegt Carmen, die mijn gedachten leest.

'...'

'Het is lelijk, hè, Stijn?'

Er zit niets anders op dan eerlijk te zijn. Ik denk koortsachtig na over de minst pijnlijke, maar toch eerlijke formulering.

'Het is... niet mooi, nee.'

'Nee. Het is niet mooi. Het ziet er gewoon niet uit,' zegt ze, nog steeds kijkend naar haar eigen ex-borst.

Dan kijkt ze me aan. Ik zie aan haar blik dat ze tot op het bot vernederd is. Vernederd door de kanker. God, wat is dit erg. Wie mooi wil zijn, moet pijn lijden. Wie wil blijven leven, moet kennelijk lelijk zijn.

Het zijn de wetten van de kanker.

TWEEËNDERTIG

Na een uur met Luna naar een video van de Teletubbies te hebben gekeken, vind ik het wel genoeg. Voor je het weet ga je zelf als Tinky Winky praten.

Het is eerste kerstdag, halfelf. Ik kijk in de slaapkamer. Carmen is nog in een diepe slaap.

'Luna, zullen we samen in bad gaan?'

'Jaaaahhhh!!!'

We spelen met Teigetje en Winnie en mijn scheenbeen waterglijbaantje tot het water koud wordt. Ik droog Luna en mezelf af en trek haar haar feestjurkje aan.

Ik heb niet zoveel met kerst, maar vandaag heb ik zin om het gezellig te maken. Als we het levensgenieten niet meer buiten de deur kunnen doen, dan maar in huis, heb ik me voorgenomen. Ik heb voor Carmen twee flesjes badolie van Kneipp gekocht. In de ene zit melisse ('brengt lichaam en geest tot rust'), in de andere oranje lindebloesem ('zorgt voor de totale ontspanning'). Van Luna krijgt ze de nieuwe cd van Madonna. Ik maak twee staartjes in Luna's blonde haren en doe er de elastiekjes met kerstballetjes in, die we deze week hebben gekocht. Luna vindt het prachtig.

Als ik een blik in onze slaapkamer werp, zie ik tot mijn genoegen dat Carmen niet meer in bed ligt.

'Kom we gaan naar beneden, naar mama!' zeg ik enthousiast tegen Luna.

'Joepie! Naar mama, naar mama!'

'Hou jij het cadeautje voor mama vast?'

117

'Ja!' kirt ze.

'En weet je nog wat je moet zeggen als je het geeft?'

'Prettige kerstmuts?'

'Zoiets, ja,' grinnik ik, en kus haar vertederd.

Beneden zit Carmen in haar lange grijze ochtendjas aan de eettafel een krant te lezen. Haar pruik heeft ze nog niet op en ik zie dat ze haar prothese-bh niet aanheeft.

Er staat een bakje vla voor haar.

'Ben je al aan het eten?' vraag ik ontdaan.

'Ja, ik had honger,' zegt Carmen nietsvermoedend.

'Is er iets?' vraagt ze na een korte stilte, een hap van haar vla nemend.

'Ja. Kerstmis...' zeg ik bedremmeld.

Luna steekt trots haar armpjes uit om de ingepakte cd en een tekening aan mama te geven. Ik heb de twee flesjes vast. Er zit goudkleurig cadeaupapier omheen, met een rood gekruld strikje.

Carmen schrikt. 'O... Ik heb helemaal niks voor jullie gekocht...'

'Dat hoeft ook niet,' lieg ik zachtjes.

Luna helpt mee met het uitpakken van de cd. Ik ga aan tafel zitten en kijk om me heen. Het is een puinzooi. Er liggen cd's, een *Bij-magazine*, een *Flair*, een krant en het afspraakboekje van het Lucas-ziekenhuis. Op de eethelft ligt een half bruinbrood van gisteren en twee zakjes vleeswaren van Albert Heijn. Er staat een aangebroken pak melk en een pot pindakaas. Van ellende pak ik een snee bruinbrood, loop naar de koelkast om de boter te pakken, smeer mijn boterham en gooi er een plak gebraden gehakt op. Terwijl Carmen bezig is met het uitpakken van mijn cadeautje, kijkt ze wat ik aan het doen ben. Pas dan ziet ze wat ik zie.

'Ik had wel voor een kerstontbijt kunnen zorgen, hè?' vraagt ze beschroomd.

Ik kan het niet voor me houden, mijn tranen zouden me toch bedriegen.

'Ja...' mompel ik teleurgesteld, met mijn mond vol oud brood en gebraden gehakt, 'dat zou wel leuk zijn geweest, ja...'

'O, god zeg... o, wat stom van me... o, wat erg...' stamelt ze, nu ook helemaal van haar stuk, 'o... sorry, Stijn...'

Ik krijg medelijden met haar, pak haar arm en zeg dat het niet zo erg is. We houden elkaar vast en troosten elkaar. Luna kijkt ons vrolijk aan.

'Ik heb een idee,' zeg ik. 'Ik ga Frenk bellen en vraag of hij zin heeft om vandaag te komen. Dan haal ik hem op en dan rij ik langs de avondwinkel om wat lekkers te halen. Die zal wel open zijn vandaag. En dan kom ik terug en beginnen we gewoon opnieuw.'

Frenk geeft me drie kussen als ik zijn penthouse binnenkom.

'Een fijne kerst, vriend!' zegt hij vrolijk.

'Dank je. Hetzelfde,' antwoord ik mat.

Frenk bestudeert me. 'Het gaat niet goed, hè?'

Met gebogen hoofd schud ik nee. Ik huil uit op zijn schouder.

In de auto zet ik *Right Here, Right Now* van Fat Boy Slim op volume 18. In de avondwinkel in de Rijnstraat nemen we alles wat we er lekker uit vinden zien. Op de hoek bij de bloemenstal koop ik een bos rozen. Met vier handen vol eten en drank en bloemen lopen we zingend de huiskamer binnen.

Carmen heeft de zwarte broek met het witte truitje aan dat ik haar het mooist vind staan. Ze is opgemaakt en heeft haar pruik op. Meteen komt ze naar me toe en omhelst me. 'Vrolijk kerstfeest, schat,' zegt ze stralend. 'En vanavond ga ik je pijpen zoals nog nooit iemand op eerste kerstdag is gepijpt,' fluistert ze erachteraan.

They say two thousand zero zero/party over/oops

Prince, uit *1999* (1999, 1982)

DRIEËNDERTIG

We vieren het millennium in Maarssen. Thomas en Anne organiseren een feest. Ik heb er vreselijk geen zin in. Thomas heeft me sinds Miami niet meer gebeld, Anne weet niet hoe snel ze naar Carmen moet vragen als ze mij aan de telefoon krijgt. Gelukkig zijn Maud en Frenk er ook, en nog enkele oude vrienden van ons uit Breda.

Als de klok twaalf uur slaat, worden Carmen en ik emotioneel. We omarmen elkaar minutenlang. We weten niet wat we elkaar moeten wensen. Daarna ga ik naar Frenk en omhels hem langdurig. Hij wenst me een beter jaar dan het vorige. Maud zoent me en geeft me een aai over mijn wang. 'Ik ben trots op je geweest dit jaar, Stijntje,' fluistert ze.

Even later komt Thomas naar me toe. Hij slaat me op de schouders, wenst me een gelukkig nieuwjaar en vraagt hoe het met me gaat. Ik kijk hem peilend aan. Zou hij dat nou echt niet weten? Of wil hij het niet weten? Even aarzel ik. Zal ik met hem mee koek-en-ei-en of zal ik hem vertellen dat het thuis zwaar klote is en hem in zijn gezicht zeggen dat ik ervan baal dat hij me sinds Miami niet meer heeft gebeld? We kennen elkaar al dertig jaar. Ik moet hem toch duidelijk kunnen maken hoe ik me voel.

'Het valt niet altijd mee, Thomas,' begin ik.

'Nee, zo is het leven, hè... Fijne kerst gehad?'

Ik doe nog een poging. 'Nee, niet geweldig. Kerst hakte er behoorlijk in. Het is toch symbolischer dan ik dacht en –'

'Ja, die verplichtingen horen er nou eenmaal bij, hè?' onderbreekt hij me snel. 'Bij ons ook: eerste kerstdag bij de ouders van Anne, tweede bij die van mij. Ik noem ze altijd maar de nationale verveel-dagen, hahaha.'

'Nou, ik bedoelde eigenlijk iets anders,' zeg ik. Over een andere boeg dan maar. 'Zeg, ik hoorde van Frenk dat jij het er niet zo mee eens was dat ik mee ben gegaan naar Miami nu Carmen kanker heeft?'

Hij schrikt. Nerveus kijkt hij om zich heen. 'Mwa... nou, kijk... O, shit, ik moet even eh... de oliebollen uit de frituurpan halen. Anders worden ze zo zwart als Nwanko Kanu*, en dan lust niemand ze meer, hahaha. Sorry, hoor. Ben eh... zo terug...'

En weg is hij. Ik kijk hem na en knijp mijn champagneglas bijna stuk. Mijn vrouw heeft geen griepje waarvan je weet dat het na een week weer overgaat en dan weer samen verder kunt, maar *kanker*, lul! K.A.N.K.E.R. Als in doodziek, kaal, tiet eraf, bang om de pijp uit te gaan. Hoe *denk* je verdomme dat het bij ons thuis is, klootzak!?

Thomas komt langs met de oliebollen. Ik neem er een, grijp een fles champagne van tafel en vlucht naar buiten. Keihard smijt ik de oliebol tegen de schutting. Door het raam zie ik Thomas met een vrolijk gezicht met de schaal rondgaan. Ik ga zitten op een houten bankje. Starend naar de laatste vuurwerkpijlen denk ik aan het afge-lopen kankerjaar.

'Hou je nog van me?' vroeg Carmen me 's avonds op eerste kerst-dag, nadat ze me haar kerstcadeau had geschonken.

'Natuurlijk hou ik van je, schat,' antwoordde ik met een glimlach. Ik jokte.

De waarheid is dat ik helemaal niet zo zeker weet of ik nog wel van haar hou. Ja, het doet me pijn als ik zie dat Carmen huilt, als ze ziek is, pijn heeft, bang is. Maar is dat dan 'houden van'? Of is dat gewoon medelijden? En nee, ik wil haar niet in de steek laten. Maar is dat dan liefde? Of eergevoel?

Ach, we kunnen toch niet uit elkaar, al zouden we willen. Carmen

---

* Nigeriaanse publiekslieveling in De Meer. Maakte onnavolgbare bewegingen met benen als stelten en voeten als Pipo.

wil alleen mij en niemand anders om zich heen als het weer eens niet goed met haar gaat. Niemand begrijpt me zoals jij, zegt ze.

Binnen hoor ik Prince zingen dat de party over is. Welja, wrijf het er effe in, mompel ik in mezelf. Altijd heb ik geleefd volgens het Adagium van Stijn: als iets in mijn leven me niet bevalt, dan verander ik het. Werk, relaties, alles. Nu, bij de start van een nieuw millennium, ben ik voor het eerst in mijn leven zwaar ongelukkig. En ik kan er helemaal niks aan veranderen.

Happy new year, Stijn.

Ik voel me keigoed, ik voel me keigoed/de wereld is te
gek en ik oké/dus praat niet langer over honger, kanker
en geweld/zet een hoedje op en zing maar mee/ik voel
me keigoed, ik voel me keigoed

Hans Teeuwen, uit *Hard en Zielig* (1995)

VIERENDERTIG

'Jeetje, Carm, ik vind het echt ongelofelijk zoals jij ermee omgaat,' hoor ik Maud tegen Carmen zeggen als ik weer naar binnen loop. 'Je doet van alles, je bent zo opgewekt, je werkt nog gewoon...'

Thomas knikt instemmend.

'Ach, je kunt wel bij de pakken neer gaan zitten, maar daar heb je ook niks aan,' antwoordt Carmen het antwoord dat mensen graag willen horen. 'Ik heb eigenlijk nergens last van op het moment.'

Ze was vanmiddag pas om halfeen in het land der levenden.

'Jij bent zó positief, ik vind het knap, hoor,' zegt Thomas. Frenk kijkt me aan en knipoogt naar me. Carmen doet er nog een schepje bovenop.

'Wat moet je anders hè? Hoe positiever je bent, hoe leuker je het hebt.'

Zo meteen gaat ze nog over gloeiende kolen lopen ook.

Hoewel, vanavond gaat dat niet meer gebeuren. Ik zie dat ze gesloopt is door de lange avond.

'Hé schat, zullen we zo langzamerhand eens gaan?' vraag ik.

Carmen is blij dat zij het niet hoeft voor te stellen.

Luna slaapt gewoon door als ik haar uit haar bedje haal en haar voorzichtig naar de auto draag. Frenk helpt me met de spullen. 'Sterkte, jongen,' fluistert hij. 'Ze heeft je nodig.'

'Waarom doe je verdomme net of het zo geweldig met je gaat als je er met mensen over praat?' vraag ik kwaad, nog voor we de hoek om zijn. 'Volgens mij zit iedereen daar nu vol bewondering te praten over jou. Dat je altijd zo optimistisch bent, dat je nooit klaagt. Je moet het zelf weten, maar het zijn wel onze vrienden, hoor. Die mogen best weten dat het driekwart van de dag helemaal niet goed gaat met je, godverdomme!'

Ze is even stil. Ik wil net doorgaan met mijn betoog als de bom barst. Ze begint plotseling hysterisch te huilen en met haar handen op het dashboard te slaan. Ik schrik me het apelazarus, sla snel af bij het Shell-station waar we net langsrijden en zet de auto op de verlaten parkeerplaats. Ik probeer haar vast te pakken, maar ze slaat mijn armen wild weg. Ik kijk naar Luna, die wonder boven wonder doorslaapt.

'Maar ik wil helemaal niet dat mensen denken dat het geweldig met me gaat! Het gaat *helemaal niet goed* met me! Het gaat gewoon kut met me! Zwaar kut!!! Zien ze dat dan niet? Ik ben kaal, mijn tiet is er godverdomme afgesneden en... en... ik ben zo bang dat het nooit meer goed komt... en dat ik pijn krijg... en dat ik doodga...! Ik *wil* godverdomme helemaal niet dood! Dat snappen ze toch zeker wel!' Ze huilt met lange halen.

'Kom maar, liefie, kom maar,' zeg ik zachtjes. Nu laat ze wel toe dat ik haar vastpak.

'Ik weet het allemaal niet meer, Stijn...' snikt ze. 'Moet ik dan maar gaan lopen klagen? Da's lekker gezellig... Dan vraagt er straks niemand meer hoe het gaat... dan denkt iedereen: O, daar heb je dat zeikwijf weer.'

'Carm, je hoeft je toch niet te schamen dat het niet altijd goed met je gaat? Je kunt geen steun verwachten van anderen als ze niet weten hoe het écht met je gaat, wat je écht voelt.'

'Hm... Misschien moet ik toch maar wat eerlijker zijn tegen iedereen...' Ze kijkt me aan. 'Dat is wel beter, hè?'

Ik knik. Ze kruipt tegen me aan en legt haar hoofd op mijn schouder. 'Ik durfde het jou eigenlijk ook niet te zeggen,' zegt ze na een tijdje, 'maar ik eh... denk er ook over om te stoppen bij Advertising Brokers.'

'Je hebt groot gelijk,' zeg ik zonder te aarzelen.

Ze gaat rechtop zitten en kijkt me verbaasd aan.

'Ja. Dat had je allang moeten doen. Het is jóúw bedrijf. Als je je beter voelt, kan je altijd nog opnieuw beginnen.'

Ze staart naar het dashboard. Ik zie haar malen. 'Ja,' zegt ze ineens ferm, 'o, dan ga ik fitnessen, enne... Luna een extra dag bij me thuis hebben, en... winkelen en lezen en... gewoon aan mezelf denken.' Ze geeft nog een klap op het dashboard. 'Ja! Ik stop ermee. Dat ze het allemaal maar bekijken!'

Ik grinnik tevreden.

En zo gebeurde het, op de eerste dag van het nieuwe millennium, dat Carmen (35) stopte met werken.

Deel II
Stijn & Carmen en Stijn & Roos

Het was carnaval, de liefde rebelleerde en speelde voor
koppelaarster in de stad, alsof de harten van de mensen
werden opgehitst en rusteloos gemaakt...

Sándor Márai, uit *Gloed* (1942)

EEN

De straten van Breda zijn bezaaid met dronken kikkers, lachende boeren, zingende pastoors, hitsige kippen, geile elfjes en andere types die je in Amsterdam niet tegenkomt. Maud en ik zijn voor drie dagen geremigreerd. Carmen, Frenk en Ramon gingen niet mee. Carmen houdt niet van carnaval (ik zou liegen als ik zei dat ik het erg vind), Frenk heeft stijl en Ramon komt uit Chili. Of Thomas dit jaar komt, boeit me niet.

Maud en ik hebben er zin in. Op weg naar het zuiden hebben we *De ergste van Huub Hangop** gedraaid. Ik heb een *superslick* tijgerpak laten maken, draag een zwart roesjesoverhemd en heb mijn haar zilver gespoten. Maud heeft een verpleegstersoutfitje aan met een rokje dat ik de zusters in het Lucas-ziekenhuis nog nooit heb zien dragen. We dumpen onze spullen in Hotel Van Ham en gaan snel naar De Bommel.

De Bommel is de beste kroeg binnen onze landsgrenzen. Stappen heet in Breda Bommelen, een vaasje een Bommeltje en de barkeeper van De Bommel staat in Breda in hoger aanzien dan de midvoor van NAC. Dat weten ze zelf ook. 'Laat ons in godsnaam met rust,' stond er op het voorgedrukte briefje dat ik eens kreeg op een drukke avond toen ik het gore lef had om de barkeepers lastig te vallen met iets triviaals als een bestelling. Met carnaval komt iedere zichzelf respecterende (ex-)Bredaënaar hier om te zien en gezien te worden. Het publiek is er op die dagen mooier en geiler dan in welke tent in Amsterdam ook en het is Brabant: de mensen zijn er echt.

* Zie ook www.kluun.nl.

Roos is er ook weer. Ze heeft haar hoedje weer op. Een grijsblauw soldatenhoedje. Zo eentje dat de sergeantenpoppetjes in Stratego op hebben. Alleen staat het bij haar geiler. Vorig jaar heb ik met mijn zatte ballen nog een heel verhaal opgehangen over dat hoedje. Dat ik sinds *De ondraaglijke lichtheid van het bestaan* niet zo'n geil hoedje had gezien. Het mocht wederom niet baten.

Dit jaar is mijn outfit zo cool dat ik vind dat het er vanavond maar eens van moet komen. Je moet ze pakken als ze laag vliegen.

'Dag Roos.' – *die blonde haren...*

'Eh...' – *die blauwe ogen* – '... eh... Stijn, hè?' – *die wimpers...*

'Yep.' – *die geile lippen...*

'Stijn uit Amsterdam...' – *ik zie haar naar mijn pak kijken, dit gaat gesmeerd* – '...die getrouwd was.' Ze pakt mijn hand en wijst naar mijn trouwring. 'Correctie. Getrouwd *is*.'

O ja. Dat was het. Ze heeft principes. Ik haat principes.*

'En?' vraagt ze me plagend, 'ga je me vanavond weer proberen te versieren?' – *Change of plans.*

'Nee, want jij valt niet op trouwringen. Weet je, ik nodig je uit om een keer wat te gaan drinken in Amsterdam. Ik ben echt heel gezellig, hoor.' Ik doe mijn armen demonstratief achter mijn rug. 'En honderd procent zeker zuiver puur platonisch.'

Ze schiet in de lach. – *Bingo!*

Ik pak een visitekaartje uit mijn tijgercolbert, schrijf er *Goed voor een platonische borrel* op en geef het haar.

Grijnzend om mijn eigen coolheid loop ik terug naar Maud. Ze staat te bekken met een enorme beer in een NAC-shirt. Als zij stopt met haar huigonderzoek, zie ik het gezicht van de jongen.

Thomas is er dus ook.

* Wrample uit *De Smurfen*.

Ich bin so geil, Ich bin so toll/Ich bin der Anton aus Tirol

DJ Ötzi, uit *Anton aus Tirol* (Das Album, 1999)

TWEE

De roes van carnaval is zo verslavend dat ik vooraf altijd al bang ben voor de after-dip die ik nu heb. Ik lig alleen op de hotelkamer. Mauds bed is onbeslapen. Ik kan ternauwernood de aandrang weerstaan om Anne te sms'en dat ze, mocht ze haar man zoeken, het beste nu even Maud op haar mobieltje kan bellen. Met de groeten van Stijn.

Ik sta op en kijk uit het raam. De straat ligt vol met overblijfselen van de optocht van gisteren. In een portiek ligt een dronken clown en ik zie een giraffe gearmd met zijn net geneukte heks voorbijlopen.

Carmen had ik min of meer beloofd dat ik vandaag thuis zou komen. Carnavalsdinsdag in Breda is een *twilight zone*: officieel is het nog carnaval, maar de stad vertoont al afkickverschijnselen. Vandaag gaan alleen degenen nog die er echt geen genoeg van kunnen krijgen en degenen die het liefst zo weinig mogelijk thuis zijn. Normaliter val ik onder de eerste categorie, dit jaar onder beide. Ik wil niet terug naar mijn dagelijkse leven. Ik wil blijven. Ik ga Carmen bellen.

'Hallo schat!'

'Hai!'

'Hoe gaat het?'

'Best redelijk.' Ze klinkt niet onvriendelijk.

'Hoe is het met die kleine?'

'Gaat goed. Ze slaapt goed de laatste dagen. En hoe was het in Breda?'

'Helemaal geweldig. Het is echt weer zo gezellig dit jaar.'

'Leuk. Fijn dat je genoten hebt! Hoe laat kom je naar huis?'

'Eh... ik zat te denken om er nog één dagje aan vast te plakken. Ik hoef toch pas woensdag bij Merk in Uitvoering terug te zijn. Vind je dat goed?'

'...'

'Carmen?'

Tuuttuuttuut.

Ik slaak een diepe zucht. Uitstel. Maar morgen wordt erger dan de dag na de finale in 1974.

I'm so excited/I'm about to lose control/
and I think I like it

The Pointer Sisters, uit *So Excited* (So Excited, 1982)

DRIE

Maud heb ik vanochtend nog even gezien toen ze haar spullen kwam ophalen. 'En?' vroeg ik plagend, 'kon Thomas er nog wat van?'

Ze haalde haar schouders op. 'Hij heeft me gesmeekt niet tegen jou te zeggen dat ik met hem was meegegaan,' zei ze. De minachting in haar stem deed me goed. Ik vertelde dat ik Carmen dolgelukkig had gemaakt met mijn beslissing er toch nog een dagje aan vast te plakken.

'Waar zijn we allemaal mee bezig?' lachte Maud hoofdschuddend en ging toen met de trein terug naar Amsterdam.

Een uur later stond ik in mijn eentje in De Bommel. Er zat drie man en een giraffekop. Pas tegen de avond druppelde het langzaam halfvol. Uit verveling heb ik staan tongen met een meisje met een enorme heksenneus. En ze was niet eens als heks verkleed.

Nu is het woensdag. Ik bevind me in een verlaten ontbijtzaal, waar schoonmakers en timmerlui de resten van carnaval aan het verwijderen zijn. Zo meteen in mijn eentje terug naar Amsterdam, en vanavond Carmen weer onder ogen komen. Ik heb haar ge-sms't dat ik nog een paar uur ga werken en rond zes uur thuis ben. Ze sms'te niet terug.

In Amsterdam rij ik rechtstreeks naar het Olympisch. Bij Merk in Uitvoering zijn ze net aan het lunchen. Ik schuif aan en vertel de carnavalsverhalen, voorzover ze voor een breed publiek geschikt zijn. Daarna ga ik naar mijn pc en open de mail. Holland Casino, KPN, Centerparcs, veel onzin en een mail van iemand die ik niet ken. ro seanneverschueren@hotmail.com. Ik open hem en grijns. Roseanneverschueren is Roos!

Hallo dan, tijgertje, ik vond je kaartje...
Ik zit met een trillend lijfje aan mijn vierde kop koffie en tachtigste sigaret met veel zeurende en te serieuze mensen om me heen. Ik wil terug naar t zuiden! En, heb jij t nog leuk gehad? Nog meisjes gevonden die wél met je wilden zoenen?
groetjes, Roos

ps: een keer een platonische borrel wilde je toch doen? Vooruit dan. Kan je vrijdag a.s.?

YEAH! *Target has been succesfully hit!* Mijn dag is gered! Ik lees de mail drie keer over en formuleer mijn reply zorgvuldig. Niet te *eager* zijn nu. Afspraak bevestigen zonder al te veel druk en verwachtingspatroon. Wel laten merken dat ik haar heel bijzonder vind. Ik doe ruim drie kwartier over de mail en denk dan de juiste mix te hebben gevonden tussen nonchalance en enthousiasme en platonische gezelligheid en onschuldige spanning. Ik lees hem nog een keer na, doe er nog een spelfout in om hem spontaan te laten lijken en druk dan op *send*.

Vrjdag is oké!
groet, Stijn

Daarna ga ik met lood in mijn schoenen naar huis.

Luna is lief tegen me. Carmen niet. Laat ik nog maar even niet beginnen over mijn plan om vrijdag weer op stap te gaan.

I'm driving in my car/I'm pullin you close/you just say
no/you say you don't like it/but girl I know you're a
liar/'cause when we kiss... fire

Bruce Springsteen, uit *Fire* (1978, op Live 1975–1985, 1986)

VIER

'Ik zie jullie vanavond pas na het eten. Een neef van me uit Breda zit
in Amsterdam vanmiddag, daar ga ik eerst een biertje mee drinken,'
zeg ik zo terloops mogelijk tegen Frenk tijdens de lunch. 'Ik sms wel
even om te weten waar jullie na het eten heen gaan. Hoe laat heb je
afgesproken met Hakan en Ramon?'

'Zeven uur bij Club Inez,' zegt Frenk.

> **Club Inez**. Het eten is er zo trendy dat in
> elk gerecht op de menukaart minimaal
> één ingrediënt zit waar ik nog nooit
> van gehoord heb. Gelukkig is Frenk er
> meestal bij.

Ik stuur Roos een mailtje en vraag
of ze zin heeft eerst even langs
Merk in Uitvoering te komen om
ons kantoor te bekijken, en daarna
naar Vak Zuid te gaan. En of ze
even wil bellen als ze eerder dreigt
te arriveren. Niet dat ze ineens om halfzeven voor de deur staat en ik
de meute hier met een rooie kop moet uitleggen wie deze dame nu
weer is.

Het loopt gesmeerd. Het is kwart voor zeven en iedereen is al naar
huis. Frenk gaat ook zo, zegt-ie. Dan belt Roos dat ze een halfuur later komt. Dat is heel netjes, alleen jammer dat ik net op de wc zit en
dat Frenk mijn telefoon opneemt.

Frenk staat hoofdschuddend te lachen, terwijl hij zijn jas aandoet.
'Veel plezier met je neef...' zegt hij als-ie de deur uitloopt.

Mijn hoofd wordt langzaam minder rood. Ik zet Daft Punk hard op en pak een Budweiser uit de koelkast. Ben benieuwd hoe ze eruit-ziet zonder carnavalspakkie. Ik kan me niet voorstellen dat ze tegen zal vallen.

Dat is ook niet zo. De bel gaat, ik loop naar de deur en daar staat de Blonde Godin uit Breda voor de glazen deur van ons kantoor. Ze heeft een lange zwarte jas aan en een zwart mutsje over haar lange blonde haren. Ze lacht. Ik grijns en open de deur.

'Dag mevrouw.'

'Dag meneer.'

Ik zoen haar zo platonisch als ik kan drie keer op haar wangen. Ik geef haar een biertje, leid haar ons kantoor rond en vertel quasi-non-chalant over Merk in Uitvoering. Ze vindt het leuk. Dit gaat goed.

In Vak Zuid is het druk. Ik neem me voor rond negen uur bij Frenk en con-sorten te zijn, zodra ik het gevoel heb dat Roos niet in bed te krijgen is.

Dat gevoel heb ik al snel. Dat wil zeggen, Roos is ongetwijfeld best in bed te krijgen, maar niet door mij en mijn trouwring. Ik vertel haar dat ik begin te vrezen dat ik haar naam de-finitief van mijn bakje *to do* naar het bakje *platonisch* moet verplaatsen.

'Jij bent echt zo'n jonge hond,' lacht ze.

Vak Zuid. Tja. Omdat het tegenover Merk in Uitvoering in het Olym-pisch Stadion zit, is het geografisch noodgedwongen onze stamkroeg ge-worden. Het is een vrijmibo-tent. Elke vrijdag om vijf uur stroomt het vol met mannen met streepjesoverhem-den met witte boorden en vrouwen in mantelpakjes. Vreselijk vond ik het de eerste keer. Tot ik doorkreeg dat vrouwen in mantelpakjes na vijf bree-zers net zo geil zijn als de gemiddelde nagelstudio-blondine-met-Moschino-riem in de Bastille. Sindsdien vind ik het er wel leuk.

'Een jonge hond?'

'Speels, tegen iedereen opspringen, overal aan likken...'

'Volgens mij val jij wel op jonge honden,' zeg ik, haar recht in de ogen kijkend. Ze begint te blozen. Ik heb haar te pakken!

'Eh... ja. Maar *getrouwde* jonge honden zijn me te vals.'

Ik denk dat ik zo meteen maar eens naar de mannen ga. Wat heb ik hier nog te zoeken? Ik zeg gewoon tegen haar dat ik over een half-uurtje thuis moet zijn. Ja, dat ga ik doen.

'Eh, Roos...'

'Ja?' – *Die haren. Die ogen. Die goddelijke tanden.*

'Zullen we een hapje gaan eten?'

We gaan naar De Knijp op de Van Baerlestraat. Daar komen alleen maar mensen die naar het Concertgebouw gaan of er net vandaan komen en ik kan me niet voorstellen dat ik daar iemand ken. We bestellen twee biefstukken met frites. Ze vertelt over haar laatste relatie, met een jongen uit Friesland. Ze zegt dat ze hoopt dat het weer goed komt.

'En jij, vertel jij eens over je vrouw.'

Je hebt erom gevraagd. 'Ben je bereid om een naar verhaal te horen?'

'Toch niet zo een van "mijn vrouw begrijpt me niet", hè?'

'Nee,' zeg ik een beetje geïrriteerd. Ik begin te vertellen. Over de kanker. Over de chemo's. Over de angst. De borstamputatie. En over onze relatie.

Tijdens het luisteren legt ze haar hand op de mijne.

Buiten zie ik dat Ramon heeft ge-sms't.

En, lig je te neuken, geile baviaan?
Wij gaan nu naar de NL. Jij?

Ik sms terug dat ik niet meer kom. Al weet ik dat de kans dat Zinedine Zidane* een contract bij Ajax tekent groter is dan de kans dat ik Roos vanavond neuk.

'Zin om te gaan dansen?' vraag ik.

Ze zegt dat ze gek is op dansen. Ik sinds Miami ook, al heb ik geen idee hoe house zonder xtc klinkt. Ik ben nog nooit in de More geweest, maar die durf ik niet aan, dat is Frenks tent na tweeën. Ik zeg dat ik wel zin heb in Paradiso.

---

* Ex-Europees voetballer van het jaar, was bijna net zo goed als Rafael van der Vaart wordt.

Op een van de zitjes boven in de kleine zaal praten we verder. Ze legt haar hand op mijn knie. Heel natuurlijk, alsof we elkaar al jaren kennen. Ik leg mijn hand op de hare en doe mijn best om het geen *move* te laten lijken die maar enigszins op versieren lijkt.

'Zullen we even gaan dansen?' vraag ik.

We lopen naar beneden, de dansvloer op. We praten meer dan we bewegen. Al snel staan we weer aan de kant te praten. We blijven praten. Over koetjes en kalfjes. Maar onze ogen doen allang niet meer mee aan het gesprek. Ze smachten. Het is niet te stoppen. Het is overmacht. Midden in een zin druk ik haar tegen de muur en zoen haar. Ze wordt slap en geeft zich over. Van koetjes komen kalfjes.* We zoenen. En zoenen. En zoenen. Minutenlang. Dan kijk ik haar aan en haal mijn schouders op alsof ik het ook niet weet. Ze schudt haar hoofd. Zij ook niet. We beginnen weer te zoenen. Even later gaan we.

Ze woont in de Eerste Helmersstraat in Oud-West. Ik zet de auto op een vrije parkeerplaats, open haar rits en glij met mijn hand in haar broek. Ze is drijfnat. Ineens trekt ze mijn hand weg. Ze kijkt scheel van geilheid.

'We gaan het niet doen,' zegt ze.

Ik leg haar hand op mijn broek. Mijn lul springt er bijna uit. Ze lacht en trekt haar hand terug. Ik zucht diep. We kunnen het niet eens doen. Het is tien over vier. Ik kom nooit later thuis dan kwart over vier. Carmen weet dat alle tenten waar ik kom om vier uur sluiten.

Sommige mensen geloven nog steeds niet dat er een man op de maan is geweest. Zoiets heb ik met **Paradiso**. Ik weiger consequent te geloven dat de Stones en Prince en mijn eigen Springsteen daar soms als gebbetje na een Kuip-concert optreden en verdenk iedereen die zegt bij zo'n concert te zijn geweest ervan betaald te worden door Paradiso om dat broodje aap de wereld in te helpen. Of om mij te pesten. Ik ben verdomme al reteblij als ik op tijd kaarten heb gescoord voor De Dijk.

* Wrample uit *Op de dansvloer* van Extince (Binnenlandse Funk, 1998).

139

Ik zoen Roos nog een keer, ze stapt uit, ik kijk haar na, geef een kushand door mijn raam en rij dan naar huis.

Ik ben helemaal de weg kwijt.

> Red alert red alert/it's a catastrophe/but don't worry/
> don't panic
>
> Basement Jaxx, uit *Red Alert* (Remedy, 1999)

VIJF

Ik zit in de auto. Zij is thuis, zegt ze. We hebben deze week veel gemaild. Ze schreef maandag dat ze het leuk had gevonden, maar eerder weg had moeten gaan. Ze had geen spijt van wat er gebeurd was, maar herhaalde dat ze geen affaire wilde met een getrouwde man. Ze wist niet of het wel zo slim was om me nog een keer te zien, schreef ze. Ik geloofde er niks van, maar ging er per mail maar niet tegenin. Nu ik haar bel, merk ik dat ik het bij het juiste eind had. Ze vindt het fijn dat ik bel. Het is donderdagavond. We babbelen over onschuldige dingen. Ik vertel wat over mijn werk en over Luna, zij over haar collega's. Ondertussen stap ik uit mijn auto met de bloemen die ik net bij de avondshop op het Stadionplein heb gekocht.

'Hé, op welk nummer in de Eerste Helmers woonde jij ook alweer?'

'Eh... op negenenzeventig. Hoezo?'

Ik bel aan.

'Wacht even. De bel gaat hier.'

'Ik wacht.'

Van een hoog roept ze door de intercom: 'Hallo?'

Ik zeg 'hallo' door mijn gsm en door de intercom.

Het is even stil.

'Hè?!?'

'Doe nou maar open.'

'Ben... jij het?'

'Nee, Harry Belafonte.'

'Jezus...'

Ze drukt op de knop en ik doe de voordeur open.

'Jij bent gek...' zegt ze, kijkend hoe ik grijnzend de trap op loop. Haar ogen verraden dat dit een hele goeie zet van me is.

Ik leg de bloemen op de tafel en zoen haar. Ze heeft een badjas aan en haar haren zijn nat. Al zoenend duw ik haar achteruit tot we op haar bank vallen. Haar badjas valt een stukje open. Ze ziet me kijken, sluit hem lachend en kruipt dicht tegen me aan. Ik streel haar door haar haren en kus haar op haar hoofd. Zo heb ik met Carmen lang niet gezeten. Ik geniet.

We zoenen weer, steeds wilder nu. Mijn hand glijdt haar badjas binnen. Ze houdt me niet tegen. Ik kneed haar borsten. Ze zijn zacht. Ik word er op slag verliefd op. Ik zoen haar in haar nek en bijt zachtjes in haar hals.

Plotseling staat ze op. 'Eh... wil je koffie?' vraagt ze.

'Als je niks beters weet wel, ja,' lach ik.

Ik zoek in haar cd-kast en zie *Ray Of Light* van Madonna staan. Ze schenkt twee mokken vol en komt, haar badjas weer keurig dichtgeknoopt, naast me zitten. We praten wat over muziek en andere onzin. Ik trek haar weer naar me toe. Het proces herhaalt zich. Madonna zingt. *Wanted it so badly, running rushing back for more... the face of you... my substitute for love.** Ik streel haar teder. Ze ligt nu languit op de bank, haar hoofd op mijn borst. Ik maak de knoop van haar badjas los, waarbij ze met haar ogen dicht 'niet doen...' fluistert.

Twee nummers van Madonna later zoent ze me weer. Ik beweeg mijn hand weer naar haar borsten. *And I feel like I just got home...*** En lager. Ze zucht en gooit haar hoofd achterover. Deze keer houdt ze me niet tegen als mijn hand over haar buik naar beneden glijdt. *Put your hand on my skin... I close my eyes... I need to make a connection... touch me I'm trying... to see inside of your soul... I close your eyes... Do I know you from somewhere...** Ik ga op mijn knieën tus-

---

* Uit *Substitute For Love*.
** Uit *Ray Of Light*.

sen haar benen zitten. Ik duw met mijn middel tegen haar kruis. Ze schudt nee.

'Ik kan niet van je afblijven. Stuur me maar weg, anders blijf ik bezig,' zucht ik. Ik ben zo geil als Patrick Kluivert** na een avondje Sinners.

Ze kijkt me even aan. Dan pakt ze me bij de kraag van mijn overhemd en trekt me naar zich toe. Haar badjas is van haar schouders gevallen, ze is nu helemaal naakt. Ze knoopt mijn overhemd los, ik maak nerveus mijn broek los en duw haar benen uit elkaar. Ik ben zenuwachtig. Heel even wacht ik om haar een laatste kans te geven nee te schudden. – *Watching the signs as they go...* – Ze schudt geen nee. Ze kijkt me met een troebele blik aan en knikt één keer, nauwelijks merkbaar. – *...I think I'll follow my heart...* – Langzaam glij ik in haar. – *...It's a very good place to start...**** – Het voelt zalig binnen in Roos.

Dat ervaar ik daarna nog een keer op haar bed, en de zaterdagmiddag erna weer drie keer als ik zogenaamd de stad in ben. De beer is los.

Waar ben ik in godsnaam aan begonnen?

She says her love for me could never die/that would
change if she ever found out about you and I/oh, but it's
so damn easy making love to you/so when it gets too
much/I need to feel your touch/I'm gonna run to you

Brian Adams, uit *Run To You* (Reckless, 1984)

ZES

Vreemdgaan stelt geen fuck voor. Het is als masturberen, met het
enige verschil dat er toevallig een vrouwenlichaam in het spel is.

Een verhouding is andere koek. Dan verandert neuken in *making
love*. Het gaat niet meer om zomaar een vrouwelijk lichaam waar je
graag je pik in steekt, nee het gaat ineens om een *vrouw*. Dat wilde ik altijd voorkomen. Mijn dwangmatige behoefte tot lichamelijk
vreemdgaan was al erg genoeg. Andere vrouwen mochten overal aankomen, behalve aan mijn hart. Mijn lichaam en geest mogen dan monofoob zijn, mijn hart was monogaam. Dat was voor Carmen. Roos
weet dat we nooit een verhouding zouden hebben gekregen als Carmen niet ziek was geweest. Maar Carmen is wel ziek. In het voorjaar
van 2000 wordt Roseanneverschueren@hotmail.com, koosnaam
Godin, roepnaam Roos, gsm-naam Boris de eerste verhouding die ik
ooit in mijn leven heb gehad.

We vullen elkaar perfect aan. Ik krijg bij Roos wat ik thuis tekort
kom en krijg zo – al is het parttime – mijn levensgenot terug. Ze ver-
went me met al het vrouwelijks dat ze in zich heeft, ze is precies de
vrouw aan wie ik behoefte heb in deze kankertijd. Roos is mijn surrogaatkoningin.

Van mijn kant overlaad ik haar met alle aandacht die ik in me heb.
Zij krijgt de highlights van Stijn, ze voelt zich bij mij meer vrouw dan
ooit tevoren. 'Je noemt me Godin en zo voel ik me ook bij je,' zegt ze ver-

rukt als ik met een roos en een cadeaubon van een lingeriewinkel aan kom zetten. Ze geniet van haar rol, ze gaat er helemaal in op. Ze laat mij bepalen wat we doen en waar, wanneer en hoe. Ze vraagt me wat ze aan zal trekken als we uitgaan. Ze vraagt me welke kleur lingerie ze moet kopen. Ze scheert haar schaamhaar in de vorm die ik geil vind.

De verhouding is als heroïne. Binnen een paar weken ben ik verslaafd aan Roos, verslaafd aan het gevoel dat ze me geeft. Ik probeer zoveel als ik kan bij haar te zijn. Alle clichés over vreemdgaan worden uit de kast getrokken. Af en toe ga ik 's ochtends 'vroeg naar mijn werk'. Ik ga 'de stad in om cd's te luisteren'. Ik gebruik Stijns Vrijdagse Stapavonden als dekmantel. Of een thuiswedstrijd van Ajax. Dan kijk ik op teletekst naar het wedstrijdverslag en leer dat uit mijn hoofd voor ik naar huis ga. We spreken 's avonds laat af na een etentje met een klant. Eén keer, heel soms twee keer per week zien we elkaar een hele avond. Dan gaan we naar een kroeg of restaurant waar de kans op bekenden het kleinst is en praten de hele avond. Meestal over seks. Over de seks die we hebben gehad, over de seks die we nog gaan hebben, over de seks waarover we fantaseren. En als we niet over seks praten, dan doen we aan seks. We neuken ons een ongeluk. Bij haar thuis, in mijn auto, bij Merk in Uitvoering op kantoor, in het Vondelpark, in het Amsterdamse Bos, overal.

Overdag doen we de hele dag niets anders dan mailen met elkaar. Tientallen mailtjes per dag. We mailen over hoe het thuis met me gaat, over het komende afspraakje dat we hebben, over haar werk, over mijn werk, over haar trein die vertraging had. De dingen die je in een normale relatie onder het eten met elkaar bespreekt. De helft van de tijd ben ik bezig om te checken of er nieuwe mail van haar in mijn inbox zit. Mijn effectiviteit bij Merk in Uitvoering daalt tot Bryan Roy*-niveau.

In het weekend, als ik geen mail kan checken, sms ik haar. Tien, twintig keer per dag. Als ik naar de wc ga, als Carmen naar de wc

---

* Oud-voetballer van Ajax, begin jaren negentig. Mooiweer-linksbuiten met individuele acties om van te smullen en een rendement om van te huilen.

gaat, als ik even naar mijn auto loop omdat ik 'iets vergeten ben', als ik Luna in bad doe, als ik mijn tanden poets. Iedere minuut die ik alleen ben.

Goeie mogge Godin, nog over me gedroomd? Ik bel
je zo even als ik van de creche afkom.

Phoe... Mag ik je voordragen voor de Nobelprijs
voor het pijpen? Je was Goddelijk. Fijn weekend,
Godin.

Bellen lukt helaas niet nu. Carmen thuis.
Mmmmorgen ben ik echt weer helemaal van jou.
We mailen nog. X.

Op haar beurt mag Roos niets anders doen dan afwachten. Afwachten tot ik bel, afwachten of een afspraakje echt doorgaat of toch op het laatste moment wordt afgezegd, afwachten tot ik sms.

We hebben een strikte code afgesproken: Roos mag mij nooit bellen en alleen als ik expliciet een vraagteken aan het eind van een sms zet mag ze terug sms'en, en nooit langer dan vijf minuten na mijn sms.

x. ben je thuis?

Ik ben als de dood dat het uitkomt. Op mijn mobiele telefoon heet Roos de ene maand 'Boris', naar een jongen die stage bij ons loopt, en de volgende maand 'Arjan KPN', naar een klant van me. Ik schoon mijn lijst Laatst Gekozen Nummers in het menu Oproepinfo na elk telefoontje. Iedere sms die ik van haar krijg, verwijder ik direct. Een paar keer per dag verwijder ik de mailtjes die ik van haar heb ontvangen. Ik mail haar nooit vanaf onze pc thuis.

Als ik het vraag, komt ze opdraven. Op ieder tijdstip van de dag, naar iedere plaats waar ik ben. Als ik van een klant uit Eindhoven terugkom, reist zij met de trein naar Utrecht om daar drie kwartier met me op een terras te zitten en dan met me terug te rijden naar Amsterdam.

Ze zegt afspraken met vriendinnen af, omdat ze niet weet hoe laat mijn etentje met een klant is afgelopen en we elkaar nog even zullen zien. Dat kan 's avonds halfelf zijn, of om halfeen.

Een ontmoeting met Roos eindigt altijd hetzelfde. Ik ga douchen, was mijn lul en gezicht grondig en ga dan vanuit de warmte van het bed van Roos de kou van de nacht in. Alleen. In de auto op weg naar huis, nog nagloeiend van de spanning, de genegenheid en de seks met Roos zie ik al op tegen thuis. Het zijn de meest afschuwelijke ogenblikken van de hele week. Met een knoop in mijn maag zoek ik een parkeerplaats op de Amstelveenseweg. Voor ik mijn auto uitstap, wacht ik soms nog een paar minuten om mijn verhaal te dubbelchecken, te controleren op *bugs* en om het, in mezelf pratend, te repeteren, doodsbang dat er gaten in mijn alibi voor die avond te schieten zijn.

Daarna kleed ik me beneden vast uit om zo min mogelijk lawaai te maken, sluip de trap op, poets mijn tanden extra goed, kruip stilletjes in bed en lig minstens een halfuur wakker, met mijn rug naar Carmen, de ogen wijdopen. Bloednerveus dat ik iets over het hoofd heb gezien, dat ik nog naar Roos ruik. Vooral als ik door de week later dan kwart over een thuis ben, terwijl Carmen weet dat de kroegen om een uur sluiten.

's Ochtends ontspan ik pas als ik voel dat de sfeer in huis oké is en mijn alibi blijkbaar weer heeft gewerkt. Dan ben ik op mijn best. Ik ben lief voor Carmen, speel met Luna, zit vol energie en ben vrolijk, hoeveel ik ook gedronken heb en hoe laat het ook geworden is.

Dan heeft mijn shot levensgenot zijn werk weer gedaan.

It's you and the things you do to me/now I'm living in
ecstasy

Sister Sledge, uit *Thinking Of You* (We Are Family, 1979)

ZEVEN

Ik heb er weken naar uitgekeken en alles tot in de puntjes voorbereid. Luna is een weekendje bij mijn schoonmoeder, via Ramons dealer heb ik wat vitamines op de kop getikt en ik heb uitgeplozen waar Frenk en Maud en Ramon zaterdag uitgaan en waar ik met Roos dus weg moet blijven.

Carmen zit voor het jaarlijkse personeelsweekend met Advertising Brokers in Monaco. De meiden waren door het dolle toen ze hoorden dat Carmen toch meeging. Waar Carmen komt, komt pret, dat weet iedereen. Nadat ik haar naar Schiphol heb gebracht, ga ik rechtstreeks naar Roos.

Als ik binnenkom, roept ze vanuit de keuken dat ik in bed moet gaan liggen. Dat vind ik geen straf, ik laat me voor de verandering graag commanderen. Even later komt ze de slaapkamer binnen. Ze draagt een overhemd zonder iets eronder, en een schaal die bijna te groot is om de deur door te kunnen. Ik zie bagels, zalm, avocado, cream cheese, verse jus en een fles champagne met een strik eromheen.

'Die is omdat je volgende week jarig bent,' zegt ze. 'Ik kon je geen cadeau geven dat je mee naar huis kunt nemen. Dan doe ik het maar zo...' Ze kijkt ondeugend en knoopt haar blouse langzaam open. 'Wat wil je eerst?'

Ik raak ontroerd en apengeil tegelijk.

'Eten,' zeg ik en ik duik met mijn mond tussen haar benen om daar de eerste minuten niet vandaan te komen. Na een hele ochtend en middag genieten, neuken, eten, slapen, praten, lachen, neuken, slapen en weer neuken, voel ik me de gelukkigste man ter wereld.

Vlak voor Roos en ik de stad in gaan om te gaan stappen, krijg ik een sms'je. Carmen. Ze schrijft dat ze het geweldig hebben en dat ze in Monte Carlo een jurkje voor Luna en een heel duur paar laarzen en een Diesel spijkerjasje voor zichzelf heeft gescoord. Ik grijns, vertel Roos waarom – ze lacht vertederd – en sms terug naar Carmen:

Ik ben trots op je en ben blij dat je geniet, liefde van mijn leven. X!

Enthousiast laat ik Roos zien wat ik Carmen heb ge-sms't. Fout.

'Hm. Leuk dat je Carmen zo noemt,' zegt ze bitter, 'nu ken ik tenminste mijn plaats.'

Nou zou ik een hele verhandeling kunnen gaan houden over het principe van tijd, dat Carmen de liefde van mijn leven tot *dusver* is, en dat je nooit kunt weten hoe de rest van een leven loopt, maar een dergelijke uiteenzetting lijkt me op dit ogenblik niet slim. Hoe krijg ik het voor elkaar dat ik haar, net in dat ene weekend dat ik helemaal van haar ben, toch nog van haar roze wolk trek?

'Ach,' zegt ze quasi-nonchalant als we bij café Weber op de Marnixstraat zitten, 'zo'n sms'je verandert eigenlijk niks. Ik weet best dat ik nooit met jou zal krijgen wat Carmen met jou heeft.'

'Maar je weet dat je heel belangrijk voor me bent...'

'Ik wel. Maar verder niemand. Jouw vrienden weten niet eens dat ik besta. Niet als vrouw, niet als persoon. Hoe denk je hoe dat voelt?' Ze kijkt me indringend aan. 'En mijn eigen pa en ma durf ik het ook niet te vertellen. Een affaire met een getrouwde man, van wie de vrouw kanker heeft. Ze zien me aankomen. Mijn zus wilde er niet eens iets over horen toen ik er voorzichtig over begon. Ze kapte het meteen af. En een vriendin die ik het verteld heb, vindt het schandalig. Ze snapt niet dat ik het doe en niet wat voor man zoiets nou kan doen, terwijl zijn vrouw ziek is.'

'Pfff...' zeg ik en neem de laatste slok van mijn port.

'Ja. Pfff. Zeg dat wel. En dan ga jij me nog eens even lekker dit soort sms'jes aan Carmen laten lezen. Dat helpt er lekker aan, ratje...' zegt ze knipogend. 'Dus waag het niet vanavond vroeg naar huis te willen. Eindelijk ben je een keer van mij.'

Omdat ik niet om vier uur thuis hoef te zijn, hebben we alle tijd. We gaan naar Lux, waar ik vroeger wel eens met Carmen kwam. We komen er, zoals ik verwachtte, gelukkig geen bekenden tegen. In dat kader vermijd ik vanavond de Bastille ook maar. Ik heb geen zin om Ramon tegen het brede lijf te lopen. Als mijn vaste alibi weet hij wel hoe vaak ik vreemd ga, maar niet dat dit de laatste maanden steeds met hetzelfde meisje is. En dat wil ik graag zo houden. Gelukkig heeft Roos meer zin in dansen dan in André Hazes. Paradiso zie ik vanavond niet zitten. Daar zou Maud misschien heen gaan. More kan ook niet, daar is Frenk. Ik stel Hotel Arena voor. Daar komt voorzover ik weet nooit iemand van Merk in Uitvoering.

Lux en/of Weber. De loungecafés op de Marnixstraat. Ik weet nooit of ik nu bij de ene of de andere ben, zo lijken ze op elkaar. Ik kom voor de zoveelste keer tot de conclusie dat ik dat hele loungen niet begrijp. Als je op de bank wilt liggen, blijf dan lekker thuis!

Hotel Arena was tot voor een paar jaar een *no-go area* voor trendy Amsterdam. Eighties-muziek, rugzaktoeristen en clubjes meiden met handtasjes uit Purmerend. Ik kwam er vaak. Nu is het flink opgehipt, wordt er house gedraaid en is het bier in prijs verdubbeld. Aangezien het lekkerewijvengehalte met de metamorfose van de tent overeenkomstig geupgraded is, heb ik besloten het door de vingers te zien.

'Wat dacht je hiervan, nu we de hele nacht voor elkaar hebben?' vraag ik Roos en hou haar een snoepje voor.

'O? Mmmmm. Goed idee...'

Een uur later is DJ Roog God en vind ik mijn eigen Godin mooier dan alle spelersvrouwen van Ajax bij elkaar. Dat maak ik haar duidelijk door onafgebroken een erectie te hebben en – op de schaarse momenten dat ik mijn tong niet in haar mond heb – in haar oor te fluisteren hoe mooi ze is, hoe zacht, hoe vrouwelijk, hoe lief, hoe slim en hoe vaak ik haar straks ga nemen en hoera en hoezee ☺. Als ik op mijn horloge kijk, wordt mijn gelukzalige glimlach nog groter. Zo meteen scheurt mijn gezicht doormidden. Drie uur pas! Als je een verhouding hebt, weet je de luxe van tijd te waarderen. Vooral 's nachts. Normaal moet er rond deze tijd gekozen worden tussen blijven zuipen/dansen/wezenloos ouwehoeren of neuken, qua uiterlijk kwart over vier thuis, maar vannacht is de tijd aan onze zijde. Pas tegen sluitingstijd gaan we in gestrekte draf op de klaarstaande taxi's af. Hoewel tijd genoeg is er geen tijd te verliezen. Even later liggen we bij haar thuis mijn erectie op alle mogelijke manieren te benutten en we houden dit de eerstkomende uren vol.

Het is al licht als ik 's ochtends niet moe maar wel voldaan naar huis ga. Over een uur komt Carmens moeder met Luna. Ach, na een etmaal vol Roos is papa weer Papa. Slapen doen we morgen wel weer.

Als ik thuis ben, bel ik Carmen. Ze is blij met mijn telefoontje. 'Het is hier *fan-tas-tisch*,' kirt ze door de telefoon. Ze vertelt dat ze zo meteen een lunch hebben in de tuinen van een kasteel dat uitkijkt over de baai van Monte Carlo en dat ze die middag nog naar Cannes gaan. Ik vertel dat ik tot vier uur heb gedanst in Hotel Arena. Ik verzwijg de pil en Roos. Carmen haat drugs en Carmen haat vreemdgaan.

Als ik 's avonds met Luna op Schiphol sta om haar op te halen zie ik het meteen. Ze is gesloopt. Bij het afscheid van haar collega's houdt ze zich nog goed. Ze zoent iedereen en maakt grappen over het weekend. Haar brede lach verdwijnt geen moment van haar gezicht. Tot we uit het zicht zijn. 'O Stijn, ik ben gebroken... Staat de auto ver weg?'

Ik zeg dat ik hem op een invalidenparkeerplaats heb gezet, meteen bij de ingang van P1. Ze kust me.

Die avond ligt ze om halfnegen in bed. Het komt mij niet eens slecht uit. Ik slaap vrolijk mee. Om negen uur in de ochtend word ik wakker. Carmen slaapt tot diep in de middag.

Haar collega's hebben een weekend mogen genieten van een Carmen in topvorm. Roos heeft genoten van mij. Ik van Roos.

Ja, Carmen en ik genieten nog steeds van het leven.

Helaas niet meer samen.

Now everyone dreams of a love lasting and true/But you
and I know what this world can do

Bruce Springsteen, uit *If I Should I Fall Behind* (Lucky Town, 1992)

ACHT

Carmen lijkt zich erbij neer te hebben gelegd dat ik vlucht in werk en uitgaan. Ze is er niet blij mee, maar ze accepteert het en heeft er iets op gevonden. Ze doet precies hetzelfde.

Een paar weken voor Monaco is ze met Anne een weekend gaan relaxen op Schiermonnikoog. De week ervoor ging ze met haar moeder winkelen in Londen. En met Hemelvaart zat ze met Maud in New York.

Ze verveelt zich nooit. Als Luna thuis is, doen ze samen leuke dingen. Op dagen dat Luna op de crèche zit, gaat Carmen koffiedrinken bij Advertising Brokers of lunchen met Maud. Of ze gaat een dagje naar haar moeder in Purmerend. En ze vlucht in winkelen. *Shopping is Healthy* is haar nieuwe motto. Vermoedelijk hangt Carmens portret in de directiekamers van DKNY, Diesel, Replay en Gucci.

Voor mijn tweede verjaardag sinds de kanker kreeg ik van Carmen een fiets, maar geen seks. Na haar kerstcadeautje hebben we het niet meer gedaan. Ik ben vergeten hoe het voelt om in Carmens hand, mond of Carmen zelf te zitten. En ach, laat ik eerlijk zijn, ik doe er ook weinig moeite voor. We hebben er allebei niet meer zo'n behoefte aan. Carmen heeft kanker en maar één borst en ik heb Roos.

We leven nog wel samen, maar meer als broer en zus.* We weten dat we niet zonder elkaar kunnen, gegeven de situatie, en proberen zo weinig mogelijk ruzie te maken. Carmen doet er alles aan om de

* Wrample uit *Redding* van Tröckener Kecks (Met hart en ziel, 1990).

kanker niet te laten overheersen in ons leven en ook thuis opgewekt te zijn. Zo nu en dan wordt de kanker, haar borstprothese of mijn gestap haar even te veel, en dan ben ik de lul. Ik begrijp het ook allemaal wel. Ik ben allang blij dat ze mij, zij het met wat gesnauw en geblaf, mijn vrijheid gunt om er regelmatig tussenuit te piepen. Ik weet dat ze daar zichzelf voor opzij moet zetten.

Op mijn beurt probeer ik er alles aan te doen om te zorgen dat Carmen niks merkt van wat ik allemaal uitvreet als ik niet thuis ben. Ik weet niet of Carmen me gelooft als ik zeg dat ik tot vier uur ben uitgeweest met Ramon, wéér met klanten uiteten moet, vaker 's ochtends om acht uur ga werken, en vaker naar de avondwinkel rijd, maar ze vraagt zelden door.

Wat ik wel weet, is dat dit zo niet kan doorgaan. Ik trek het niet meer. Merk in uitvoering, Roos, Carmen, Luna, mijn schuldgevoel: alles en iedereen wil aandacht van me. Carmen en ik moeten praten, al zou ik niet weten wat we aan de situatie kunnen veranderen. Ik kan haar niet in de steek laten en ik kan ook niet zeggen dat ik een verhouding heb, want dan moet ik daar een eind aan maken. En dan ga ik helemaal kapot.

Toch moeten we praten. Misschien volgende week wel, als we met Luna een week naar Club Med in Zuid-Frankrijk gaan. Even weg van Roos, even weg van Amsterdam, even geen driedubbele afspraken. Even alleen Carmen, Luna en ik. Ja. Volgende week, dan moet het gebeuren.

Ik ben bang voor een week zonder Roos, maar verlang er wel naar.

Ik ben bang om met Carmen te praten, maar weet dat het moet.

Iets moet er veranderen. Kanker of geen kanker.

*Kanker*kanker.

So need your love/so fuck you all

Robbie Williams, uit *Come Undone* (Escapology, 2002)

NEGEN

Voor ik met Carmen en Luna op huwelijkstherapie naar Club Med ga, staat er nog één avondje stappen in de planning. De vermaarde periodieke Merk in Uitvoering-borrel, waarvoor we met zijn allen iets verzinnen om te vieren. Dit keer is dat mijn verjaardag van een maand geleden. We gaan in Rotterdam stappen en blijven met z'n allen in een hotel slapen.

Er rijst een probleem. Door de borrel dreig ik Roos bijna tien dagen niet te zien. Ik moet iets verzinnen. De avond ervoor kan ik het niet maken om weg te gaan. Dan scoor ik geen punten bij Carmen.

Ik puzzel me gek en ineens heb ik het. Ik *cancel* het slapen vrijdagnacht.

Ik mail Roos dat een hele avond er deze week niet in zit, maar dat ik vrijdagnacht speciaal voor haar terugrijd naar Amsterdam en dan van een uur of halfzes 's ochtends tot kwart voor negen voor haar reserveer. Ze gaat morrend akkoord.

Carmen beloof ik dat ik zeker een halfuur voor we naar Schiphol gaan thuis zal zijn. Ook zij is niet onverdeeld gelukkig met mijn strakke planning. Ik noteer in mijn hoofd:

Dag/Tijdstip	Activiteit	Lokatie
Donderdag		
19.00 – 22.00	echtgenoot/vader	A'veenseweg (huiskamer)
22.00 – 08.00	voorslapen	A'veenseweg (bed)
Vrijdag		
08.30 – 18.00	werken	Merk in Uitv. (Ol. Stadion)

18.00 – 04.30	eten/stappen met Merk	R'dam (De Engel, Baja)
Zaterdag 04.45 – 05.30	autorijden/RedBull drinken	A4 R'dam-A'dam (auto)
05.30 – 08.45	seks met Roos/ontbijten/ douchen	A'dam Oud-West (bed)
08.45 – 09.00	autorijden/pepermunt eten	Overtoom/A'veenseweg (auto)
09.00 – 09.45	koffer pakken/goedmaken met Carmen	A'veenseweg (huiskamer)
10.00-10.50	inchecken/zwarte koffie drinken	Schiphol
11.10	vliegen/rust	A'dam-Nice (vliegtuig)

Na het werk ga ik met Frenk Luna van de crèche halen en thuis even mijn spullen pakken. Frenk praat met Carmen terwijl ik mijn tas boven inpak. Ik vang flarden van het gesprek op. Ik hoor Carmen zeggen dat ze er niet gerust op is dat ik vanavond in een hotel in Rotterdam slaap. Frenk stelt haar gerust en zegt dat hij samen met mij op een kamer slaapt.

Ik kus Luna en zeg dat papa morgen weer thuis is en dat we dan met zijn drieën op vakantie gaan. Als ik Carmen kus, kijkt ze me amper aan.

'Ben je morgen op tijd thuis? Zou leuk zijn als we het vliegtuig halen,' bijt ze me toe.

Eenmaal in de auto slaak ik een soortgelijke zucht als in de laatste minuut van die UEFA-Cupfinale tegen Torino in '92* toen die bal boven Stanley Menzo** via de onderkant van de lat terug het veld

---

* Ajax-Torino 0-0, Olympisch Stadion, 13 mei 1992. Uit 2-2 (Jonk, Pettersson).
Menzo, Silooy, Blind, F. de Boer, Alflen, Winter, Jonk, Kreek (Vink), Van 't Schip, Pettersson, Roy (Van Loen).
** Stanley kon beter opbouwen dan keepen, en da's niet handig voor een doelverdediger. Was zo'n aardige jongen dat niemand hem dat durfde vertellen. Behalve Louis van Gaal. Heel De Meer was Louis stiekem dankbaar.

in stuiterde. Frenk pakt mijn hand even vast, ik zet de Fun Loving Criminals hard op en we sluiten aan in de vrijdagavondfile op de A4. *I couldn't care less.* Ik ben thuis weg.

De borrel eindigt desastreus. Ik heb weer een pil op en ben geil. Iedere collega staat mee te genieten hoe ik Natasja midden in de Baya uitgebreid sta te tongen.

> **Natasja** (23) is onze nieuwe stagiaire. Ze heeft een navelpiercing en die staat haar buitengewoon goed.

> De **Baya Beach Club**. Barpersoneel (m/v) met Miamiaanse borstpartijen zit overdag in de sportschool en serveert 's avonds in strandoutfit cocktails onder strikt kijken-doe-je-met-je-ogenhuis-beleid. Zelfs voor Rotterdamse begrippen aan de ordinaire kant.

Maud fluistert in mijn oor dat het verstandiger is voor mijn image om hiermee te stoppen. Ik vind het best. Het is bijna halfvijf en Roos wacht op me. Voor ze beseft wat ik doe, sliptong ik ook Maud snel. Frenk trekt me weg. Ik lach hem uit.

'Kom, we gaan naar het hotel,' zegt hij.

'Ik ga niet naar het hotel. Ik ga terug naar Amsterdam.'

'Je hebt gedronken en een pil in je mik, man!'

'Ik heb nog een afspraak.' Ik kijk Frenk uitdagend aan. 'Met een meisje.'

'Laat me raden. Je hebt een verhouding.'

'Ja. Al vier maanden. En ze heet Roos. Nog meer weten?'

'Nee. Ik weet het al. Het meisje dat ik aan de telefoon kreeg bij Merk, toen jij op de wc zat en waarmee je sindsdien hele dagen zit te mailen.'

'Ja. So what?' – *Nou, scheld me maar de huid vol, als je durft, eikel.*

Frenk scheldt me niet uit.

'Ik hoop dat je van Roos krijgt wat je nodig hebt om te overleven, Stijn.'

Even later rij ik met 180 km per uur over de A4 richting Amsterdam Oud-West. Halverwege krijg ik een sms'je. MAUD MOB.

Stijntje, ik wist het ook al. Het meisje van
carnaval. Zorg er alsjeblieft voor dat Carmen er
niet achter komt. En Thomas en Anne ook niet.
Sterkte op vakantie met Carmen. X.

God have mercy on the man/who doubts what
he's sure of

Bruce Springsteen, uit *Briljant Disguise* (Tunnel Of Love, 1987)

TIEN

Met een zoem en een blij 'hoi!' gaat de voordeur open. Ik ren de trap op en zie dat haar deur al voor me open staat. Als ik binnenkom ligt ze in bed, haar armen gespreid ter verwelkoming. Haar zachte borsten komen boven de dekens uit. Razendsnel kleed ik me uit, mijn ogen laten de hare geen seconde los. Als ik op haar kruip, voel ik weer hoe zacht en warm ze is. We doen het, zonder tijd te verliezen aan het voorspel. Daarna vlijt ze haar hoofd op mijn borst en even later vallen we allebei in slaap.

Als ik wakker word, voel ik dat er iets op bed wordt gezet. Ik doe mijn ogen open, nog half slaperig, en zie dat ze haar badjas aan het uittrekken is. Ze kruipt weer naast me en zoent me op mijn voorhoofd. Er staat een dienblad met croissants op het bed. Ik word emotioneel.

'Wat is er, schatje?' vraagt Roos.

'Als ik zie wat jij allemaal voor me doet... het is zo fijn bij jou, zo warm.'

'Dat verdien je ook,' zegt ze zacht.

Pats. Ik schiet helemaal vol. Mijn zelfmedelijden wordt op zijn wenken bediend. Ik begin te janken, voor het eerst waar Roos bij is. Ze komt naast me zitten, knuffelt me en geeft me mijn thee aan. Ik durf haar niet te zeggen wat de echte reden is waarom ik me ineens zo klote voel. Dat ik het zelfs ten opzichte van haar blijkbaar niet kan opbrengen om trouw te zijn. Of tenminste eerlijk. Ik rep met geen woord over mijn stagiaire en over Maud. In plaats daarvan begin ik over Carmen.

'Ik denk dat ik Carmen deze week ga vertellen hoe ongelukkig ik ben. En misschien wel dat ik onze hele relatie al vreemdga. Ik kan het niet langer voor me houden, het gaat gewoon niet langer zo. Ik krijg steeds meer een hekel aan mezelf.'

Roos kijkt peinzend naar haar kop thee.

'Ik zou er maar eens goed over nadenken of je wel zo eerlijk wilt zijn,' zegt ze na een tijdje. 'Moet Carmen er blij mee zijn dat jij je hart lucht, omdat jij nu, na al die jaren, ineens een schuldgevoel krijgt? Wat moet ze daar nou mee? Dat mag je haar niet aandoen. Niet nu.'

Ik haal mijn schouders op. 'Misschien ga ik haar zelfs wel vertellen dat ik een verhouding heb. Dan heeft ze tenminste echt wat om me te haten.'

Ze schrikt. 'Maar... dat kan je echt niet doen, hoor! Dat zou –'

'Ja, dat zou wel eens het einde van mijn huwelijk kunnen zijn. Nou en? Misschien wil ik dat juist wel. Ik denk dat ik niet meer van Carmen hou.'

Het is eruit. Het is de eerste keer dat ik het hardop uitspreek.

Roos kijkt me recht in mijn ogen.

'Je houdt wel van Carmen,' zegt ze kalm. 'Dat merk ik toch, hoe je over haar praat, hoe trots je me haar sms'jes laat zien. Je haalt liefde en geluk door elkaar. Je bent niet gelukkig nu, maar je houdt wel van haar. Anders zou je nooit kunnen doen wat je allemaal voor haar doet.'

'Zoals een verhouding met jou hebben,' zeg ik cynisch.

'Onzin,' antwoordt ze fel. 'Dat zegt niks over wat jij voor Carmen voelt. Je krijgt bij mij de warmte die Carmen je niet meer kan geven. Daarom vlucht je naar mij. Jij kunt niet zonder die warmte.' Ik zie dat haar onderlip begint te trillen. 'En ik eigenlijk ook steeds minder... in het begin was het allemaal wel te doen, die rol op de achtergrond. Maar ik voel steeds meer voor je...' Ze slikt. 'Ik denk dat we er maar eens goed over moeten denken of wíj niet moeten stoppen, nu het nog kan...' Ze duwt haar hoofd tegen me aan. Ik voel een traan op mijn borst vallen.

'Ik wil niet met je stoppen, Roos,' zeg ik zacht. 'Ik kan niet zon–'

Opeens gaat mijn telefoon. Ik kijk en voel mijn hart overslaan.

CARM MOB. 'O, kut! Het is Carmen!' Ik duw Roos ruw van me af.

'Kut, kut, kut!' roep ik. De gsm gaat weer over.

'Neem dan op!'

'Nee! Ik weet niet wat ik moet zeggen! Eh... eh... even denken...'

Trrringg. 'Waarom zeg je niet –'

'Stil even!' snauw ik, 'laat me denken...'

De gsm gaat voor de vierde keer.

'Laat maar even bellen! Ik bel haar zo wel terug. Ik moet eerst een verhaal hebben.'

De vijfde keer. De zesde keer. De gsm stopt met rinkelen.

Ik ijsbeer in mijn nakie door de slaapkamer. Koortsachtig denk ik na. Wat nu... Ik verwacht elk moment de piepjes van een sms te horen, die aangeven dat ik een voicemail heb.

In plaats daarvan gaat de gsm weer. Ik durf bijna niet te kijken.

FRENK MOB. Pfffff.

'Frenk?'

'Ja.' Hij klinkt aangeslagen. 'Carmen belde net. Ik denk dat je haar maar even snel moet bellen, anders heb je een groot probleem.'

'Wat heb jij gezegd?'

'Dat ik nog sliep en niet weet hoe laat je weg bent gegaan.'

'Oké... bedankt... hoe laat is het nu eigenlijk?'

'Net acht uur geweest. Zeg, Stijn...'

'Ja?'

'Dit is niet gaaf.'

'Nee... Sorry.'

Roos heeft haar badjas aangetrokken. Ik zit op de rand van het bed en kijk apathisch voor me uit, de gsm in mijn hand.

'Bel haar nou!' zegt Roos nerveus.

Ik sta op en schud mijn hoofd. 'Nee. Ik ga nu snel. Ik verzin onderweg wel iets.' Ondertussen ben ik al half aangekleed.

'Kun je niet beter even douchen?' vraagt Roos voorzichtig.

Voor ik in mijn auto stap, kijk ik nog een keer naar boven. Roos staat in haar badjas op het balkon. Ze geeft me een kushand. Ze heeft een angstige blik in haar ogen.

In de auto draaien mijn hersens op volle toeren. Voor ik de Overtoom op rijd, heb ik mijn verhaal. Ik bel Carmen.

'Hallo, liefie! Ik zag dat je net gebeld hebt?' zeg ik zo losjes mogelijk.

'Ja. Waar was je? Ik heb Frenk ook al gebeld.'

'Ik was even een kop koffie drinken in dat restaurant boven de A4, bij Schiphol, weet je wel? Ik viel bijna in slaap onder het rijden. Maar ik had mijn telefoon in de auto laten liggen.'

'Hm.'

'Het was geweldig gisteren! Toch wel leuk, dat Rotterdam.'

'O. Ben je op tijd?'

'Ja, ik ben er al bijna, joh. Ik rij nu langs Schiphol,' zeg ik, terwijl ik over de Overtoom scheur. 'Tot zo, liefie!'

'Ja. Tot zo,' snauwt ze en ze hangt op.

Laat mij maar alleen/ook al valt het soms niet mee/de
eenzaamheid is soms erger met zijn twee

Klein Orkest, uit *Laat mij maar alleen* (Het leed versierd, 1982)

ELF

Overal zijn we samen geweest. Zuid-Afrika, Kenia, Mexico, Cuba, Ca-
lifornië, Nepal, India, Vietnam, Maleisië, noem maar op. Zelfs toen
Luna net geboren was, gingen we nog met Thomas en Anne naar
de Dominicaanse Republiek, om lekker te duiken. Sinds we kanker
hebben, is Carmen nog zonder mij in New York en Londen geweest.
En ik zonder haar in Miami. Als we samen zijn, lijkt alles wat moeite
kost te veel.

Ook de vakantiebestemmingen. Die ene week Centerparcs vorig
jaar en dit voorjaar nog een weekend Texel, of Terschelling, dat mag
ik kwijt zijn. Er waren in ieder geval meer koeien dan mensen en er
was een heel lang, leeg strand.

En nu zitten we in Club Med. Vlak bij Cannes, dat wel. Maar ik
weet nu al dat we de hele week dit klotepark niet af komen.

Als we de koffers naar onze kamer brengen, staan twee GO's* met
een groepje mensen te aerobicen bij het zwembad. Iedereen kijkt
blij.

Carmen niet. Ze is nog altijd in de waarom-zou-ik-aardig-doen-
tegen-jou-*mood*. Ik blijf onverstoorbaar aardig. Gewoon als een boed-
dhist blijven glimlachen, heb ik me vandaag ingeprent. Al schijten ze
op je kop.

Luna is ook *moody*. Ze is helemaal kapot van de reis en zo lastig

---

* GO: host van Club Med. Spreek uit *dzjie-ooo*, volgens mij een afkorting voor Gladde
Olijkerd.

als Mido.* Gelukkig valt ze op onze kamer snel in slaap. Carmen en ik nemen de babyfoon mee en gaan eten. We kijken onze ogen uit wat hier voor volk rondloopt. De Efteling komt naar je toe deze zomer. Langzaam ontdooit Carmen. Samen mensen uitlachen schept een band. In bed krijg ik zowaar een nachtzoen. De eerste dag hád erger gekund.

De tweede dag is de sfeer in de ploeg zowaar nog beter. We liggen op de ligstoelen aan het zwembad, we eten, we spelen met Luna. Er zijn een paar topless vrouwen aan het zwembad die niet onappetijtelijk zijn, ik heb visueel weinig te klagen. Als ik even naar de kamer ga om Luna's petje te halen, stuur ik Roos snel een sms'je.

Veel vrouwen hier, maar het staat buiten kijf; jij hebt de mooiste tieten en je bent het lekkerste wijf.

Er staat er ook eentje in mijn inbox. Zo zo, van Thomas. Hij wenst ons een prettige vakantie. Mpfr... Nou ja, wel aardig van hem. Laat ik hem na de vakantie eens bellen.

's Avonds kijken we in de animatiezaal naar een tenenkrommende uitvoering van *Titanic* (spreek uit *Tietaaniék*, volgens de Franse GO's). Luna vindt het prachtig, Carmen en ik drinken onze plaatsvervangende schaamte weg. We zijn lief tegen elkaar. Ik zoek met mijn hand continu achter Luna's rug om contact met Carmen. Na de show leggen we Luna in bed, drinken nog wat en kijken samen een film op de kamer. Ik hou Carmens hand vast. Als we gaan slapen, streel ik haar gezicht.

'Was een leuke avond, hè?'

'Ja.' Ze streelt me over mijn borst.

'Welterusten, liefie.'

'Welterusten, vriendje.'

---

* Egyptische ex-voetballer van Ajax. Zelfbenoemd supertalent. Onhandelbaar, de gebruiksaanwijzing is zoekgeraakt. Zit tegen de tijd dat u dit leest waarschijnlijk ergens bij een tweederangs Zuid-Europese club tegen een vorstelijk salaris op de bank.

De derde dag begin ik me een beetje te vervelen. Carmen en Luna slapen op de kamer. Ik lig aan het zwembad te sms'en met Hakan, die me op de hoogte brengt hoe het Nederlands Elftal gisteren heeft geoefend – over twee weken begint het EK! – tegen Turkije. Uit verveling stuur ik een schuine bak die ik vrijdag van een van de jongens van Merk in Uitvoering hoorde, per sms naar Ramon. En ach, vooruit, ook maar naar Thomas. Die is wel van dit soort humor. Daarna stuur ik Roos een sms.

Ik heb zin om je keihard te nemen en daarna heel lief voor je te zijn. X.

Ik klik met mijn duim op Opties, Zenden, Zoeken, Ok en de sms is verstuurd.

Naar Thomas.

Binnen een tiende van een seconde zie ik het. Holy fuck, nee hè! Ik word rood. Mijn hart klopt in mijn keel. Ik probeer het bericht tegen te houden. Te laat. Het 'Zendt Bericht'-envelopje heeft al plaatsgemaakt voor het 'Bericht Verzonden'-envelopje. Ik begin te zweten. Ik wil van de aardbodem verdwijnen.

Ik overweeg om Thomas meteen te bellen dat hij zijn sms niet moet lezen, maar ik krijg zelf een sms. THOMAS MOB.

Fijn dat het weer goed gaat tussen jou en Carmen. ;)

Ik lach. Die Goedgelovige Thomas. Tegelijkertijd zie ik Luna en Carmen in de richting van het zwembad lopen. Vrolijk lachend na hun middagdutje. Ik lach vertederd. Ze zwaaien. Zo zijn we net een normaal, gelukkig, kankerloos gezinnetje. Carmen kust me en knipoogt naar me. Even ben ik gelukkig. Ik schrik er bijna van. Godallemachtig, in liefdesnaam* moeten we Ons toch een kans geven? Wij zijn

---

* Wrample uit *In liefdesnaam* van Adriaan van der Veen (1975).

toch zeker Stijn & Carmen! We laten ons toch niet kisten door mijn ongebreidelde geslachtsdrift of door een beetje kanker? Toch?

Als Luna in bed ligt en we de babyfoon hebben ingeplugd gaan we naar de buitenbar bij het zwembad. Ik bestel een amaretto en een armagnac. Carmen neemt een slok amaretto en kijkt me aan. Ik voel wat er gaat komen. Dit wordt het. Het Gesprek. Ik durf bijna geen oogcontact te maken.

'Stijn, wat is er de laatste tijd met je aan de hand? Ik voel dat je wegglipt.'

'Volgens mij ben ik niet vaker weg dan eerst, toch?'

'Jawel,' zegt ze rustig, 'je doet alles om thuis weg te zijn. En als je weg bent, dan maak je er meteen misbruik van.'

'Waar slaat dat nou weer op?'

'Wie is Natas?'

Schok.

'Natas? O, eh... Natasja. Dat is onze nieuwe stagiaire. Hoezo?'

'Toen je zaterdagochtend de telefoon niet opnam, vertrouwde ik het niet. En toen je je koffer aan het inpakken was, hoorde ik dat er een sms op je telefoon binnenkwam. Ik heb hem opgeslagen voor je. Kijk maar.'

Met trillende vingers open ik mijn berichtenarchief. Daar vind ik een nummer dat ik niet ken. Ik open het bericht en word rood.

Stijn, ik vind je zó'n lekker ding... gister smaakte naar meer. X. Natas.

Carmen ziet mijn blozen als een bevestiging, voorzover het sms'je nog iets aan duidelijkheid overliet. Ze krijgt tranen in haar ogen. 'Is ze goed in bed? En heeft ze lekkere tieten?'

'Carm, ik héb Natasja niet geneukt. Echt niet.'

'Hou toch op,' zegt ze huilend, 'ik begrijp het godverdomme nog ook. Natuurlijk neuk je liever met een lekkere hitsige *Monica Lewinsky* dan met een wijf met één tiet en een kale kop.'

Ik wil antwoorden, maar ze gebaart dat ze nog niet klaar is.

'Ik vind dat nog niet eens het ergste,' vervolgt ze met trillende stem, 'maar het doet me pijn te zien dat je blijkbaar alleen gelukkig kunt zijn als ik er niet bij ben. Ik weet ook wel dat ik niet meer zo leuk ben om mee samen te leven. Ik zou willen dat ik je weer gelukkig kon maken, maar het lukt me niet en daar word ik gek van. En chagrijnig. Dat wil ik niet. Ik wil geen naar wijf zijn.'

'Je bént geen naar wijf,' zeg ik.

Ze besteedt er nauwelijks aandacht aan. 'Waar het ook aan ligt, aan jou, aan mij of aan die klotekanker: je vindt het vreselijk bij mij. Je vlucht. Kun je mij recht in mijn ogen kijken en zeggen dat je nog van me houdt?'

'Ik... Ik weet het niet, Carm...'

Ze pauzeert even. 'Ik dacht al dat dat je antwoord zou zijn. Stijn, luister. Ik heb er goed over nagedacht wat ik nu ga zeggen...'

Ik voel me klein worden door haar moed. Dit had ik niet verwacht. Het is alsof ik verrast word omdat de tegenstander ineens met drie spitsen op het veld staat in plaats van de verwachte twee. Ze gaat d'r op en d'r over.

'Wat jij allemaal doet als je tot halfvijf in de kroeg hangt, wil ik niet eens weten. Ik wil niet weten van wie je sms'jes krijgt, ik wil niet weten waar je bent als je de telefoon niet opneemt. Ik had allang het vermoeden dat je vreemdging bij het leven. Als jij ziek was, deed ik misschien wel hetzelfde. Misschien had ik er allang een andere vent bij.'

Verschrikt kijk ik haar aan. Zou ze het weten? Ik zoek naar sporen in haar gezichtsuitdrukking die me vertellen wat ze wel en niet weet. Maar ik krijg de tijd niet eens. Ze dendert door.

'Maar ik *ben* jou niet. Ik ben een vrouw met kanker die één borst heeft, en misschien nog maar een paar jaar te leven. Die paar jaar ben ik liever alleen, dan met een man die niet zeker weet of hij nog van me houdt. Ik zou het vreselijk vinden, maar ik kan dat aan, dat weet ik zeker...'

Ze houdt even in, kijkt me aan en dan spreekt ze het uit.

'Misschien moeten we wel scheiden, Stijn.'

Ze heeft het gezegd. Het S-woord. *Scheiden.*

Wat ik steeds heb weggedrukt als een onmogelijke optie, stelt de tegenpartij nu voor. Scheiden. Ze legt de bal voor open doel. Ik hoef er alleen nog maar tegenaan te lopen.

Er schiet van alles door mijn hoofd. Hoe opgelucht ik elke keer weer ben als ik de deur uitga om bij Merk in Uitvoering te gaan werken. Hoe blij als ik weer kan gaan stappen. Hoe goed ik me voel als ik bij Roos ben. Hoe vreselijk gespannen ik ben als ik thuiskom, nooit wetend hoe de stemming deze keer weer is. Hoe vaak ik er niet blind voor zou hebben getekend om voorgoed te kunnen vluchten.

En nu kan het. Als ik nu ja zeg, ben ik binnenkort verlost van de kilte. Van het gebrek aan intimiteit. Van de kanker.

'Nee.'

Ik zeg nee. – *Ik zeg* NEE!?

'Nee. Ik wil niet scheiden.' – *Dat wil je wel!*

'Verdomme, zeg dan eens wat je wilt, Stijn! Wil je nog meer vrijheid? Zeg dan in godsnaam wat je wél wilt!' – *Ja! Zeg dan wat je wél wilt!*

'Weet ik veel wat ik wil? Geen kanker, dat wil ik!' antwoord ik boos.

'Als je van mij af bent, ben je ook van de kanker af,' zegt ze droog.

'Nee, ik *wil* niet van jou af!' Ik ben met stomheid geslagen, want ik voel dat ik het meen, uit de grond van mijn hart.

Carmen zwijgt even en pakt mijn hand. 'Denk deze week maar eens goed na wat je wilt, Stijn. Ik heb geen zin om te gaan zitten wachten tot je wél weet of je nog van me houdt. Natuurlijk wil ik bij je blijven, maar er moet iets veranderen. Anders moeten we allebei onze eigen weg gaan. Jij en ik zijn te goed voor deze ellende.'

'Jezus, Carm,' zeg ik zacht, 'dat het zover heeft kunnen komen.' Met mijn duim draai ik cirkels over haar handpalm.

'Laten we er vanavond maar niet meer aan denken en gewoon pret maken,' glimlacht ze. 'Kijken of we dat nog kunnen.'

'Ja,' grinnik ik, 'laten we naar die clubdisco gaan en vreselijk gaan zuipen.'

'*Good plan, Batman.*'

Het is lang geleden dat we met zijn tweeën de kroeg in zijn geweest. Carmen gaat aan de gin-tonic en ik aan de Kronenbourg. We hebben dikke pret, we lachen, we drinken en we dansen. We hebben lol. Samen!

Zwalkend lopen we terug naar ons appartement. In een met vloerbedekking bekleed trapportaaltje vlak bij ons appartement trekt Carmen haar rok en slipje uit en gaat wijdbeens op het trapje zitten. Ze kijkt me aan met een blik die ik lang niet gezien heb bij haar. We hebben de geilste seks die we in jaren hebben gehad.

Have I got a little story for you/And I'm glad we talked...

Pearl Jam, uit *Alive* (Ten, 1992)

TWAALF

Carmen is opgewekt. Ze maakt continu toespelingen op de seks die we gisteravond hadden en het regende vandaag knipoogjes in mijn richting. Over het gesprek van gisteren hebben we het niet meer gehad. Ook niet nu Luna in bed ligt. We zitten te lezen op het kleine terras voor ons appartementje. Carmen heeft mijn hand vastgepakt en streelt hem. Ik kan me niet voorstellen dat wij uit elkaar zouden gaan. *No fucking way!*

Toch ben ik gespannen. Ik heb een kaart onder de tafel gehouden die er eerst onder vandaan zal moeten komen voor we aan het volgende potje kunnen beginnen. Elke keer als ze naar me kijkt, wil ik erover beginnen. Telkens durf ik niet. Ineens raap ik al mijn moed bij elkaar.

'Eigenlijk wil ik het nog ergens met je over hebben, waar ik nooit over durfde te praten...' Nu kan ik niet meer terug. 'Mijn eh... vreemdgaan.'

'Ik zag het al aankomen,' glimlacht ze. 'Ik denk dat het goed is dat we het erover hebben. Kom maar op.'

Jezus, wat is ze sterk. Ik niet. Ik voel de zenuwen door mijn keel gieren.

Carmen gaat rechtop zitten. 'Nou? *Give it to me, baby!*'

Ik lach en besluit gemakkelijk te beginnen. 'Jij bent zeker nooit vreemdgegaan?'

'Wil je het echt weten?' vraagt ze.

'Ja,' zeg ik nietsvermoedend, in gedachten al bij mijn eigen bekentenis.

'Jawel.'

169

Ze ziet dat het niet tot me doordringt wat ze zegt.

'Ja, ik ben wel eens vreemdgegaan, Stijn.'

Ik kijk haar aan als een aap die moet jongen. Carmen, die sinds Sharon altijd heeft gezegd dat ze bij me weg zou gaan als ik het nog een keer zou doen, diezelfde Carmen antwoordt op een vraag, die slechts diende als warming up, als beleefdheidsvraag, als het ijsbrekertje waarmee je een sollicitant bij binnenkomst vraagt of hij het gemakkelijk kon vinden, doodleuk dat ze ook buiten de deur heeft geneukt.

'Eh... ik... eh... weet even niet... eh... wanneer?' stamel ik.

'Een paar jaar geleden met Koninginnenacht. Een jongen die ik bij café Thijssen zag. Niemand heeft het gezien. We zijn naar buiten gegaan en hebben daar alleen even gezoend.'

'Gelukkig.'

'Maar met Pim heb ik het wel gedaan.'

'Eh... Wat?'

'Het.'

'O. Wanneer?'

'Een paar jaar geleden. Hij had me al vaak gevraagd om eens mee te gaan eten. Maar ik had hem steeds afgehouden. En toen jij in Thailand zat, heb ik hém gebeld. En toen gebeurde er wat.'

'Bij ons thuis?'

'Ja. En in zijn auto en eh... een keer op een wc.'

'Getverdemme.' – *Hoor wie het zegt.* – 'Allemaal op één avond?'

'Nee. We hebben nog twee keer afgesproken.'

'In die vier weken dat ik in Thailand zat?'

'Ja.' Ze zegt het alsof ze vertelt dat ze de vaatwasser net uitgeruimd heeft.

Ik had het kunnen weten. In Miami had ik het nota bene zelf nog verkondigd: vrouwen doen het uit wraak. Ik wilde zo nodig een maand naar Ko Phangan om te feesten, samen met Frenk, vlak voor we aan Merk in Uitvoering begonnen. Carmen had het er moeilijk mee, omdat ze wel door had dat ik daar niet heen ging om boeddhabeelden te poetsen. Toen ik haar vier weken later op het vliegveld zag, huilde ze en vloog ze me in de armen. Een uur later lagen we te neuken en deed ik alsof ik weken geen seks had gehad. Carmen achteraf dus ook. De slet.

'En jij?' vraagt ze.

'Wat?'

'Hoe vaak?'

'O.' Ik zit nog bij te komen van die vieze Pim, die het op wc's en in auto's doet. Wat goedkoop. Dat mijn vrouw daar aan meedoet. Bah.

'Hallo! *Earth calling Stijn!'* zegt Carmen ongeduldig.

Hè? O, ja. Nu ik. Waar zal ik beginnen. Eerst maar de exen met wie ik het tijdens Carmen nog heb gedaan. Een keer of wat met Merel. Een half jaar lang bijna elke vrijdag met Emma, als ik haar tegenkwam op het Leidseplein. En af en toe met Maud na feesten en partijen waar Carmen niet was. Eh... da's... eh... Jezus, hier is geen beginnen aan... weet je, herhalingsbezoeken tellen niet mee, vind ik. Dat maakt de boel een stuk makkelijker. *Drie dus.*

Die keer bij de hoeren tel ik ook niet mee. Dat was overmacht. Maar die twee toen met Ramon in die sauna in Noord waren beroepsmatig geen hoeren, die moet ik wél meetellen. *Vijf.*

Dan mijn werk. Lies en Cindy bij BBDvW&R/Bernilvy, en die paar keer met Sharon. O ja, en Dianne. Even tellen... *Vijf en vier maakt negen.* Bij Merk in Uitvoering tot dusver alleen Maud na die kerstborrel. Maar die had ik al bij de ex-en geteld. En met Natas heb ik het nog niet gedaan. Nog steeds negen. Shit, die assistente vóór Maud, met die tattoo op d'r lies, die we na drie maanden moesten ontslaan. Ben even d'r naam kwijt. *Tien.*

De vakanties. Dat maffe kind uit Den Haag, toen dat weekend met Ramon in Gran Canaria een paar jaar geleden. *Elf.* Dan Thailand. Phoe. Effe denken. Laat ik ze maar per eiland nagaan. Ko Samui. Die Ierse met die puisten op d'r kont en die lelijke ouwe Duitse vrouw. O, wat moest Frenk lachen. Ik schaam me nog steeds. *Eh... dertien.* Ko Samet. Die Zweedse. O nee, die wilde alleen maar pijpen. Dan Ko Phangan. Dat Finse meisje. *Is veertien.* Mmmmm, wat was dat een lekker w–

'*Hoe vaak*, Stijn?'

'Ik ben aan het tellen.'

Veertien dus. Miami, Linda. *Maakt vijftien*. Verder nog iets? Toen op wintersport met Ramon is er niks gebeurd. Met Frenk in New York? Nee, ook niet. Ai, Turkije met Hakan. Die serveerster. *Zestien.* Hm. *So far* de vakanties.

Nu het stappen. Jezus, en ik zit al op zestien. Ahum. Dat meisje van de kerstborrel in Vak Zuid. *Zeventien.* Eefje, de zus van Thomas, vorig jaar met carnaval. *Achttien.* Dat Surinaamse meisje uit Paradiso en die met die wenkbrauwpiercing uit De Pilsvogel. *Twintig.* Goed dat ik de sliptongetjes in de Bastille, Surprise, De Bommel en Paradiso niet mee-tel, anders zaten we hier over een uur nog. O, wacht even, die ene na dat concert van Basement Jaxx, daar ben ik wél mee naar huis gegaan, kut, hoever was ik ook alweer? O ja, twintig. Plus eentje is *eenentwintig*. En misschien een stuk of drie, vier die ik vergeten ben. En Roos natuur-lijk. *Laten we het maar op vijfentwintig afronden.* Ik kijk Carmen aan. *Fasten your seatbelts.* Welkom in Monofobië.

'En?'

'Eh... wel wat meer dan op de vingers van één hand.'

'Meer dan op de vingers van één hand?'

'Twee handen...' – *vijf handen, lul!*

'Godverdomme.'

'Valt het tegen?'

'Ik had gehoopt dat het er minder zouden zijn geweest. Stijn toch...' zegt ze hoofdschuddend. Haar boosheid valt mee. 'Ken ik ze?'

Slik. 'Eh... wil je dat echt weten?'

'Ja.'

'Nou, eh... wat ex-en. Merel, Emma –'

'Zie je wel!' Ze slaat met haar vlakke hand op tafel, bijna triomfan-telijk. 'Ik wist het, ik wist het... Die Emma met die schijnheilige kop van d'r! Ik wist het wel dat jullie het nog deden! En van Merel wist ik het ook. Blij dat we die nooit meer zien.' – *Laat ik Maud voor het gemak even verzwijgen.* – 'Wanneer was dat allemaal?'

'Allebei in het begin, toen wij nog niet samenwoonden.'

'O o o... Stijn! Jezus, man, toen neukten we ons suf... we leken wel konijnen! Waarom dan ook al die andere vrouwen?!'

'Ik weet het niet. Ik kon niet van vrouwen afblijven...' – *kon? Kan, lul!*

'Godallemachtig, dat is gewoon een verslaving, Stijn.'

Ik zit met gebogen hoofd te knikken.

'Nog andere meiden die ik ken?'

'Eh... Eefje.'

'Eefje?'

'Die zus van Thomas.'

'WAT?! Eefje? Wanneer!?'

'Vorig jaar met carnaval...'

'Thomas heeft dat toch zeker niet gezien, hè?'

'Nee, natuurlijk niet! Daar heb ik wel op gelet,' zeg ik vlug. Ik zie hem nog vloeken tegen zijn zus daar in de Bommel toen we alleen nog maar stonden te bekken.

'Gelukkig. Anders kun je het net zo goed op de voorpagina van *De Telegraaf* zetten. Frenk weet zeker wel van alles?'

'Het meeste wel, ja...'

'Kut. Godverdomme, daar baal ik pas echt van, Stijn.'

'Frenk vertelt dat echt niet door, hoor...'

'Daar gaat het niet om! Hoe zou jij het vinden als jouw vrienden weten dat ik het met Pim had gedaan? Nou ja, gelukkig weet Thomas niks. En Maud? Weet die iets? Of wacht eens even...' – *o nee, vraag het alsjeblieft niet...* – 'Je hebt het toch zeker niet ook met haar gedaan, hè?' – *Au.*

'Met Maud? Nee, joh!'

'Gelukkig. Maar weet ze dat je wel eens vreemd bent geweest?'

'Ja. Dat wel...'

'Shit... nou ja, bij Maud ging je ook vreemd bij de vleet, toch?'

Ik knik.

'En natuurlijk allemaal zonder condoom?'

'Bijna altijd met,' lieg ik. 'En jij, met die Pim?'

'Zonder.'

'Kut.'

'Zeg, je gaat nu toch zeker niet míj aanvallen, hè?!' zegt ze boos. Haastig schud ik mijn hoofd. Ze schiet in de lach. 'Nou ja. Dat kon er allemaal ook nog wel bij,' zegt ze lachend. 'Geil manneke... Ik ben blij dat je het hebt verteld. Al weet ik zeker dat je er nog een paar vergeten bent.'

'Mwa... dat valt best mee, denk ik...'

'Nou ja, laat ook maar. Maar je moet me één ding beloven, Stijn.'

'En dat is?' – *O jee, ik voel de bui al aankomen. O, nee, alsjeblieft...*

'Dat je vanaf nu niet meer vreemdgaat, die paar jaar dat ik nog leef.'

Shit. Shitshitshitshit. Dag Roos.

'Dat beloof ik,' zeg ik ogenschijnlijk zonder te aarzelen, met een zo geruststellend mogelijke glimlach erbij.

> It's raining but there ain't a cloud in the sky/Must have
> been a tear from your eye

Bruce Springsteen, uit *Waiting On A Sunny Day* (The Rising, 2002)

DERTIEN

Tegen Carmen heb ik gezegd dat ik vanavond met Ramon uitga. Ze kuste me en wenste me veel plezier. Na het Vreemdgaan-gesprek had ze de dag erna nog wel een keer flink gehuild, maar ze zei dat ze zich erover heen wilde zetten. Ze was trots op me dat ik het allemaal had durven bekennen. Carmen vertrouwt me weer.

Ik mezelf niet. Daarom heb ik met Roos bij Vertigo afgesproken en niet bij haar thuis. Ik mag doodvallen als ik weet hoe deze avond gaat aflopen. Durf ik vanavond afscheid te nemen van mijn seksmachine, mijn periodieke shot levensgenot, mijn croissantbakker, mijn surrogaatkoningin, mijn psycholoog?

> Een 'plork' is een term van Ramon. Het staat voor Prettig Lichaam Ontzettende Rotkop. Welnu, **Vertigo** is de horecavariant hierop, een plorc. Prettige Locatie (in, rond en zelfs op het kasteel in het Vondelpark) Ontzettend Rotcafé. Het is niet eens een loungetent en toch saai. Zet het ergens anders neer en er komt geen kip meer.

Ik voel de kriebels in mijn maag als ik met mijn ogen Vertigo afzoek om te zien of ze er al is. Het is net een eerste date. Daar zit ze, aan de bar. Ze zwaait en lacht nerveus naar me. Ik vraag wat ze wil drinken.

'Doe maar een witte wijn. Ik denk dat dit onze laatste avond is, hè?' vraagt ze angstig.

'Droog of zoet?' vraag ik.

Ik durf Roos niet aan te kijken. Roos mij wel. Ik voel dat ze haar ogen steeds op me gericht houdt terwijl ik kijk hoe de barman de wijn inschenkt. Hij is me veel te vlug klaar. Ik pak mijn glas en tik het

175

tegen dat van Roos aan. 'Proost.'

'Vertel het vonnis maar,' zegt Roos.

'Carmen en ik gaan het weer proberen.'

'Goed zo. Ik ben blij voor jullie. Echt.'

'En ik heb bekend dat ik heel mijn leven al vreemd ben gegaan.'

'Dus toch. Hoe reageerde ze?'

'Het ging. Ik heb moeten beloven vanaf nu niet meer vreemd te gaan.'

'Nou, op de laatste avond dan maar, hè,' zegt ze spottend, en ze houdt haar glas omhoog.

'Maar we kunnen elkaar toch blijven zien?' zeg ik, en probeer er, goed als ik ben in het brengen van slecht nieuws, meteen wat luchtigheid in te gooien. 'Nu hebben we het echt voor elkaar: jij een geheime affaire met een getrouwde man met wie je niet naar bed mag, ik een praatvriendin die ik toch geheim moet houden, omdat ik anders thuis uit moet gaan leggen hoe we elkaar hebben leren kennen,' lach ik.

Roos lacht niet. Roos is *not amused*. Haar gezicht betrekt. 'Ik vind er niks lolligs aan, Stijn,' reageert ze fel. 'Doe niet zo naïef! Snap je nou echt niet dat we elkaar niet meer kunnen zien? Dat kun je toch op je vingers natellen? Jij kan niet van mij afblijven en ik kan geen weerstand aan jou bieden. Straks zit jij je hele leven met een schuldgevoel en voel ik me heel mijn leven een slet.'

Er is geen speld tussen te krijgen. Elkaar niet meer zien is de enige mogelijkheid om mijn belofte te houden. Leer mij mezelf kennen. Eigenlijk zou ik er nog blij mee moeten zijn ook. Ik leg mijn hand op haar been. Ze pakt hem en legt hem terug op mijn been.

'Het is beter dat we naar huis gaan, voor het fout gaat.'

'Mag ik je wel af en toe bellen of mailen?' vraag ik haar, verlegen als een schooljongen, buiten met mijn fiets in de hand.

'Doe maar even niet,' fluistert ze, haar blik naar de grond gekeerd.

Ik buig me naar haar toe en geef haar een laatste tongzoen. Dan stap ik op mijn fiets. Ik kijk nog een keer om en zie Roos nog met haar fiets in de hand staan.

Ze huilt.

It's the final countdown

Europe, uit *The Final Countdown* (The Final Countdown, 1986)

VEERTIEN

Eén week later krijgen we te horen dat Carmen doodgaat.

'Wijs eens aan waar het precies pijn doet,' zegt dokter Scheltema.

Carmen wijst net onder haar ribben, de plek die ze mij de dag ervoor had aangewezen. Iets rechts van het midden, voor de kijkers links. 'Zit je lever daar niet?' had ze me gevraagd. Wist ik veel. Ik weet waar mijn hart en mijn longen ongeveer zitten, ik kan de plaats van mijn maag aanwijzen omdat ik die voel als ik te veel gegeten heb, maar ik heb geen idee waar de rest uithangt. Ik had een A-pakket.

'Hm,' zegt Scheltema. 'Kleed je in de kamer hiernaast maar even uit.'

Ik blijf zitten. Scheltema bladert wat door Carmens dossier. Er heerst een ongemakkelijke stilte. Dan staat ze op en zegt, zonder mij aan te kijken: 'We zullen eens gaan kijken.' Ze doet de deur meteen achter zich dicht, dus ik neem aan dat ze met *we* zichzelf bedoelt.

Even later komt ze terug, wast haar handen in het fonteintje, gaat zitten, zegt wederom geen woord en begint weer te bladeren. Carmen komt ook binnen. Scheltema slaat het dossier dicht, doet haar bril af en kijkt ons aan.

'Wat u voelt, is inderdaad uw lever,' begint ze. 'Ik vrees dat zich daar een metastase bevindt.'

Soms hoor je een woord dat je nog nooit hebt gehoord, maar waarvan je meteen weet wat het is.

'Een uitzaaiing?'

'Inderdaad. Een uitzaaiing.'

Carmen en ik kijken elkaar aan. Een ogenblik lang vertrekt Carmen geen spier. Dan begint haar onderlip te trillen, brengt ze haar hand voor haar mond en komen de eerste tranen. Ik pak haar andere hand en blijf haar aankijken. Het is een déjà vu van een jaar geleden. Dezelfde kamer, dezelfde stoelen, dezelfde zwijgende dokter Scheltema voor ons. Toen kregen we te horen dat de veertig procent overlevingskans waarover Carmen op internet had gelezen, nog aan de hoge kant was. Nu dat die niet meer dan nul is.

'Is het zeker dat het een uitzaaiing is?' vraag ik.

'Het beste is dat u nu even een echografie van uw lever laat maken. Daarna komt u weer terug bij mij.'

Als makke schapen laten we ons door het ziekenhuis sturen. We nemen plaats in de wachthoek op de gang op de afdeling waar de echo's worden gedaan. Carmen zegt niets. Ze zit met gebogen hoofd te kijken naar het zakdoekje dat ze als een vloeitje in elkaar draait en weer openvouwt. In elkaar draait en weer openvouwt. Uit een deur komt een verpleegster. Ze heeft een dossier in haar handen, kijkt naar de naam die erop staat, kijkt naar Carmen en vraagt: 'Mevrouw Van Diepen?'

Carmen knikt.

'Zal ik meegaan?' vraag ik.

'Graag,' zegt Carmen.

We lopen de kamer binnen. Carmen moet zich uitkleden en op een brancard gaan liggen. De verpleegster smeert een lichtblauwe gel op haar buik. Ik sta naast Carmen en hou haar hand vast. Met mijn andere hand streel ik haar schouder. Ze kijkt naar me en begint weer te huilen. Ik voel mijn eigen ogen ook vochtig worden. De verpleegster pakt een apparaat dat ik ken van de pretecho die we ooit hebben laten maken toen Carmen drie maanden zwanger was. Toen tuurden we samen gelukzalig naar het beeldscherm en lieten ons door de verloskundige uitleggen welke lichaamsdelen al herkenbaar waren bij het wormpje dat daar op het scherm aan het kopje duikelen was. Steeds maar weer. Carmen en ik moesten er enorm om lachen. We hadden het wormpje de werktitel 'Hoei!' gegeven. Dat vond Carmen het best passen bij de beweging.

Vandaag is er weinig hoei aan en hebben we niet de minste behoefte om op het scherm mee te kijken. De gezichten van de twee verpleegsters (of doktoren, weet ik veel wat hun rang of stand is) zeggen alles. Ze wijzen naar iets op het scherm, mompelen iets onverstaanbaars tegen elkaar, wat de ene opschrijft in het dossier van Carmen, af en toe heen en weer kijkend van het scherm naar het dossier.

'U mag zich weer aankleden.'

'En?' vraag ik.

'U krijgt zo meteen van dokter Scheltema de uitslag,' zegt ze.

'Het is niet zo best,' zegt ze als we koud zitten. 'Een metastase van drie bij vier centimeter, aan de bovenkant van uw lever.'

Ik kijk naar Carmen, die haar hand ondertussen weer voor haar mond heeft gedaan ten teken van een aanstaande huilbui, maar besluit het toch gewoon aan Scheltema te vragen.

'Hoe... eh... hoe lang heeft mijn vrouw nog?'

'Als we niet snel iets doen nog hooguit twee maanden...'

'En als we wel iets doen?' vraag ik strijdlustig.

'Als ik eerlijk ben, is het nu alleen nog maar tijdrekken. Een paar maanden extra door een taxotere-kuur. Dat is een ander soort chemo dan de CAF die u de vorige keer kreeg. U mag er maximaal twaalf van hebben. Meer kan uw lichaam niet aan. En de metastase zal ook meteen weer gaan groeien als de kuur stopt. We kunnen het hooguit een jaar rekken.'

'Krijg ik veel pijn?' vraagt Carmen huilend.

'Nee. Vrijwel zeker niet. U moet zich uw lever voorstellen als een fabriek, die het lichaam ontdoet van giftige stoffen. Door de tumor stopt de lever op een bepaald moment met werken. En dan krijgt u steeds minder energie, u gaat vaker slapen, en uiteindelijk raakt u in een coma. En dan sterft u. Allemaal heel humaan.'

'Nou, dat is tenminste iets positiefs,' mompelt Carmen door haar tranen heen. Een kankerhand is gauw gevuld.

'Wat zijn de bijwerkingen van die kuur?' vraag ik aan Scheltema.

'Hetzelfde als bij de CAF-kuur. Misselijkheid, vermoeidheidsverschijnselen, haaruitval, verlies van smaak en reuk. En bij deze kuur gaan ook uw spieren protesteren en de huid van uw handpalmen en vingers wordt heel gevoelig,' zegt Scheltema.

'Laten we het maar doen,' zegt Carmen.

'O, en uw nagels gaan uitvallen,' zegt Scheltema.

'Welja,' zeg ik. Mag het een onsje meer zijn.

Zoveel te doen/ik heb nog zoveel te doen

Toontje Lager, uit *Zoveel te doen* (Stiekem dansen, 1983)

'Hoe gek het ook klinkt, ik ben nog opgelucht ook,' begint Carmen, nog voor we de parkeerplaats van het Lucas-ziekenhuis af zijn. 'Nu weten we tenminste waar we aan toe zijn. Ik ga dood.'

'Carm, alsjeblieft...' Het zijn de eerste woorden die uit mijn mond komen sinds we Scheltema's kantoor hebben verlaten.

'Zo is het toch? Vorig jaar kwamen we hier vandaan en zaten we vanuit het niks in een onzekere, machteloze situatie. Nu hebben we zekerheid.'

Ik ben verbijsterd door wat ze zegt. Dat ze het zegt. Maar er zit wat in. Ik denk terug aan vorig jaar. Toen was de klap veel en veel groter.

'Ik wil op vakantie,' zegt ze met een felle blik in haar ogen. 'Zoveel mogelijk. Ik wil nog naar Ierland. En eh... Barcelona! Ja, ik wil samen met jou naar Barcelona.'

Ik begin het bijna leuk te vinden. 'Ik zal Frenk eens vragen of hij daar een lekker decadent hotel weet,' grinnik ik. 'Anders nog iets, mevrouw?'

'Met al mijn vrienden een weekend naar een of ander kasteel in de Ardennen,' zegt ze dromerig. Ze is ineens het toonbeeld van levenslust. 'O, kun je hier trouwens even bij die snackbar stoppen?'

'Hoezo?'

'Even sigaretten halen. Ik ga weer roken.'

Ik glimlach en stop de auto bij de Marokkaanse snackbar in de Zeilstraat.

'Gewone Marlboro of Light?' vraag ik haar voor ik de auto uitstap.

'Gewoon. Beetje longkanker erbij maakt nu toch niks meer uit.'

Ik doe wat ik doe en vraag niet waarom/ik doe wat ik
doe en misschien is dat dom/we doen wat we doen

Astrid Nijgh, uit *Ik doe wat ik doe* (Mensen zijn je beste vrienden, 1973)

ZESTIEN

Lachend loop ik de snackbar binnen. Er zijn twee mensen voor me. Ik kijk naar buiten en zie Carmen in de auto zitten. Ze staart wezenloos voor zich uit. Verdoofd. Terwijl ik naar haar kijk, verdwijnt de lach van mijn gezicht.

Wat staat ons allemaal nog te wachten?

Er flitst van alles door mijn hoofd. Ambulances in de nacht. Een wegkwijnende Carmen. Angst voor pijn. Een sterfbed. En dood. De dood. Mijn maag verkrampt. Plotseling overvalt me een paniekgevoel. Mijn vrouw gaat dood! *Carmen gaat nu echt dood!* Ik voel een misselijkheid opkomen, zo erg dat ik er bijna van moet kotsen. Ik word ongedurig, begin te zweten.

'Zeg, Achmed, duurt het godverdomme nog lang voor ik eens een keer geholpen word? Ik heb alleen maar sigaretten nodig,' snauw ik ineens.

'Rustig aan, meneer, ik heb maar twee handen!' zegt de anders altijd zo vriendelijke man boos. De twee mensen voor me draaien zich om en kijken me vernietigend aan. Ik verdwijn snel de wc in. Daar pak ik mijn gsm.

**Het is uitgezaaid, Roos. Mag ik je straks bellen?
Alsjeblieft?**

Ik verzamel mooie momenten

Herman Brood, in een interview met Henk Binnendijk (Fifty Fifty, EO) in 1994

ZEVENTIEN

Lieve Luna,

In dit boek wil ik allemaal dingen opschrijven die we samen doen en meemaken, zodat je altijd zult weten hoeveel ik van je hou. Ik ben ziek. Ik heb kanker, en als je dit leest ben ik er niet meer. Ik hoop dat dit boek een fijne herinnering zal zijn.

Je bent pas twee jaar maar af en toe ben je zo wijs, ook al omdat je zo goed praat. Het afgelopen jaar was het soms heel moeilijk voor ons en als ik of papa eens moest huilen, en je zag dat, kwam je ons een knuffel geven en veegde je een traantje van onze wangen. Dan voelden we ons meteen een stuk beter. Of dan zei je iets waar we ondanks onze tranen om moesten lachen en dan waren we een stuk minder verdrietig. Er komen best veel mensen om ons te troosten en ons op te vrolijken, maar jij kan dat het beste.

Toen ik je vanavond voordat je sliep nog even een knuffel kwam geven, zei ik dat ik heel veel van je hou. En toen zei je dat je ook van mij houdt. Zo lief is dat! Dan word ik helemaal warm vanbinnen.

Papa en ik praten heel veel met elkaar, omdat we nu al weten dat ik er over een tijdje niet meer zal zijn. Dat is heel verdrietig, maar ondanks alles doen we in de korte tijd die we nog samen hebben heel veel fijne dingen met zijn drietjes. Daar geniet ik zo intens van, en dan ben ik zo blij met mijn gezinnetje, dat ik wel kan janken van geluk.

Ik hou van je! Mama xxx

ACHTTIEN

Carmen is lid geworden van een praatgroep. Ze noemt hem de Moeflon.

De Moeflon = Tupperware, Tros, Kreymborg, Centerparcs, Margriet, Kruitvat, enzovoorts. Als ze geen borstkanker had gehad, zou Carmen van haar leven niet in een groep als de Moeflon terechtgekomen zijn. Af en toe schatert ze het uit als ze mij vertelt hoe het er op die bijeenkomsten aan toe gaat. 'De hele middag gezellig met vijf vrouwen over borstkanker praten.'

De enige die wel oké is, is **Toos**. Net als Carmen is zij in de dertig, woont in Amsterdam (de andere drie komen uit Zaandam, Mijdrecht en een dorp waar ik nog nooit van heb gehoord) en is niet lelijk. Ik zou haar zelfs een lekker ding noemen als ik niet zou weten dat ze eenborstig was.

Bij alle Moeflon-dames is ondertussen een borst afgezet. Bij een van hen is het (nog) niet uitgezaaid, eentje is door de artsen al opgegeven, en bij de andere drie is het hetzelfde als bij Carmen: vroeg of laat gaat het fout. 'Zo heft de Moeflon zich over een tijdje op natuurlijke wijze op,' grapt Carmen.

Ook relationeel hebben de vrouwen veel te bepraten. Carmen vertelt dat één Moeflon-vrouw al gescheiden is sinds de kankerellende begon. Haar man kon er niet meer tegen. En de man van Toos schijnt er amper over te kunnen praten en zit hele avonden achter zijn computer op zolder. Bij een derde Moeflon-lid was het huwelijk al klote voor de kanker begon, dus was er niks veranderd. Ze hadden er met z'n allen enorm om gelachen.

Ze spreken beurtelings bij elkaar thuis af, eens in de twee weken. De mannen schijnen ook wel eens met elkaar te praten, vertelt Carmen. Als ik dat hoor, trek ik een gezicht dat Carmen ervan weerhoudt te vragen of dat misschien iets voor mij is.

Carmen heeft er wél wat aan. Bij de Moeflon wordt tenminste open gepraat over hoe het is om als vrouw een borst te missen. Iets wat Anne, Maud, haar moeder of de meiden van Advertising Brokers nooit ter sprake durven te brengen.

Vorige week was de Moeflon bij ons thuis. Toen ik met Luna binnenkwam waren ze er allemaal nog. Ik was verlegen toen ik me voorstelde, omdat ik wist dat ze het soms ook over mij hebben.

'We hebben onze mannen vanmiddag rapportcijfers gegeven,' vertelde Carmen 's avonds. 'Hoe ze omgaan met het gegeven dat hun vrouw kanker heeft, of ze altijd meegaan naar het ziekenhuis, of ze er goed over kunnen praten, of ze lief blijven ondanks alle ellende.'

'En wat voor cijfer kreeg ik van jou?'

'Een acht.'

'Een acht?' vraag ik verbaasd.

'Ja. Nu ik alle verhalen van de Moeflon heb gehoord, ben ik erachter gekomen dat je het toch niet zo heel slecht doet.'

'Misschien moeten we Thomas en Anne dan ook maar eens een verslag van die vergaderingen sturen,' antwoord ik.

'Dat hoeft niet,' zegt Carmen. 'Dat heb ik ze al verteld.'

For the ones who have a notion/a notion deep inside/
that it ain't no sin to be glad you're alive

Bruce Springsteen, uit *Badlands* (Darkness On The Edge Of Town, 1978)

NEGENTIEN

De zomer is een feest.

Frenk was het ermee eens dat ik alleen nog bij Merk in Uitvoering kom voor dringende zaken en belangrijke presentaties. Voor de rest ben ik bij Carmen, nu het nog kan.

Carmen en ik doen alles waar we zin in hebben.

We kopen kaarten op de zwarte markt voor elke wedstrijd van Oranje op het Europees Kampioenschap. Bij de vier goals van Kluivert in de kwartfinale tegen Joegoslavië* gaat Carmen net zo uit haar dak als de andere vijftigduizend mensen.

Wedstrijd was een anderhalf uur durend orgasme.
Carmen vond het geweldig!

'Zou wel mooi zijn als ik doodga als Nederland Europees kampioen wordt, hè? Dan stop ik op het hoogtepunt...' ginnegapt ze. Zo ver komt het niet. Carmen houdt het langer vol dan het Nederlands elftal. Maar het voordeel van kanker is dat het zo lekker relativeert. Het wereldrecord penaltymissen tegen Italië werkt ons op de lachspieren. Je gaat er echt niet dood van als ze verliezen. Voetbal is weer een spelletje.

* 6-1. Vier keer Kluivert, twee keer Overmars. 25 juni 2000. Van der Sar, Stam, Reiziger, F. de Boer, Zenden, Van Bronckhorst, Davids, Cocu, Bergkamp, Kluivert, Overmars.

186

We gaan weekendjes weg en nemen dan de beste hotels. In Barcelona zitten we in Hotel Arts. Op de hoogste etage, kijkend over Barceloneta en de Middellandse Zee. We nemen de grootste suite en spelen er verstoppertje. Carmen is er het beste in. Ik vind haar pas als ze de slappe lach krijgt omdat ik al drie keer de kast waarin ze zich heeft verstopt, voorbij ben gelopen.

's Avonds eten we goddelijk. Ik kom zowat klaar als ik de tapas in Cervezeria Catalunya op de Avenue de Mallorca proef.

Net heerlijk tapas gegeten. Carmen at bijna niks,
maar ze geniet wel. Ik ook.

Kutkanker. Geprobeerd terug te lopen na tapas.
Carmen na 5 min doodmoe. Moesten uur wachten tot
er n taxi langskwam. Carmen huilde van ellende. Ik
wil je straks even bellen, godin...

In Ierland kiezen we de meest luxe kastelen om te dineren en overnachten. Carmen heeft zo weinig energie, dat we onze huurauto alleen uitkomen om te lunchen in een pub of te overnachten bij het volgende kasteel, maar we hebben een topweek. We maken video's voor Luna met als leitmotiv de kinderlijke humor van Carmen & Stijn. Carmen doet *How not to be seen* achter een dikke vrouw in de lounge van The Morrison Hotel in Dublin. Stijn doet de *Red Hot Chili Peppers* met een badmuts van Castle Ballymore over zijn pik. Carmen doet een zeehond met haar borstprothese op haar hoofd. Stijn doet Ray Charles op de Cliffs of Moher. Carmen doet de Wat Is Erger Quiz (Verbranden of verdrinken? Nooit meer zitten of nooit meer staan? Nooit meer eten of nooit meer klaarkomen? Nooit meer plassen of nooit meer poepen? Kanker of aids?). Carmen en Stijn doen Stijn- & Carmiaanse vervoegingen (We dijen Rublin in. Cijn en Starmen. Wat ginkt die Stuiness! Jij bent een lote grieverd. Wat een wutkeer!).

We hebben pret, te gek land. Mensen hier 's
ochtends om 10 u al aan de drank. Vrouwen hier
zijn lelijk, volgens Carmen de grootste pre van
Ierland. X!

Terug in Amsterdam varen we elke dag dat het lekker weer is met
ons bootje door de grachten. Met ouders, vrienden en veel rosé. Vaak
stoppen we bij het Amstel-hotel en drinken dan champagne op het
terras. Of we varen naar Ouderkerk en lunchen dan decadent bij
Klein Paardenburg. Als we op een keer langs Zorgvlied varen, vertelt
Carmen dat ze daar begraven wil worden.

Slik. Voeren net langs Zorgvlied. Carmen vroeg of
ik met haar samen een mooie plek uit wilde zoeken
waar ze straks komt te liggen. Ik durfde het niet.

Carmen nodigt een hoop vrienden uit om een weekend met ons in
een kasteel in Spa in de Belgische Ardennen door te brengen. Er zijn
drieëntwintig gasten, een bloemlezing uit Carmens hele leven. Af en
toe regent het binnen harder dan buiten.

En we gaan op huizenjacht. Eigenlijk zouden we een jaar of drie
op de Amstelveenseweg blijven wonen, om daarna, met een tiet met
geld, verdiend bij Merk in Uitvoering en Advertising Brokers, op
zoek te gaan naar een groter huis, maar de leveruitzaaiing heeft onze
plannen bijgesteld. Het was mijn plan. Carmen moest even wennen
aan het idee, maar nu vindt ze het wel fijn dat ze weet waar Luna en
ik straks gaan wonen.

'En misschien kan ik er zelf ook nog een tijdje wonen, als de taxotere een beetje zijn best doet,' zegt ze hoopvol.

Ik hoop daar niet op, want als Carmen nog leeft als we in een
nieuw huis trekken, betekent dat tevens dat ze er dood zal gaan. En
ik ben bang dat ook het nieuwe huis dan, net als de Amstelveenseweg
nu, voor mij direct besmet raakt met de associatie aan ziekte en dood.
Ik zou zo'n nieuw huis zo vreselijk graag als een symbolisch nieuw

begin voor Luna en mij zien. Maar ik durf dat gevoel niet te delen met Carmen.

Toch praten we veel over de toekomst na Carmens dood. Urenlang. Thuis, in de kroeg, in ons bootje, op het terras. Alles komt ter sprake.

Papa en ik hebben het er ook al over gehad dat er straks een nieuwe mama voor je zal zijn. Ik vind dat een fijn idee. Natuurlijk voor papa, maar ook voor jou is het goed als er een lief iemand voor je is met wie je kunt praten, lachen, ruziemaken en leuke dingen doen. En ook al ben ik er straks niet meer, in gedachten en in mijn hart ben je in ieder geval altijd bij me. Wat er ook gebeurt, je zal altijd mijn schatje zijn, ook al ben ik er zelf niet meer om met je te praten en je te knuffelen... Ik zal altijd van je blijven houden, net zoals ik altijd van papa zal houden.

Door de vele gesprekken zijn we weer verliefd geworden. We genieten van elkaar, van elke dag die we nog samen hebben. Stijn en Carmen als de ongekroonde koning en koningin van Het Genieten. En ze leefden nog kort en gelukkig.

Give me/Give me/Give me the power

Suede, uit *The Power* (Dog Man Star, 1994)

TWINTIG

Tussen het genieten door gaat het wel gewoon kut. De taxotere-bij-
werkingen zijn verschrikkelijk. Carmen is er zo'n jaartje of vijftien te
vroeg door in de overgang geraakt. Ze kreeg ineens opvliegers, werd
niet meer ongesteld en begon grijs te worden. Niet lang overigens,
want na drie kuren was ze weer kaal. Prikkelpruikje kon weer uit de
kast. Dit keer zijn ook haar wenkbrauwen en wimpers eraf. Ze heeft
een paar dagen nepwimpers gedragen, maar dat was geen succes,
omdat haar ogen onafgebroken tranen door de taxotere. Ze loopt ze
de hele dag met een zakdoek droog te deppen.

Een andere bijwerking is dat al haar vingers aan de uiteinden zijn
ingetaped, omdat de nagels los zitten of er al af zijn. Haar vingertop-
pen voelen aan 'alsof je met je vingers tussen de deur hebt gezeten'.
Carmen huilde vanochtend omdat ze Luna's luier niet meer kon uitdoen. Ze had geen kracht in haar vingers om de plakrandjes open
te maken. Daarna werd ze kwaad op zichzelf, op Procter & Gamble,
op de kanker en op mij omdat ik boos riep dat ze mij toch ook kon
vragen om die luier open te maken. 'Begrijp dan godverdomme dat ik
dat zelf wil doen,' schreeuwde ze me toe.

Een ander probleem is het hoesten. Vooral 's nachts. Soms ben ik
bang dat ze erin blijft. Maar ik ben nog banger dat het een uitzaaiing is. Ook longen zijn een favoriet nestelplekje van een uitgezaaide
borstkanker, heb ik in een folder gelezen. De dokter stelt ons gerust:
het is waarschijnlijk pleuravocht – 'pleurisvocht, dokter?' – en dat
blijkt, jawel, een bijwerking van de taxotere te zijn.

Verder kan Carmen bijna niets wat inspanning kost. Ze heeft nauwelijks energie. Het stapeleffect, noemde dokter Scheltema dat. Het lichaam komt steeds meer in protest tegen de chemo. Geef het eens ongelijk.

Maar verreweg het grootste probleem is het aanprikken van het buisje waardoor de chemozooi via de aderen in haar hand het lichaam ingaat. Dat aanprikken wordt het symbool van de ellende van de kanker. Carmens aderen blijken dieper onder haar huid te liggen dan bij de meeste mensen. Het wordt elke keer moeilijker en pijnlijker, en ze zijn minutenlang aan het poeren voor het buisje er eindelijk in zit. Carmen ziet er als een berg tegenop, iedere week meer. Ik ga elke keer mee, en kan mijn tranen amper inhouden als die dokter zit te prikken in de hand van mijn huilende Carmen.

Nog twee keer en dan zijn de eerste zes kuren voorbij. Daarna volgen drie chemoloze weken, om Carmens lichaam de kans te geven zich te herstellen en dan begint het hele circus opnieuw. Weer zes keer. Carmen wordt al gek bij het idee.

'Was er maar een drankje in plaats van al dat geprik in mijn lijf,' zegt ze, als we bij Scheltema zitten, zoals elke week voordat de chemo begint. 'Daar zou ik alles voor overhebben.' Terwijl ze het zegt, wordt het haar al bijna weer te veel. Ze vecht tegen haar tranen.

'Ja,' zegt Scheltema kortaf, 'maar dat is er nou eenmaal niet.'

En dus ondersteun ik mijn snotterende Carmpje naar de chemokamer, voor haar vijfde taxotere-sessie.

Nu nog maar zeven.

Heb net gejankt op wc nadat carmen zowat lekgeprikt was. Het is gemeen, Roos. ik bel straks ff.

Wat me nu na die jaren nog verwondert/dat ik dat nooit
vergeten zal al word ik honderd/je hebt me belazerd je
hebt me bedonderd

Wim Sonneveld, uit *Tearoom tango* (Een avond met Wim Sonneveld, 1966)

EENENTWINTIG

Er blijkt wél een drankje te zijn.

Carmen komt erachter via Toos. In het Antoni van Leeuwenhoek-ziekenhuis, waar Carmen haar bestralingen kreeg, wordt volgens Toos een test gedaan met de orale toediening van chemotherapie. Al maandenlang. Ik kan het niet geloven.

Carmen vraagt of ik wil bellen. 'Jij kan veel beter uit je woorden komen.'

De arts van het Antoni van Leeuwenhoek-ziekenhuis die ik aan de lijn krijg, bevestigt het verhaal van Toos.

Ze kunnen echter niets voor mevrouw Van Diepen doen, zolang die patiënt is bij een collega-arts in het Lucas-ziekenhuis. Ik zeg dat ik daar begrip voor heb en contact zal opnemen met dokter Scheltema.

Ik leg de telefoon neer. Carmen kijkt me aan.

'Het klopt. Er is een drankje.'

Carmen barst in tranen uit.

Ik ben in staat om naar dat kloteziekenhuis te rijden, dokter Scheltema's handen te pakken en die aan haar bureau vast te spijkeren met dat buisje dat Carmen elke week in haar hand krijgt. Een. Twee. Drie. Vier. Vijf. Zes. Zeven. Acht. Negen. Tien. Diepe zucht. Dan bel ik het Lucas-ziekenhuis en vraag naar Scheltema. Die is op vakantie.

Dokter Tasmiel is de vervangend arts. Ik leg hem zo rustig mogelijk uit dat het wekelijkse aanprikken van het buisje bij mijn vrouw dermate moeilijk is dat het grote psychische problemen met zich meebrengt, dat dokter Scheltema hiervan op de hoogte is, en ik eindig met het simpele verzoek formeel toestemming te geven om mevrouw Van Diepen als patiënt over te dragen aan de arts die de test met de orale toediening van de chemostoffen in het Antoni van Leeuwenhoek leidt.

Dokter Tasmiel vertelt dat hij mij in deze kwestie niet kan helpen. Hij legt uit dat hij niet zomaar patiënten van een collega kan doorverwijzen en zegt dat dokter Scheltema over anderhalve week alweer terug is.

Ik kook van woede en vertel hem dat ik tot op heden altijd in de naïeve veronderstelling verkeerde dat artsen de levenskwaliteit van hun terminale patiënten boven alles stelden en dat de levenskwaliteit van mijn vrouw ernstig dicht bij het nulpunt is gekomen omdat ze iedere week al dagen voor de kuur loopt te janken omdat ze zo opziet tegen het geprik in haar lijf. En vervolgens haal ik een oude – maar in deze door mij relevant geachte – koe uit de sloot en zeg dat ik toch wel enige nederigheid van de zijde van de artsen had verwacht omdat mijn vrouw in deze toestand is beland door een fout van een andere collega van hem, dokter Wolters, nu al bijna twee jaar geleden.

Dokter Tasmiel raakt geïrriteerd, zegt dat hij hier niets van weet, dat dit volgens hem ook volledig buiten de context van dit gesprek valt en dat hij het bovendien niet normaal vindt dat ik een dergelijke toon tegen hem aansla.

'Heeft u nu uw zegje gedaan?' vraag ik hem.

'Ja.'

'Mooi. Dan zal ik nu het mijne doen: ik heb met u NIETS te maken!' Ik voeg eraan toe dat hij vandaag nog een vlammende fax kan verwachten, met een cc aan dokter Scheltema en de arts in het Antoni van Leeuwenhoek, omdat ik het welzijn van mijn vrouw belangrijker acht dan die godvergeten kutvakantie van Scheltema.

Carmen vraagt of we het er niet gewoon bij moeten laten. Ik peins er niet over. Woest ben ik. We zijn gepiepeld, genaaid, verneukt.

Ik kruip meteen achter de pc. In mijn fax schrijf ik dat ik de affaire desnoods in de pers zal brengen om af te dwingen dat mijn vrouw in de test wordt opgenomen en dat ik me uitdrukkelijk het recht voorbehoud alle middelen die me ten dienste staan in te zullen zetten. Ik heb geen flauw benul wat dat zou moeten zijn maar het klinkt wel dreigend, vind ik.

De ochtend na de fax word ik om negen uur gebeld.

'Meneer van Diepen, u spreekt met Rodenbach, medisch directeur van het Antoni van Leeuwenhoek. Ik heb uw nummer gekregen van dokter Tasmiel van het Lucas-ziekenhuis.'

Twee uur later zitten we bij hem. Rodenbach is een oase. Een dokter die zijn patiënten laat uitpraten en nog luistert ook. Hij vertelt dat de resultaten van de orale test nog onzeker zijn, en de taxotere-kuur bij Carmen werkt tot nu toe goed. Hij raadt Carmen af om aan de test mee te doen en stelt een alternatief voor om van het geprik af te zijn. Een port-a-cath. Dat klinkt mij als een chemisch toilet in de oren, maar het blijkt een handig apparaatje te zijn dat onder narcose eenmalig wordt ingebracht onder de huid bij de borst, een operatie van niks. Het aanprikken in het apparaatje gebeurt daarna met een naald in plaats van met een buisje, is vrijwel pijnloos en lukt altijd direct. Geen geprik meer in de aderen. Carmen vertelt dat ze via de chatgroep op internet al een half jaar van het bestaan van dit apparaat wist. Ze had het een keer besproken met Scheltema, maar die raadde het ten zeerste af. De operatie zou geen kleinigheid zijn, het apparaatje zou vaak verstopt raken. Niet de moeite, volgens Scheltema.

'Nou... eh... naar onze mening valt dat wel mee, dus.'

Rodenbach doet zijn best om zijn collega-arts Scheltema van het Lucas niet af te vallen. Dezelfde Scheltema die ik ooit vroeg of het niet beter was mijn vrouw te laten behandelen in het in kanker gespecialiseerde Antoni van Leeuwenhoek-ziekenhuis. Dezelfde Scheltema die zich toen zwaar in het kruis getast voelde, omdat alle informatie over kanker, alle nieuwe ontwikkelingen, alle nieuwe methodes van alle ziekenhuizen ter wereld sinds de komst van het internet binnen enkele uren gemeengoed onder medici waren. En daarbij had ze ons verteld dat er elke veertien dagen overleg was over haar patiënten met artsen van het naburige Antoni van Leeuwenhoek.

Die Scheltema heeft in het beste geval haar huiswerk in geen maanden gedaan en in het slechtste geval ons glashard voorgelogen toen Carmen huilend zei dat ze er alles voor over zou hebben om van dat geprik af te zijn.

Rodenbach zegt dat hij de port-a-cath beter acht dan de orale toediening maar dat de keuze aan Carmen is. En hij biedt aan patiënt bij hem te worden.

Carmen kiest voor de port-a-cath, voor Rodenbach en het Antoni van Leeuwenhoek. Ik zie dat ze tevreden is, en ik ben het ook.

Het **Antoni van Leeuwenhoek**-ziekenhuis (AvL) is gespecialiseerd in de behandeling van kanker (niet te verwarren met het Lucas, dat een kankerziekenhuis is). De artsen en de verplegers in het AvL begrijpen wat er in de hoofden omgaat van mensen met een levensbedreigende of – zoals bij Carmen – terminale ziekte.

De andere kant van de medaille is dat iedereen die er rondloopt weet dat je daar niet komt omdat je vrouw net is bevallen, of herstellende is van een blindedarmoperatie, maar dat het hier om Kanker gaat. Ook ik betrap mezelf erop dat ik mensen die gearmd over de gang lopen, of zwijgend bij de koffieautomaat in de hal zitten, medelijdend bekijk. Vast net te horen gekregen dat het uitgezaaid is bij hun moeder, dat het nu ieder moment afgelopen kan zijn met hun opa, dat hun echtgenoot is opgegeven door de artsen. Eigenlijk is het AvL net zoiets als de Wallen. Van iedereen die je er ziet lopen, weet je waarvoor hij komt.

De operatie om de port-a-cath in te brengen, is inderdaad een eitje en Carmen gaat fluitend naar de resterende chemo's.

Het Lucas zien we nooit meer, Scheltema staat nog een keer op onze voicemail en zegt dat ze het zo vervelend vindt dat het zo gelopen is tijdens haar vakantie en ze wenst ons in alle oprechtheid het beste. Ik geloof haar op haar woord en laat het daar verder bij. Carmen ook.

Haar leven zal er niet langer door worden, maar wel een stuk prettiger.

And when I get that feeling/I want sexual healing

Marvin Gaye, uit *Sexual Healing* (Midnight Love, 1982)

TWEEËNTWINTIG

Om ook mijn leven wat prettiger te maken, heb ik mijn ouwe ge-
woonte maar weer opgepikt. Ik ben opnieuw verslaafd aan Roos.

De dag na de uitzaaiing hadden we samen bij de Coffee Company
in de Pijp gezeten, 's ochtends nadat ik Luna naar de crèche had gebracht.

Monofobisch gezien een veilige
locatie en een veilig tijdstip, want ver
van Roos' huis in Oud-West.

De **Coffee Company**. Versieren
kan hier, maar het is een zaak voor
gevorderden. Hoe aparter de koffie,
hoe hoger de status. Stel u op als
connaisseur. Vergeet de cappuccino
en espresso. Bestel, al heeft u net
zoveel verstand van koffie als een
koe van touwklimmen, een Ameri-
cano of ristretto. Dan hoort u erbij
en daar gaat het allemaal om.

Roos luisterde en ik gooide al
mijn frustratie en verdriet eruit.

Daarna had ik de hele zomer, tussen alle vakanties en boottochtjes
met Carmen in, stiekem met Roos
afgesproken in kroegen en lunchten-
ten. We vermeden angstvallig de ca-
fés bij haar in de buurt, om niet het
risico te lopen bij haar thuis te belanden en Mijn Belofte Aan Carmen
te breken.

Ik hield het maar liefst vier maanden vol om van Roos af te blijven.
Sinds ik Carmen kende, was ik nog nooit zo lang monogaam geweest.
Of beter gezegd *zerogaam* – met Carmen was het bij die ene keer in
Club Med gebleven. Meteen daarna had de taxotere haar zin in seks
de grond in geboord. En zo verdween mijn seksleven wel, maar mijn
schuldgevoel niet. Voor het eerst in mijn leven lachte mijn monofobie me uit: ik leed nog steeds een dubbelleven, had nog steeds in

het geheim twee vrouwen, maar kon met beiden niet naar bed. Soms barstte mijn lul bijna uit elkaar van geilheid als Roos me in de kroeg een beetje te intiem knuffelde. Dan liet ik hem als ik thuiskwam op de wc of onder de douche door mijn vuistje gieren en fantaseerde over haar.

Op een avond na een van de chemodrama's in het Lucas, ging het mis. Ik had Roos gebeld, die was thuis, en binnen een kwartier was ik bij haar. Ze had me getroost. Het troosten ging over in knuffelen en het knuffelen in seks. Ze had nog geprotesteerd, maar er was geen houwen aan. We deden het op het vloerkleed. Binnen een minuut nadat ik in haar gleed, kwam ik klaar. Daarna hadden we samen gehuild.

In de weken erna raakte ik verslaafder dan ooit aan haar. Ik wilde elk halfuur dat ik kon bij haar zijn. Mijn agenda begon aan een onmenselijke vorm van timemanagement te lijden. Carmen. Luna. De ziekenhuisbezoeken. Het bezichtigen van huizen die de makelaar voor ons uitzocht. Mijn werk. Al diende dat laatste ook geregeld als alibi om Roos een bliksembezoek te brengen.

Toch is er een verschil met de verhouding zoals we die in het voorjaar hadden. Vorige week, we lagen na te genieten van een stoeipartij in haar bed, zei Roos het ineens.

'Ik hou van je, Stijn.'

Gek genoeg was ik er meer door gevleid dan dat ik er een probleem in zag. Eerst snapte ik niet precies waarom. Mijn Belofte aan Carmen had ik al verbroken, en nu werd het er helemaal niet makkelijker op.

Toen ik doorhad waarom het 'ik hou van je, Stijn' zo goed voelde, schrok ik er eerlijk gezegd zelf van. De liefdesverklaring van Roos streelt mijn ego. Ik voel me weer man in plaats van vriendje. Het is een compensatie voor mijn eenrichtingsliefde thuis.

Ik besef dat dit niet de schoonheidsprijs verdient. Maar liefde in tijden van kanker kent zijn eigen spelregels, hou ik mezelf voor. Roos is de enige bij wie ik geniet, de enige bij wie ik me goed voel. En die houdt nu nog van me ook.

Daar kan geen Frenk, geen Bastille, geen alcohol en geen xtc tegenop.

It's my baby callin'/says I need you here

Golden Earring, uit *Radar Love* (Moontan, 1973)

DRIEËNTWINTIG

Eerst dachten we dat het inbeelding was, maar na een paar weken was er geen ontkomen meer aan. Carmens buik wordt dikker, terwijl ze toch echt niet zwanger is en nog minder eet dan Luna.

Dokter Rodenbach bevestigt ons vermoeden. De taxotere werkt niet meer. Hij neemt alle tijd om uit te leggen dat hij aan de waarden in het bloed kan zien dat de tumor weer actief is. De lever werkt niet goed meer en doet iets wat op zweten lijkt. Dat zweet heet ascitesvocht en daarmee deelt Carmens hele buik vanaf nu in de feestvreugde, want dat zweet bevat kwaadaardige kankercellen.

Rodenbach zegt dat er nog één optie is nu de taxotere niet meer werkt. Weer een ander soort chemokuur en die heet LV. De L staat voor Leucovorin, de V voor 5-FU. Vrijwel zonder bijwerkingen, wekelijks in te brengen via de port-o-cath. We kijken elkaar aan en halen onze schouders op. Laten we het maar doen. God zegene de greep. Al blijft het allemaal uitstel, waarschuwt Rodenbach. En hopelijk komt de 5-FU niet te laat, want ze kunnen er pas over een paar weken mee beginnen. Het lichaam kan het niet aan als er binnen korte tijd twee verschillende soorten chemokuren worden toegediend.

In korte tijd is Carmens buik zo dik als die van een hoogzwangere vrouw. Ze heeft bijna niks meer om aan te trekken. Carmen heeft zich over haar schroom heen gezet en is deze week een jurk gaan kopen bij Ruimschoots op de A.J. Ernststraat. Een positiejurk. Als Carmen en ik een oud-collega van BBDvW&R/Bernilvy tegenkomen, zegt die: 'O, wat leuk! Jullie tweede is op komst!' Carmen knikt enthousiast. 'Ja! We hopen op een jongen.'

Maar verder valt er weinig te lachen. Carmen staat op klappen. Dokter Rodenbach zegt dat ze de ascites wel kunnen aftappen, maar dat hij dat liefst zo weinig mogelijk doet. Hoe vaker je het weghaalt, hoe sneller het terugkomt. Of ze het nog een paar dagen volhoudt, tot de dag dat de eerste LV-kuur zal worden toegediend. 'Dat red ik nog wel,' zegt Carmen.

De avond voor de eerste LV-kuur moet ik weg. Ik ben de laatste tijd zo weinig aanwezig bij Merk in Uitvoering dat ik Frenk heb voorgesteld de dringende zaken één keer per week 's avonds door te nemen. Dan kan ik daarna mooi even naar Roos.

'Hou je het echt nog vol tot morgen met die buik?' vraag ik Carmen voor ik naar Merk in Uitvoering ga.

'Eh... ja, dat lukt wel.'

Nu weet ik dat mijn vrouw naast kanker ook aan een overdosis positivisme en een gebrekkig vermogen tot klagen lijdt, dus geloof ik haar niet.

'Weet je het zeker?'

'Ja hoor. Geen probleem.'

Ik ben koud een uur in het Stadion of mijn gsm gaat af.

'Het gaat niet meer, Stijn,' snikt Carmen.

'Ik kom eraan.'

Frenk gaat mee. Samen rennen we naar mijn auto. Binnen vijf minuten zijn we thuis en ren ik naar boven. Ik zie aan haar gezicht dat ze sterft van de pijn.

'Heb je het ziekenhuis al gebeld?' vraag ik.

'Nee... ik durf niet.'

Ik toets binnen een tijdsbestek van 2,34 seconden Namen – Zoeken – A – Tonen – AvL – Bellen.

'Goedenavond, Antoni van Leeuw–'

'Met Van Diepen. Mag ik de iemand die avonddienst heeft op de afdeling van dokter Rodenbach?'

Nadat ik de vraag van de dienstdoend arts of mijn vrouw echt niet tot morgenochtend kan wachten, heb gepareerd met een kort en duidelijk 'Nee, nu,' mogen we meteen komen om Carmens buik te laten aftappen.

Frenk blijft thuis, bij Luna.

We moeten op de vierde verdieping zijn. Het Antoni van Leeuwenhoek kan qua gezelligheid al niet concurreren met de Bastille en qua lichtshow niet met Hotel Arena, maar 's avonds laat is het hier nog deprimerender dan anders.

Boven staat de arts die Carmens buik gaat aftappen al op ons te wachten. Hij is hooguit een jaar of acht-, negenentwintig.

'U komt voor de ascitespunctie?' vraagt hij. Fijn, weer een nieuw woord geleerd. Carmen knikt. Samen met de arts help ik Carmen op de brancard. Ze krijgt een verdoving en er wordt een slangetje van een halve centimeter dik in de zijkant van haar buik gedaan. Aan de andere kant van het slangetje komt een emmer te staan. De emmer vult zich langzaam met geel vocht uit Carmens buik. Een liter, twee liter, drie liter, vier liter, vierenhalve liter. Carmen wordt als een schaal pannenkoekenbeslag nog even op haar kant gelegd en heen en weer geschud. 4,7 liter.

Carmen is opgelucht.

'Alsof je voor het eerst na een week hebt mogen plassen!'

Nu Carmens buik weer leeg is, kan ze weer een beetje lopen. Zwijgend schuifelen we door de donkere, verlaten ziekenhuisgangen naar de uitgang. Om kwart over twaalf zijn we thuis. Frenk zit op de bank tv te kijken. Carmen en ik hebben vrijwel niets tegen elkaar gezegd onderweg.

'Wie wil er wat drinken?' vraag ik.

'Een glas water,' zegt Carmen zachtjes.

'Ik neem een sloot wodka,' zeg ik tegen Frenk. 'Jij?'

'Doe maar een biertje.'

Ik ga zitten en laat de avond aan me voorbijgaan. Dit was de avond waar ik altijd zo bang voor was, vanaf de dag dat Carmen kanker had. 's Nachts in paniek naar het ziekenhuis moeten. Deze avond is met stip op 2 binnengekomen in de Traumatische Kanker Top 5, vlak achter de onbetwistbare nummer 1, ondertussen een gouwe ouwe: het kaalscheren van mijn vrouw. Ik barst in huilen uit. Carmen doet gezellig mee. Frenk komt armen tekort om ons te troosten.

'Ik had vanmiddag moeten zeggen dat ik het niet volhield, hè?' zegt ze schuldbewust.

'Ja,' zeg ik boos.

'Maar ik vind het zo rot om steeds te moeten klagen over die buik...'

'Midden in de nacht in blinde paniek naar zo'n ziekenhuis is veel erger.'

'Je moet eerlijk zijn, Carmen,' vult Frenk aan, voor hij vertrekt. 'Dan weet Stijn tenminste ook dat alles écht in orde is als jij dat zegt...'

Carmen knikt schuldbewust, omhelst Frenk en laat hem uit.

Even later hoor ik haar plotsklaps gillen, vanaf de wc. 'Kijk eens wat ik heb!' roept ze verschrikt.

Aan de linkerkant boven haar lies zit een bult ter grootte van een snookerbal. Ook ik schrik me het apelazarus. Een infectie? Een ja-weet-ik-veel-wat-er-kan-groeien-in-drie-uur-tijd-van-niets-tot-een-snookerbal? Ik simuleer kalmte. We bellen de dienstdoend arts in het ziekenhuis. Hij heeft geen idee wat het is. We bellen Rodenbach.

Die verlost ons telefonisch uit ons lijden. Het is niets ernstigs. De snookerbal is het gevolg van de punctie, waardoor er gaatjes in de verschillende lagen van de buikwand ontstaan, en het in de buik overgebleven vocht is nu door de zwaartekracht naar het laagste punt in de buik gedruppeld.

'Dat we daar niet aan gedacht hebben,' zegt Carmen droog.

Het vocht zal zich weer door de hele buik verspreiden als Carmen straks gaat liggen, en morgenochtend zijn die gaatjes weer zo goed als dichtgegroeid.

Voor het ochtend wordt, heb ik Rodenbach weer aan de lijn, omdat Carmen me kermend van de pijn wakker maakt.

'Dokter, weer met Stijn van Diepen!' roep ik nu ook in paniek. 'Mijn vrouw ligt hier naast me, helemaal dubbelgeklapt van de pijn! Ze omschrijft het als een soort weeën, maar dat lijkt me sterk.'

Rodenbach is wederom niet in paniek. Hij zegt dat het over een paar minuten wel over zal zijn. Het is een bekend verschijnsel na ascitespuncties. De organen in de buik zijn bezig om zich op hun oorspronkelijke plaats te nestelen.

'Mijn maag draait ervan om,' zeg ik tegen Rodenbach.

'Inderdaad, zo moet u het zich voorstellen,' zegt hij.

Ik hou haar hand vast, en knijp er net als tijdens de bevalling van Luna hard in. Even later zijn de krampen over. Het wordt alweer licht. Over een uur wordt Luna wakker. Alsof er niks gebeurd is.

Vlak voor ik doodvermoeid in slaap val realiseer ik me met een schok dat ik iets vergeten ben vanavond. Mijn hart slaat ervan over.

O, god. Fuck. O, wat stom. Fuckerdefuckerdefuck.

Roos zit nog steeds op me te wachten.

VIERENTWINTIG

Pas na een gedetailleerde uitleg van de hectiek van het nachtelijke ziekenhuisbezoek en zestien sorry's bindt ze in. Ik zit aan haar ontbijttafel. Roos heeft haar ochtendjas nog aan. Ik heb Luna naar de crèche gebracht en ben meteen naar haar toe gereden. Mijn plantje in Oud-West had dringend water nodig.

'Het wordt steeds moeilijker, Stijn... Iedere keer die onzekerheid of je een afspraak niet op het laatste moment afzegt, iedere keer bang zijn dat er bij je thuis iets mis is als je tien minuten te laat bent, iedere keer die panische angst dat Carmen er misschien achter is gekomen...'

'Wil je er liever mee stoppen?' vraag ik stoer.

'Nee,' zucht ze, 'natuurlijk wil ik niet stoppen.'

'Ik wil niet dat je je ooit gebruikt gaat voelen. Nu niet, maar straks, als Carmen eh... er niet meer is, ook niet. Want ik weet nu al dat ik straks een tijd lang alleen aan Luna en mezelf ga denken.'

'Hou op. Dat weet ik ook wel. Maar ik wil het niet horen.'

'Jawel. Dat moet je wél horen.'

Ik weet dat het gemeen is, maar ik spreek het heel bewust uit. Al is het egoïstische eerlijkheid, eerlijkheid die er voornamelijk toe dient mijn gevoel te verzachten dat ik haar misschien alleen maar gebruik om deze tijd door te komen.

En het is een grote bek achter het hek. Ik weet dat Roos me nooit in de steek zal laten.

---

* Wrample uit het repertoire van de F-Side. Melodie: When The Saints. Als de supporters van de tegenpartij iets onaardigs over Ajax of haar supporters zingen.

VIJFENTWINTIG

Als die LV-kuur niet snel gaat werken, haalt Carmen de kerst niet eens meer. Dan heeft die kut-taxotere met al zijn ellende nog minder dan een half jaar blessuretijd opgeleverd, godverdomme.

Carmens lever is al zo opgezwollen dat je hem als een forse bobbel aan de zijkant van haar buik ziet zitten. Hij werkt amper meer, maar zweet des te meer. Sinds de eerste ascitespunctie moet Carmen iedere week haar buik leeg laten halen. De laatste keer was een nieuw persoonlijk record: 7,1 liter. Het zou me niet verbazen als het hier ook een baan-, Nederlands en Europees record zou zijn als Carmen niet van deelname uitgesloten zou worden vanwege een te hoog dopinggehalte.

De nesteldrang van de organen na elke punctie maken de puncties tot een marteling. Soms loopt ze er dagen mee rond, totdat ze de pijn voor mij niet langer kan verbergen. En dan gaan we maar weer.

Met het vocht verdwijnen er ook elke keer een berg eiwitten uit het lichaam. Ze valt zienderogen af en heeft met de week minder energie. Op dagen dat haar buik vol zit, kan ze nog geen honderd meter lopen. Afgelopen weekend wilde ze er toch even uit. Toen zijn we met de rolstoel, die vorige week door de Thuiszorg is bezorgd, een stukje gaan lopen. Ik loog tegen Carmen dat ik het echt niet erg vond om haar te duwen. De waarheid is dat ik tegen mijn tranen vocht.

Ik heb je verteld dat ik niet meer zo goed kan lopen en dat we daarom een rolstoel hebben. Toen zei jij dat je me wel zou dragen. Ik vond dat

zo lief en verdrietig tegelijk dat ik moest huilen, ook nu ik het zo op-
schrijf zit ik weer met tranen in mijn ogen. Soms is het zó moeilijk.
Laatst kwam je voor het eerst zelf naar me toe en vroeg je of ik nog ziek
was. En toen je er deze week bij was in het ziekenhuis en de dokter zag,
vroeg je: 'Gaat die jou beter maken, mama?'

Carmen wil van alles, maar ze kan niks. Afgelopen zondag nam ze de
ochtendshift met Luna over, zodat ik een keer zou kunnen uitslapen.
Om halfnegen kwam ze me halen omdat ze al twee keer had overgegeven.

Pas tegen de middag komt ze langzaam op gang. Daarom kleed ik
Luna 's morgens aan, geef haar pap en breng haar naar de crèche. In
het weekend ga ik 's ochtends met Luna naar de geitenboerderij in
het Amsterdamse Bos of naar de speeltuin in het Vondelpark. Soms
vind ik het zo zielig voor Carmen dat ik maar niet vertel waar Luna
en ik zijn geweest.

De meeste dagen kan ik pas tegen de middag uit bed komen. 's Ochtends
ben ik te misselijk. Papa staat elke ochtend met jou op en doet al het
werk. Soms snauw ik papa dan af, omdat ik dat allemaal niet kan doen.
Degene die het dichtste bij je staat, krijgt de meeste klappen te verduren,
hoe oneerlijk dat ook is. Maar ik heb wel het gevoel dat papa en ik nu
nog hechter zijn dan we al waren. Ondanks alles probeert hij nog steeds
te genieten van dingen en dat geeft mij ook weer kracht en zo doen we
toch nog zoveel mogelijk leuke dingen, als ik me 'n dagje goed voel.

Maar de dagen waarop ze zich goed voelt zijn schaars. Het diepte-
punt is dat Carmen de sinterklaasviering op de crèche moet missen.
Ze heeft zich uit bed kunnen hijsen, is al aangekleed, maar het lukt
gewoon niet. Ze is kotsmisselijk. Op de crèche zit ik als enige man
– de Sint (en die draagt ook een jurk) en twee pieten niet meegerekend – tussen twaalf moeders in.

'Als dit soort dingen ook al niet meer kunnen, dan hoeft het voor
mij niet meer, hoor,' snikt Carmen als Luna en ik terugkomen.

Een watersnoodramp doet mijn wangen aan.*

Ik merk dat ook Carmen voelt dat het einde nadert. Ze is in versneld tempo al haar plannen, voornemens en ideeën aan het uitvoeren.

Zo heeft ze tegen Maud, Anne, Thomas en Frenk gezegd dat ze een ring mogen laten maken. 'Zie het maar als een herinner-ring.' Zelf heb ik er ook een laten maken, die straks mijn trouwring gaat vervangen. *Voor mijn grote liefde. xxx Carmen,* laat Carmen erin graveren. Als we de ring ophalen, vraagt de vrouw die hem heeft gemaakt of we gaan trouwen.

'Nee, het is voor een andere speciale gelegenheid,' zegt Carmen luchtig.

'O, dan weet ik het al,' zegt de vrouw met een veelbetekenende knik naar Carmens buik. 'Wat een leuk idee, om dat te vieren met een ring!'

In een mailtje aan vrienden en bekenden vraagt Carmen iets over haar voor Luna op te schrijven. De brieven stromen binnen. We kopen een grote kist, waarin we de brieven opbergen, samen met Carmens dagboeken en foto's, en – een idee van Frenk – twee video's waarop vrienden over Carmen praten. Luna zal straks geen moeder meer hebben, maar als ze wil, kan ze meer over haar te weten komen dan een kind van wie de moeder nog leeft.

In een folder van de *Stichting achter de Regenboog,* die ze in de wachtkamer van het Antoni van Leeuwenhoek ziet liggen, leest Carmen over kinderpsychologen die gespecialiseerd zijn in 'rouwverwerking voor kinderen'. We komen terecht bij een psychologe in de Rapenburgerstraat. Zonder Luna, omdat we vrij willen praten.

De spreekruimte van de psychologe staat vol speelgoed. Aan de muur hangen tekeningen van kinderen. Op eentje staat een groot kruis getekend en een popje met vleugels. 'Mijn mama,' staat er in kinderhandschrift bij geschreven. Ik hoop dat Carmen de tekening niet ziet. De psychologe legt uit wat kinderen zich later kunnen her-

* Wrample uit *De kleine blonde dood* van Boudewijn Büch (1985).

inneren van alles wat er voor hun derde gebeurt, wat ze snappen van het concept dood, en wat voor effecten het heeft op een kind om op te groeien met één ouder. Als we vertellen dat Carmen bezig is met brieven aan Luna, vindt de psycholoog dat een uitstekend idee. Luna zal zich anders later helemaal niets kunnen herinneren van haar mama. Carmen hoort het en kan haar tranen niet bedwingen. De psychologe wacht even en vertelt dat kinderen van rond de drie goed kunnen worden voorbereid op de dood van een ouder. 'Doe het niet te snel,' zegt ze, 'maar verberg niet dat mama ziek is en dat ze er misschien over een tijdje niet meer is.'

Ze geeft tips over de manier waarop we het Luna kunnen vertellen en ze waarschuwt ons voor iets wat ze 'verwijderingsgedrag' noemt. 'Als kinderen horen of merken dat ze iemand van wie ze houden, gaan kwijtraken, worden ze soms minder lief, of zelfs vervelend tegen die persoon. Dat is een instinctieve reactie om zichzelf te beschermen tegen de pijn als die persoon er straks echt niet meer is.'

Ik schrik van wat ze zegt, maar niet vanwege Luna. Ik herken mijn eigen gedrag. Mijn twijfels of ik nog van Carmen hield, mijn monofobie die steeds maniakalere vormen begon aan te nemen. Het kind Stijn vertoonde verwijderingsgedrag.

's Avonds lees ik Luna voor uit *Kikker en het vogeltje*, een boek dat de kinderpsychologe ons heeft meegegeven. Het vogeltje ligt op zijn rug en de een denkt dat-ie slaapt, de ander dat-ie moe is.

Haas knielde bij de vogel neer en keek aandachtig.
'Die is dood,' zei hij toen.
'Dood,' zei Kikker, 'wat is dat?'
Haas wees naar de blauwe hemel.
'Iedereen gaat dood,' zei hij.
'Wij ook?' vroeg Kikker verbaasd.
Dat wist Haas niet zeker.
*'Als we oud zijn misschien,' zei hij.**

* Wrample uit *Kikker en het vogeltje* van Max Velthuijs (1991).

Ze begraven het vogeltje en zijn heel verdrietig. Daarna gaan ze met zijn allen vrolijk spelen. Terwijl ik het voorlees, streelt Luna met haar handje over mijn arm. Ze ziet dat ik het moeilijk heb en heeft medelijden met me. Ik ook met haar, want Luna weet niet dat het vogeltje mama is.

Carmen heeft haar eigen manier om het te vertellen.

We hebben twee vissen gekocht, die ik Elvis en Beavis heb genoemd. Jij vond ze erg leuk. Vorige week lag Elvis ineens in de vissenkom te drijven, hartstikke dood. Eigenlijk vond ik het niet zo erg, want nu heb je voor het eerst een keertje zelf gezien dat dieren en mensen doodgaan. Je vroeg hoe het kwam dat hij niet meer leefde en ik heb verteld dat hij misschien wel erg ziek was en niet meer beter gemaakt kon worden, net als soms bij mensen gebeurt. Die gaan dan ook dood. Ik heb verteld dat Elvis nu waarschijnlijk naar de vissenhemel ging. Dat leek jou heel normaal. Toen heb ik Elvis door de wc gespoeld. Papa kwam 's avonds thuis en jij vertelde dat de vis dood was gegaan en nu in de vissenhemel was. 'En die is in de wc,' zei jij. Inmiddels heeft ook Beavis het loodje gelegd en hebben we hem samen doorgespoeld, maar dat vond jij niet zo heel erg, want dan was hij tenminste weer bij zijn vriendje Elvis. Als ik straks dood ben, ga ik naar de mensenhemel en jij zei zelf dat dat tussen de wolken is. Dus je begint het toch al een klein beetje te begrijpen.

Een eigen huis, een plek onder de zon/toch wou ik dat ik
net iets vaker simpelweg gelukkig was.

Rene Froger, uit *Een eigen huis* (1989)

ZESENTWINTIG

Godin, we hebben een huis gekocht! In Oud-Zuid,
Joh. Verhulststraat. Carmen dolgelukkig. Mooi, hè?

Oud-Zuid is het luxereservaat van Amsterdam. Een bakje druiven bij
de groentejuwelier kost er meer dan een maand huur in Bos en Lom-
mer. Het is er zo kakkineus dat zelfs de snackbar een Franse naam
heeft, Le Sud.

Carmen is superenthousiast. Ze belt en mailt iedereen over het
huis. Anne en Thomas komen kijken en ik schaam me een beetje. Het
huis is prachtig, maar belachelijk groot. Vier verdiepingen en drie
keer zo groot als waar we nu wonen. En straks wonen er geen drie
maar twee mensen.

De zaterdag nadat we het koopcontract hebben ondertekend,
gaan we naar een paar woonwinkels op het KNSM-eiland. Volgens
Frenk zit daar een toonzaal van Poggenpohl, en we moeten van hem
even bij World of Wonders en Pilat & Pilat kijken. Al na twee winkels
is Carmen op. Haar buik staat weer op springen. En zo hebben we
een kast van een huis, geld en tijd genoeg om het in te richten, maar
geen energie om winkels te bezoeken.

We rijden meteen door naar Frenk en vragen hem te helpen. Dat
wil hij graag. Hij bijt zich in het project vast. Avonden achtereen bevoelen we met hem stalen van vloerbedekking, hout en kurk, bekijken
meubelcatalogi en folders met verlichting. We lijken het winnende
koppel in de *Honeymoonquiz* wel.

De zondag nadat we de sleutel hebben gekregen, komt Carmens moeder kijken. Ik wist dat het zou gebeuren, maar toch schrik ik er- van als het gebeurt. Als we bijna het hele huis hebben laten zien en op de derde verdieping staan in de ruimte die Luna's kamer wordt, slaat Carmens moeder haar hand voor haar mond. Haar schouders begin- nen te schokken. Ik ga naar haar toe en neem haar in mijn armen in de toekomstige slaapkamer van haar kleindochter. We weten allebei dat Carmen daar nooit met Luna zal knuffelen zoals zij dat vroeger met haar dochter deed.

Shiny happy people

REM, uit *Shiny Happy People* (Out Of Time, 1991)

ZEVENENTWINTIG

Ineens slaat de LV-kuur aan en gaat het beter met Carmen.

's Ochtends is ze nog wel misselijk, maar 's middags heeft ze wat energie en gaat ze vaak de deur uit. Ze shopt zich een breuk. Het zal goed zijn als we straks in ons nieuwe huis wonen. Daar is tenminste kastruimte voor al die nieuwe kleren.

Dat nieuwe huis gaat voorspoedig. Ik regel alles met de bank, de verhuizing, de notaris en de verkoop van ons oude huis. Carmen hoeft nergens over na te denken en da's maar goed ook, want sinds ze is gestopt met werken is haar geheugen een geitenkaas.* Het kost me een berg tijd, maar het is heerlijk om te doen. Ik denk omdat het met de toekomst te maken heeft. De toekomst. Mmmm. Ik kijk er dagelijks naar uit.

Al het werk in het huis wordt door de Manussen gedaan.

De Manussen is een illuster klusduo bestaande uit Rick en Ron. Zelf doe ik niks in huis. Ik heb klusdyslexie en huldig het Johan Cruyff-principe dat je je sterke punten moet verbeteren en je zwakke punten camoufleren. Ik cultiveer mijn onhandigheid zonder gêne. Manus Rick legt regelmatig briefjes neer waarop dingen staan als: 'Kijk, Stijn, dit is nou een hamer.' Ik vertel dat ze niet bijdehand moeten doen, maar gewoon hard moeten doorwerken en dat ik dat al weken in de gaten hou met een webcam die ik heb geïnstalleerd in de oogjes van Baby Bunnie, Luna's pop die samen met Maf de knuffelhond al heeft mogen proefslapen in het nieuwe huis. De dag erna zijn de ogen van Baby Bunnie afgeplakt.

* Uitspraak van Johan Cruyff: 'Hun verdediging is een geitenkaas.'

212

Over het tempo hebben we weinig te klagen. De Manussen jakkeren met gezwinde spoed de ene na de andere ruimte klaar. Luna's slaapkamer is zoals gepland als eerste klaar. Als de Manussen en de LV-kuren blijven werken zoals ze nu doen, ziet het ernaar uit dat Carmen nog in het nieuwe huis kan wonen.

De mensen om ons heen kunnen het niet meer volgen. Niemand zegt het, maar we merken dat vrienden beginnen te twijfelen of het allemaal wel zo dramatisch is als we steeds hebben gezegd. Ik hoor via Maud en Frenk dat iemand bij Merk in Uitvoering aan de lunchtafel durft te wedden dat Carmen gewoon zeventig wordt. Thomas hoor ik een keer tegen Frenk zeggen dat Carmen er tegenwoordig 'zo lekker strak' uitziet. Carmen krijgt op een personeelsfeestje bij Advertising Brokers de vraag wanneer ze weer terugkomt. Niet *of*, maar *wanneer*.

We snappen het wel. Anderhalf jaar geleden zeiden we dat Carmen een vorm van kanker had waarbij de overlevingskans maar heel klein was. Dat zeiden we een jaar lang. En toen zeiden we dat Carmen zeker doodging, omdat het uitgezaaid was. Begin december leek het zover te zijn: Carmen werd met de dag zieker. En nu zijn we een paar maanden verder en loopt Carmen fluitend rond! Zie je wel dat het allemaal wel losloopt. Het gaat hartstikke goed met Carmen. Ze krijgt haar haar weer terug, ze ziet er goed uit, je ziet er niks van dat ze een borstprothese heeft, ze is hartstikke vrolijk en nou ja, oké, ze is wat mager en die buik die steeds zo dik wordt, zal wel niet prettig zijn, maar het gaat toch goed?

Vrienden, familie, collega's en kennissen kunnen zich maar een beperkte tijd inleven in iemand die een levensbedreigende ziekte heeft. Zo iemand wordt weer beter of hij gaat na verloop van tijd dood, zo simpel is het toch?

Zo simpel is het niet.

'Er zijn patiënten bij wie de LV-kuren de kanker jaren tegenhouden,' vertelde Rodenbach ons, 'maar het kan ook goed dat de kuur volgende week niet meer werkt. We weten het niet.'

De finish van de marathon is weer verlegd. Met een onbekend

aantal kilometers. We zijn teruggegooid in de onzekerheid die we het hele eerste jaar hebben gehad, vanaf het ogenblik dat de kanker ontdekt werd.

En bedankt hè, dokter.

> Despite all my rage/I am still just a rat in a cage
>
> Smashing Pumpkins, *uit Bullet With Butterfly Wings*
> (Mellon Collie And The Infinite Sadness, 1995)

ACHTENTWINTIG

Nu het iets beter met haar ging, kon Carmen natuurlijk niet de hele dag vullen met shoppen, hoewel ze aardig haar best deed. Ze begon weer na te denken over andere dingen. Zoals over mijn bekentenissen in juni in Club Med. In het begin had ze het verdrongen. We waren samen gelukkig en wilden de tijd die we samen nog hadden maximaal benutten om te genieten van het leven. En daarna liet haar lichaam haar zo in de steek dat al haar aandacht en energie op fysiek overleven was gericht.

Maar nu staat de verwerking van mijn monofobe verleden weer op Carmens dagplanning. Ze belt me de laatste tijd overdag steeds vaker op om te checken waar ik ben en vraagt veel verder door over wat ik heb gedaan als ik een uurtje weg ben geweest.

En ze heeft het nog niet gezegd, maar ik voel aan mijn water dat Carmen Stijns Vrijdagse Stapavond ter discussie wil stellen. Op zijn minst tijdelijk. Ik word al poepchagrijnig voor ze het ter sprake durft te brengen. Het idee alleen al. Is er dan godverdomme helemaal niets meer heilig op deze wereld?

Nu is het vrijdag. Het plan is om vanavond eerst een hapje te eten met Ramon en daarna naar Roos te gaan. Ik heb mijn roze overhemd en mijn *snake leathers* aangedaan en ga de huiskamer binnen. Carmen ligt op de bank televisie te kijken. Aan de blik in haar ogen zie ik dat mijn vermoeden juist was. Ik doe of mijn neus bloedt en geef haar een kus.

'Tot vannacht, liefie,' zeg ik op mijn poesliefst.

'Eigenlijk wil ik niet dat je vanavond gaat stappen.'

'Schat, als er iets is, ben ik echt binnen een kwartier thuis. Ik neem mijn gsm mee.'

'Dat bedoel ik niet. Ik wil gewoon dat je thuisblijft.'

'Pardon? Ik heb over tien minuten met Ramon afgesproken. Had dat even eerder gezegd! Ik heb me de hele dag verheugd op mijn stap-avondje... Dat is mijn enige ontspanning in de week.'

'Daar had je dan maar aan moeten denken voor je al die wijven ging neuken,' zegt ze koel.

'Carm, dit slaat he-le-maal nergens op! Daar hebben we het uitge-breid over gehad in Club Med.'

'Ja, en nu denk ik er anders over. Hoe kan ik anders zeker weten dat je niet wéér vreemdgaat?'

Hoe ik het voor elkaar krijg, weet ik niet, maar ik slaag er nog in om verontwaardigd te zijn ook. 'Carm! Doe normaal! Ik ga mee naar chemokuren, bestralingen, ik maak ruzie met doktoren voor je, ik bel ze voor je uit hun bed, ik... ik... doe alles voor je!'

'Wat je allemaal voor me doet, staat er los van. Dat is niet meer dan normaal. In voor- en tegenspoed, weet je nog, Stijn van Diepen?' bijt ze me toe.

Nu word ik écht boos. Dit meent ze niet. Dit kan ze niet menen. Ik wacht even om haar de kans te geven te zeggen dat ze dit niet meent. In plaats daarvan kijkt ze me uitdagend aan.

'Goed,' zeg ik met overslaande stem. Ik pak de telefoon, gooi die op de bank en zeg: 'Dan bel je Anne of Maud of je moeder maar. Laat die je vanaf nu maar verzorgen, als je het allemaal zo normaal vindt wat ik voor je doe. Ik ga in een hotel slapen.'

Ik sta op en loop stampvoetend weg. Ze gooit de telefoon naar me toe. 'Ja, vlucht maar weer! Ga maar weer een ander wijf naaien!' schreeuwt ze. 'Flikker maar op! Ik heb jou niet nodig!'

Ik heb jou niet nodig. *Ik heb jou niet nodig*. Na anderhalf jaar ziekenhuizen, doktersbezoeken, huilbuien, angst en ellende heeft ze *mij niet nodig*.

Buiten mezelf van woede trek ik de deur naar de hal open. *Ik heb jou niet nodig.* Dan bekijk je het godverdomme ook maar met je kankerzooi, Carmen van Diepen. Ik ben weg. Ik doe woest mijn jas aan en trek vloekend de voordeur open.

En daar blijf ik staan.

Mijn vrouw heeft kanker en gaat dood. Ik kan niet weg. *Ik kán helemaal niet weg.* Ik sluit de voordeur en trek mijn jas weer uit. Ik bekijk mezelf in de spiegel. *Ik kan helemaal niet weg.* Vanuit de huiskamer hoor ik zachtjes Carmens stem.

'Stijn...?'

Ik open de tussendeur en loop de huiskamer weer in. Carmen staat al bij de deur. 'Sorry...' zegt ze zacht. 'Sorry, Stijn...'

Ik kijk haar wanhopig aan, loop naar haar toe en neem haar in mijn armen. Ze hangt als een slappe pop tegen me aan en begint hard te huilen.

Ramon, het gaat niet door vanavond. Ik vertel het
je nog wel.

Godin, problemen thuis. Ik kom niet straks. Bel je
morgen. Sorry.

Na een uurtje huilen, troosten en goedmaken, besluiten we Frenk te bellen en te vragen of hij zin heeft om te komen. Beetje afleiding. Hij kan niet. 'Ik zit in Bep.'

'O.'

'Is er wat?'

Café Bep. Designcafé waar zelfs over de prullenbak is nagedacht. Bep zit op de Nieuwezijds Voorburgwal, sinds een jaar of tien de *area to be* voor de *hippy few*. Het begon met Seymore Likely en Schuim (om de hoek in de Spuistraat), daarna volgden Diep en Bep. Iedereen die ertoe deed in de reclame (alle lekkere accountassistentes, rtv-meisjes en trafficdames) ging er op een bepaald moment heen, dus waren ook Ramon en ik er een tijdlang niet weg te slaan. Tot we elkaar durfden bekennen dat we de Bastille gewoon veel leuker vonden en vanaf toen werd het leven – *Ordnung muss sein!* – weer normaal.

'Eh, nee. Laat maar. *Have fun!*'

'Dat zal wel lukken!'

Ik bel Maud. Ik hoor het al. Kroeggeluiden.

'Stijn?' schreeuwt ze door haar gsm. 'Ik hoor je niet zo goed. Ik zit in De Pilsvogel met Natas.'

Ik hang maar op en sms dat er niks dringends was.

'Iedereen zit godverdomme in de stad te zuipen,' zeg ik nijdig.

Carmen durft me bijna niet aan te kijken.

Ik krijg medelijden met haar. 'Geeft niet, hoor liefie. Zal ik Anne dan maar bellen?'

'Mwa,' lacht ze, 'als we haar vertellen waar we ruzie over hadden, zorgt die er persoonlijk voor dat we zo meteen weer ruzie hebben...'

Ik bel Carmens moeder. Die voelt dat er wat is en voor ik het kan vragen, stelt ze zelf voor om langs te komen. Binnen een halfuur is ze er. We praten over van alles en nog wat, maar niet over de ellende van eerder op de avond. Om elf uur gaat Carmen doodmoe naar bed. Ik trek nog een fles rode wijn open en blijf met Carmens moeder beneden.

Als het boven stil is, vraagt ze waar Carmen en ik ruzie over hebben gehad.

'Hoe weet je dat?' vraag ik verbaasd.

'Dat voelen moeders toch,' zegt ze lachend. Ze kijkt me aan. 'Carmen heeft me een tijd geleden alles verteld over je vreemdgaan.'

'O?' zeg ik geschrokken.

'Als je mijn zoon was, had ik je een pak voor je broek gegeven.'

Ik grinnik wat, om me een houding te geven.

'Weet je, jongen,' zegt mijn schoonmoeder, 'ik lig 's nachts wakker van die klotekanker en wat het met jullie doet. Ik wou maar dat ik die chemo's en die borstamputatie en al die ellende in Carmens plaats had gekregen. Ik begrijp goed dat ze af en toe doorslaat.'

'Ik ook,' zeg ik zacht.

'Maar dit huisarrest slaat nergens op. Dat zal ik morgen ook tegen Carmen zeggen. Ik zie ook hoe moeilijk jij het soms hebt. En ik vind dat je het geweldig doet.' Ze pakt me vast en knuffelt me. 'Ik ben trots op je als schoonzoon.' Ik kruip weg in mijn schoonmoeders armen.

'Zou je af en toe niet willen dat het allemaal voorbij was?' vraagt ze.

'Ja. Als ik eerlijk ben wel,' fluister ik.

'Dat snap ik, jongen,' zegt ze zachtjes. 'Dat snap ik best. Je hoeft je niet te schamen.'

Ze kust me op mijn voorhoofd en veegt haar tranen weg.

'En nu wil ik koffie, rotjoch!'

Fuck you/I won't do what you tell me

Rage Against The Machine, uit *Killing In The Name Of*

(Rage Against The Machine, 1992)

NEGENENTWINTIG

'Hoe heet Ramon met zijn achternaam?' roept Carmen.

'Del Estrecho,' roep ik terug.

'Del Estrecho... Als het goed is voor twee personen.'

Stilte.

'Oké. Nee, dan is het in orde, ik wilde het alleen even checken. Dank u.'

Ze hangt op.

'Geloof je me nou?' zucht ik, niet opkijkend van mijn krant.

Ze zucht en knikt. 'Vooruit dan.'

Ik ben vanavond rond halfelf bij je, Godin. X!

'Wat?!? Hoe lang al, man?' roept Ramon, zijn mond vol steak tartare.

'Anderhalf jaar,' antwoord ik kalm.

'*Al anderhalf jaar?!*' brult hij door Le Garage heen.

'Ja.'

'Dus toen we in Miami waren, had ze het al?'

Le Garage. Mannen van het type *De Voorzitter** prikken hier hun vorkje, in gezelschap van vrouwen die er even smakelijk uitzien als het eten van Le Garage, maar minder vers zijn en meer kleur- en geurstoffen en conserveermiddelen bevatten.

* Ronald Giphart (1999)

'Ja.'

'Waarom heb je me dat nooit eerder verteld?'

'Omdat het overal waar ik kom over Carmen gaat. Altijd moet ik vertellen hoe het met haar gaat. En dat hoefde ik bij jou niet. Jij was een kankerloze enclave voor me.'

'Tering, zeg...' Hij staart voor zich uit. 'Kolere... ik dacht al dat er iets was,' zegt hij ineens. Hij kijkt me voor zijn doen ongekend serieus aan. 'Ik wist alleen niet wat. Jij bent het laatste jaar zo veranderd, amigo. Je neemt af en toe een pilletje, je draagt ineens van die mooie bloesjes, dat dure leren jekkie van je, de haartjes nog wat wilder. Nu valt het kwartje. Je bent je gewoon vreselijk aan het afzetten tegen die klotezooi thuis.'

Mijn mond valt open. Ramon, met wie ik alleen over voetbal en kutneukbefpijpslethoer dacht te kunnen praten, snapt binnen twee minuten wat vrienden als Thomas maar niet willen begrijpen.

'Toen je vorige week ineens niet kon komen, was er toen iets mis met Carmen?' vraagt hij bezorgd. Het klinkt bijna grappig uit zijn mond.

'Nee, dat had met mijn vreemdgaan te maken,' lach ik stoer. 'Carmen is momenteel van de *zero tolerance*. Ze checkt alles wat ik doe.'

'Gelijk heeft ze met zo'n bronstige baviaan als man,' zegt hij, zijn mond zo onbeschoft hij maar kan met zijn mouw afvegend. 'Als je haar er ooit achter laat komen dat je nog steeds vreemdgaat nu ze ziek is, hak ik persoonlijk je kop eraf, klootzak. Dat hou je voor jezelf, en voor je vrienden,* amigo. Zo, en nu gaan we naar de Bastille, kijken of er nog geile wijven zijn.'

Hij wenkt de ober voor de rekening.

'Ik ga niet mee,' antwoord ik. 'Ik heb met een meisje afgesproken en ik had een uur geleden al bij haar moeten zijn.'

Vanzelfsprekend is er geen parkeerplaats te vinden in de Eerste Helmersstraat. Kut, halftwaalf al. Waarom ben ik ook met de auto ge-

---

* Wrample van Hans Teeuwen (uit *Dat dan weer wel*, 2001).

gaan? Van Le Garage naar Roos is het drie haltes met de tram.

Ben onderweg, Godin! Houd Moed!

Na twee blokken rond te hebben gevloekt, pletter ik mijn auto neer op een invalidenparkeerplaats waar ik de kans dat-ie om dit uur op de avond wordt weggesleept op minder dan vijftig procent inschat. Om kwart voor twaalf bel ik bij haar aan.

'Hoi,' roep ik door de luidspreker naast de bel.

De luidspreker zegt niks terug. Als ik de drie trappen naar haar appartement ben op gelopen, zie ik dat Roos zo chagrijnig is als Louis van Gaal tijdens een persconferentie.

'Sorry. Het liep uit met Ramon.'

'Sorry?!' briest ze. 'Dit is verdorie de tweede keer in een week dat ik voor de kat z'n kut zit te wachten. Afgelopen vrijdag de hele avond en nu wéér anderhalf uur. En ik kan verdomme klaar staan en liggen als het meneer uitkomt. Ik ben het spuugzat, Stijn!'

Nee, hier heb ik zin in. Ik kijk haar strak aan. 'Verwijten krijgen kan ik thuis ook. Daar hoef ik niet hier voor te komen,' zeg ik ijskoud.

'O, denk je er zó over?'

'Ja.'

'Nou, rot dan maar op!' schreeuwt ze.

En dat doe ik. Toen Carmen dat tegen me schreeuwde, besefte ik bij de voordeur dat ik helemaal niet weg kon, maar bij Roos is er niets dat me tegenhoudt. Het is toch zeker niet mijn schuld dat ze van me houdt?

Ik heb vannacht gedronken en gezien/hoe geen vrouw
ooit krijgt wat ze verdient

The Scene, uit *Blauw* (Blauw, 1990)

DERTIG

Ik sla de deur van mijn auto hard dicht en scheur als een gek de Eerste Helmersstraat uit naar de Constantijn Huygen en dan linksaf de Overtoom op. Even twijfel ik of ik niet snel een excuus moet intikken voor Roos. Maar ik kan het niet opbrengen. In plaats daarvan sms ik Ramon.

Ben je in de B?

Ik verstuur hem ook naar Maud. Ik heb zin om haar te zien. Die doet tenminste niet zo moeilijk als Roos. Keihard brul ik met De Dijk mee op de Stadhouderskade. *'Daar is opeens dat gevoel van het kan nog misschien... nee het is niet te laat, we zijn met de meesten, die niets anders willen dan hun hoofd in de zon.* – Ramon sms't: JA! Ik grijns van oor tot oor – *Alles komt terecht, we beginnen pas... we beginnen nu pas echt!'*

De Dijk heeft het bij het rechte eind: ook Maud sms't. Ze is samen met Natasja – mmmmm... – bij de Pilsvogel, ze zouden zo naar de More gaan, maar ze willen best eerst even naar de Bastille komen.

Na één rondje Lijnbaansgracht vind ik een plekje schuin tegenover de Bastille. Ik moet me inhouden om niet te gaan rennen.

Aan de bar staat een man die zijn hemd twee knoopjes te ver open heeft staan, dit om zijn belachelijk gespierde borst optimaal te kunnen tonen. Aan zijn arm hangt een blond meisje dat gezegend is met enorme sjorsen. Ze stelt zich voor als Debby. Daar waar Carmen zich-

223

zelf een ex-blond-wijf-met-grote-tieten noemt, is het bij Debby andersom: die had voorheen geen blond haar en ook geen grote tieten. Het mag Ramons pret niet drukken.

'*Change of plan*, amigo?'

Ik haal mijn schouders op. 'Jij ook een wodka?'

Ramon schatert het uit, omhelst me en sluit af met een hardhandige aai over mijn kop. Hij biedt me een klein rond pilletje aan. Ach, waarom ook niet. Ik knik en spoel het weg met een slok wodka. Tegelijkertijd komen Maud en Natas joelend binnen. Uitgelaten vliegen ze me om mijn nek. Ze gieren van de pret. Jezusmina, ik dacht dat ík al behoorlijk wat op had vanavond.

'Stijntje toch, wat zie je er gestrest uit,' zegt Maud. 'Is er iets gebeurd?'

'Nee, hoor. Wodka lime allebei?'

'Ik een Breezer,' kirt Natas en ze slaat een arm om me heen. 'Doe maar zo'n rooie. Daar krijg je zo'n zoete tong van. Mag jij 'm straks proeven.'

Ik lach verlegen.

'Roos er niet bij, trouwens?' vraagt Natas terloops, als ze haar Breezer van me krijgt.

'Hoe weet jij van Roos?' vraag ik verbouwereerd en kijk Maud nijdig aan. Die schudt haastig haar hoofd ten teken dat Natas het niet van haar heeft.

'Ja hallo,' zegt Natasja schouderophalend, 'dan moet je je Outlook maar wat vaker uitzetten als je wegloopt van je computer, hoor.'

Ik krijg een kop als een vleestomaat. Maud schatert het uit. Ach, wat kan het mij ook allemaal schelen. Ik ben in de Bastille, ik krijg net van Ramon mijn derde wodka lime in een halfuur aangereikt, de pil begint door te komen, na Natas heeft ook Maud een arm om mijn middel geslagen, ik ga zo met twee geile wijven naar de More, in de Bastille klinkt *Geef de nacht maar de schuld** en zo is het maar net.

* Robert Leroy (1996).

Het is drie uur als we Club More binnenstappen. Nou ja, binnenstappen: het lijkt wel of ik met een Ajax-shawl de Kuip in wil – ik word verdomme tot aan mijn kruis gefouilleerd.

Was de RoXy de Marco van Basten van het uitgaansleven – **More** is de Ton Blanker* ervan. De tent heeft nooit zijn grote belofte waar kunnen maken. Het zou de nieuwe RoXy worden. Maar als ik Frenks mening goed interpreteer mag More de schoenen van de RoXy nog niet poetsen.

* Werd eind jaren zeventig het grootste Ajax-talent sinds Johan Cruyff genoemd. En daar bleef het bij.

Volgens mij is de kans klein dat ik over een uur naar huis ga. Ik ben voorbij het point of no return. Ramons smartie en Natasja's tong zijn onweerstaanbaar. Na weer een zoen kijk ik Maud schuldbewust aan. Die reageert anders dan ik verwachtte. Ik zie aan haar pupillen dat zij ook zo'n rond geval van Ramon heeft genuttigd. Ze pakt me vast en begint mee te zoenen. We staan met zijn drieën elkaar af te lebberen op de dansvloer van de More. Natasja fluistert Maud iets in haar oor. Die kijkt haar even aan en knikt.

'Zin in iets spannends, Stijn?' roept Natas uitdagend boven de snoeiharde housebassen uit.

Ik had het kunnen weten. Als je altijd voor halfvijf thuis bent en dan op een keer 's ochtends om halfzes nog niks van je hebt laten horen, lok je een reactie uit.

Tring... tring... tring.

Ik gebaar naar Maud en Natasja dat ze stil moeten zijn.

'Waar ben je nou, lul?' zegt Carmen huilend.

'Ik eh... kom er nu aan...'

'Het is verdomme kwart voor zes, Stijn,' roept ze woedend.

Mijn hart bonkt in mijn keel. Maud zit trillend op bed. Natas steekt onbewogen een sigaret op.

'Sterkte,' fluistert Maud als ik de deur uit loop. Natas knipoogt slechts.

Ik ren naar mijn auto, die drie straten verder op de Ceintuurbaan staat geparkeerd. Ik kijk even of ik geen politie zie en rij dan over de trambaan richting Hobbemakade. De cd van De Dijk die nog in de cd-wisselaar zat, druk ik weg en ik zet Bruce *Live* op. Ik klik de nummers door tot ik de snerpende mondharmonica van *The Promised Land* hoor. Het stoplicht bij de Roelof Hartstraat springt op oranje als ik er een meter of vijftig vandaan ben. Ik druk het gaspedaal in en scheur door rood de kruising over. De adrenaline giert door mijn lijf. Ik brul Springsteens wanhopige tekst mee. *'Sometimes I feel so weak...'* – ik rem een beetje voor de flauwe bocht bij het Shell-station – *'...I just wanna explode...'* – en druk het gaspedaal weer in als ik de bocht in rij – *'...explode and tear this whole town apart...'* – waarbij de auto naar links trekt. Met een ruk aan het stuur ontwijk ik de vluchtheuvel – *'... take a knife...'* – maar dan begint de Chevy te slingeren – *'...and cut this pain from my heart...'** – en te kantelen en hoor ik een doffe knal en geschuur en glasgerinkel en schuiven de Chevy en ik meters en meters op zijn kant over het asfalt.

Dan is alles stil. Oorverdovend stil.

Geen Hazes meer. Geen Dijk meer. Geen house meer. Geen Springsteen meer. Ik hang op mijn zij in de gordel. Ik ben een paar seconden verdoofd. Dan flitst er ineens van alles door me heen. Ik leef. Pijn? Geen pijn. Bewegen. Lukt. Glas. Overal glas. O, kut, Carmen! Brandgevaar? Eruit! Midden op de weg. Weg hier! Kan-ie ontploffen? Eruit! Klimmen. Snel. Politie. Gedronken. Kut. O kut. Kut kut kut kut.

Ik duw de deur aan de passagierskant omhoog en klim uit de auto. Ik ben bijna verbaasd bij de aanblik van de onderkant van de auto. Alsof het de normaalste zaak van de wereld is, laat mijn Chevy hier 's nachts om negen voor zes zijn onderkant bekijken. Alsof hij zich overgeeft.

Ik loop naar het trottoir. Daar ga ik tegen de reling van de brug hangen. Langzaam begint het door te dringen wat dit betekent. Hier is een kernramp gebeurd. Mijn auto. Mijn rijbewijs. Het zal nog een wonder zijn als ze bloed kunnen vinden in mijn alcohol.** Dit kan

---

* Uit *The Promised Land* (Darkness On The Edge Of Town, 1978).
** Met enige dichterlijke vrijheid gewrampled. Uit *Leo* van Ria Valk (1982).

me wel eens een gevangenisstraf kosten. Ik had dood kunnen zijn. Luna... O, en Roos denkt dat ik gewoon thuis ben. En mijn god, wat zal Carmen –

Ik bel haar. Ze neemt niet op. Ik spreek in dat ik een auto-ongeluk heb gehad, dat ik zelf gelukkig ongedeerd ben, maar dat het nog wel even zal duren voor ik thuis ben.

Er komt een politieauto met sirene aanrijden. Ik steek een mint in mijn mond.

Op het politiebureau moet ik mijn telefoon, portemonnee en sleutels afgeven, mijn riem afdoen en mijn veters losmaken. Of ik even in deze ruimte wil wachten. Achter me gaat een deur dicht.

De ruimte is een cel. De deur een zware, stalen deur met een luikje erin, waarvoor tralies zitten. Ik ga op een aan de muur vastgeschroefd bankje zitten.

Thuis zit mijn vrouw die binnenkort doodgaat de hele nacht te wachten tot ik thuiskom. In Oud-West ligt een vrouw die me al maanden overal doorheen sleept, waarschijnlijk al een hele nacht te huilen. En hier zit ik.

Het duurt een eeuwigheid voor ik uit de cel mag. Het blijkt twintig minuten te zijn geweest. Daarna leg ik een verklaring af en mag ik een taxi bellen om naar huis te gaan. Het is kwart voor zeven.

Carmen zit in de huiskamer, op het bed van de Amsterdam Thuiszorg. Met haar kale hoofd en haar grijze badjas aan kijkt ze me dood.

'Waar was je toen ik je belde?'

'Bij een meisje.'

Klets.

Voor het eerst in mijn leven slaat een vrouw me in mijn gezicht.

Ik kan haar geen ongelijk geven.

'En of het nog niet erg genoeg is, pak je met je zatte ballen de auto!' En dan zegt ze het. 'Straks heeft Luna godverdomme niet alleen geen moeder meer, maar ook geen vader!'

I'm like fucking King Midas/Everything I touch
turns to shit

Uit *The Soprano's* (1999)*

EENENDERTIG

Carmen ligt niet meer naast me als ik wakker word. Ik kijk op mijn gsm en zie een sms van Ramon. Gelukkig niet geopend door Carmen. Hij vraagt of het lekker was met de meisjes. Nou. Wat heb ik genoten. Ik geniet er nog van. Ik sta op, neem een douche en ga naar beneden. Ze zit met roodomrande ogen Luna eten te geven.

'Het wordt tijd dat je eens naar een psycholoog gaat. Dit gaat helemaal nergens meer over.'

Ik zeg niks. Carmen gaat naar boven, als een zombie geef ik Luna de laatste happen van haar pap.

Even later komt ze weer beneden. Met een grote tas in haar hand.

'Ik ga.'

'Waar ga je heen?' vraag ik zachtjes.

'Naar Thomas en Anne.'

'Wanneer kom je terug?'

'Dat weet ik nog niet,' zegt ze huilend, 'dat weet ik nog niet, Stijn.'

Ik loop met Luna in mijn armen mee naar de voordeur. Ze geeft Luna een zoen, zegt 'ik bel nog wel', stapt in haar Beetle en rijdt zonder om te kijken weg.

Luna geeft me een kus op mijn mond en een knuffel. Ik vertel haar dat ik heel stout ben geweest.

'Papa heeft veel biertjes gedronken en toen is hij in de auto gaan rijden en toen is hij met de auto omgevallen.'

* Tony Soprano tegen zijn psychiater in aflevering 12 ('Isabella') van *The Soprano's*.

'Met de Sjevvie?'

'Ja...'

'Mama is heel boos op jou, hè?'

'Ja...'

We houden elkaar vast. Ik zing zacht ons eigen liedje.

Papa en Luna, dat is een goed stel/Dat zijn dikke vriendjes, dat zie je zo wel/Papa en Luna, dat is een goed stel/Dat zijn dikke vriendjes, dat zie je zo wel.*

Ik bel Frenk en zeg dat ik later kom. Ik pak de fiets en breng Luna naar de crèche. Van daaruit fiets ik naar het autoschadebedrijf, waar de Chevy de komende maanden wel zal staan. Het is nog makkelijker de klantenservice van Ajax aan de lijn te krijgen dan een onderdeel van de Chevrolet binnen een maand na bestelling te ontvangen. Trouwens, mijn rijbewijs krijg ik op zijn vroegst pas terug nadat ik ben voorgekomen, dus zoveel maakt het ook niet uit.

Ik schrik me de pleuris als ik de auto zie. De hele bestuurderskant ziet eruit alsof de auto een sliding op de grasmat in de ArenA heeft gemaakt. 'Dat u daar uit bent gekomen,' zegt de monteur hoofdschuddend. Mijn verzekeringsman staat naast hem en zegt dat de verzekering uiteraard geweigerd heeft om de geschatte schade van vijfentwintigduizend gulden te vergoeden, gezien het feit dat er drank in het spel was. Hij zal wel zijn best doen om de leasemaatschappij te bewegen me als klant te blijven accepteren. En hij zegt nog even dat hij het behoorlijk dom van me vindt. Ik zeg dat ik het met hem eens ben. De monteur gniffelt.

Natas heeft zich ziek gemeld. Maud is er wel. Ik vraag of ze even mee naar buiten gaat. Ik vertel haar over het ongeluk en over Carmen. Ze wordt helemaal wit. Daarna gaat ze naar de wc en blijft lang weg.

Ik vertel Frenk over het ongeluk.

* Tekst: Stijn. Melodie: psv-clublied. Auteur onbekend en dat moet maar zo blijven.

'Carmen was zeker laaiend?'

'Ze is vanochtend weggegaan.'

'Jezus, Stijn...'

Ramon belt. Hij is door Maud op de hoogte gebracht. Hij belt en noemt me een grote hufter door de telefoon. 'Als ik had geweten dat je met de auto was, had ik je sleutels persoonlijk de gracht ingeflikkerd, klootzak. Amigo, wat gebeurt er toch allemaal met je?'

Even later krijg ik een mailtje van Maud.

From: maud@creativeandstrategicmarketingagencymerkinuitvoering.nl
To: stijn@creativeandstrategicmarketingagencymerkinuitvoering.nl
Sent: Thursday, March 22, 2001 14:31
Subject: Gisteren

We hadden dit nooit moeten doen gisteren. ik besefte vanochtend pas hoe ver heen we waren van die pil en die drank. Ik durf Carmen niet meer onder ogen te komen. Ik ben boos op Natas, op jou en op mezelf. En ik maak me zorgen om je. Je bent jezelf naar de klote aan het helpen, Stijn. Ik veroordeel je niet, maar je moet naar een psycholoog. Hier kom je niet alleen uit.

Maud

Ps: Misschien kun je mij wel meenemen. Krijgen we groepskorting ;)

Waar een triootje al niet goed voor kan zijn.* Zuchtend deleet ik de mail. Weer iemand die over een psycholoog begint te zeiken. Hou toch op. Wat moet ik zo'n man zeggen? Dat ik met een alcoholpromillage van 3,5 in mijn lijf een auto-ongeluk heb gehad omdat ik als een volslagen debiel reed, nadat ik door mijn vrouw was gebeld terwijl ik in bed lag samen met een stagiaire én een ex van me – die trouwens ook een goeie vriendin van mijn vrouw is, dokter – en dat dit allemaal

---

* Wrample uit *Turks Fruit* van Jan Wolkers (1973).

kwam omdat ik eerder die avond ruzie had gehad met mijn buiten-
echtelijke vriendin – die ik ondanks de belofte aan mijn vrouw om
niet meer vreemd te gaan tot haar dood (ze heeft namelijk kanker
en zal over een tijdje sterven, dokter) nog steeds neuk – en of hij me
ook in deze van advies kan dienen? Zal ik dat ook meteen maar aan
Carmen opbiechten, nu we toch bezig zijn, dokter?

You're no good/you're no good/you're no good/baby
you're no good/I'm gonna say it again/you're no good/
you're no good/you're no good/baby you're no good

Linda Ronstadt, uit *You're No Good* (You're No Good, 1974)

TWEEËNDERTIG

Pas na twee dagen, vier uur en achttien minuten belt Carmen.

Ze zegt dat ze die middag thuiskomt. Ze is kortaf, maar belt in ieder geval. Ik laat me afsnauwen zonder iets terug te zeggen. Wie geschoren wordt, moet stil blijven zitten. Daarbij schaam ik me nog steeds zo dat Carmens vijandige houding me haast welkom is. Ik heb mijn eigenwaarde tijdelijk vrijwillig ingeleverd. En na die halve fles wodka van gisteravond is zo'n telefonische gifbeker ook best weg te krijgen.

De wodka kwam van Frenk. Die stond ineens voor mijn deur. We hadden bij Merk in Uitvoering niets meer over het ongeluk gezegd. Gisteravond vertelde ik hem alles (al censureerde ik de namen en activiteiten van Natas en Maud). Hij had zijn arm om me heen gelegd en ik schoot vol. Na twee dagen vol vernedering thuis, op het politiebureau, bij het schadebedrijf en op mijn werk heb ik in Frenks armen gejankt. Aan het eind van de avond voelde ik me een stuk beter.

Vanochtend niet. Ik werd wakker van Luna's huilende stemmetje, ik had een kater en een zware depressie. Ik kon het net opbrengen uit bed te komen, Luna eten te geven, haar aan te kleden en naar de crèche te brengen. Daarna heb ik Maud gebeld om te zeggen dat ik vandaag niet kom werken en ben mijn bed weer ingedoken. Het is verstoppertje zoals Luna het speelt – met haar handjes voor haar ogen hopen dat niemand haar ziet.

Van slapen kwam niets meer en nu, een uur na Carmens telefoontje, voel ik me nog kutter. Ik ben bang voor vanmiddag. Ik voel me als het jongetje dat door de hele klas gepest wordt en op maandag wakker wordt in de wetenschap dat het straks allemaal weer begint, zodra hij het schoolplein betreedt. Misschien had ik ter zelfkastijding beter twee dagen lang strafregels kunnen schrijven.

Ik mag geen andere vrouwen neuken en niet rijden met 3,5 promille.
Ik mag geen andere vrouwen neuken en niet rijden met 3,5 promille.
Ik mag geen andere vrouwen neuken en niet rijden met 3,5 promille.
Ik mag geen andere vrouwen neuken en niet rijden met 3,5 promille.
Ik mag geen andere vrouwen neuken en niet rijden met 3,5 promille.
Ik mag geen andere vrouwen neuken en niet rijden met 3,5 promille.
Ik mag geen andere vrouwen neuken en niet rijden met 3,5 promille.
Ik mag geen andere vrouwen neuken en niet rijden met 3,5 promille.
Ik mag geen andere vrouwen neuken en niet rijden met 3,5 promille.
Ik mag geen andere vrouwen neuken en niet rijden met 3,5 promille.
Ik mag geen andere vrouwen neuken en niet rijden met 3,5 promille.
Ik mag geen andere vrouwen neuken en niet rijden met 3,5 promille.
Ik mag geen andere vrouwen neuken en niet rijden met 3,5 promille.
Ik mag geen andere vrouwen neuken en niet rijden met 3,5 promille.
Ik mag geen andere vrouwen neuken en niet rijden met 3,5 promille.
Ik mag geen andere vrouwen neuken en niet rijden met 3,5 promille.
Ik mag geen andere vrouwen neuken en niet rijden met 3,5 promille.
Ik mag geen andere vrouwen neuken en niet rijden met 3,5 promille.
Ik mag geen andere vrouwen neuken en niet rijden met 3,5 promille.
Ik mag geen andere vrouwen neuken en niet rijden met 3,5 promille.
Ik mag geen andere vrouwen neuken en niet rijden met 3,5 promille.
Ik mag geen andere vrouwen neuken en niet rijden met 3,5 promille.
Ik mag geen andere vrouwen neuken en niet rijden met 3,5 promille.
Ik mag geen andere vrouwen neuken en niet rijden met 3,5 promille.
Ik mag geen andere vrouwen neuken en niet rijden met 3,5 promille.
Ik mag geen andere vrouwen neuken en niet rijden met 3,5 promille.
Ik mag geen andere vrouwen neuken en niet rijden met 3,5 promille.
Ik mag geen andere vrouwen neuken en niet rijden met 3,5 promille.
Ik mag geen andere vrouwen neuken en niet rijden met 3,5 promille.

Ik mag geen andere vrouwen neuken en niet rijden met 3,5 promille.
Ik mag geen andere vrouwen neuken en niet rijden met 3,5 promille.
Ik mag geen andere vrouwen neuken en niet rijden met 3,5 promille.
Ik mag geen andere vrouwen neuken en niet rijden met 3,5 promille.
Ik mag geen andere vrouwen neuken en niet rijden met 3,5 promille.
Ik mag geen andere vrouwen neuken en niet rijden met 3,5 promille.
Ik mag geen andere vrouwen neuken en niet rijden met 3,5 promille.
Ik mag geen andere vrouwen neuken en niet rijden met 3,5 promille.
Ik mag geen andere vrouwen neuken en niet rijden met 3,5 promille.
Ik mag geen andere vrouwen neuken en niet rijden met 3,5 promille.
Ik mag geen andere vrouwen neuken en niet rijden met 3,5 promille.
Ik mag geen andere vrouwen neuken en niet rijden met 3,5 promille.
Ik mag geen andere vrouwen neuken en niet rijden met 3,5 promille.
Ik mag geen andere vrouwen neuken en niet rijden met 3,5 promille.
Ik mag geen andere vrouwen neuken en niet rijden met 3,5 promille.
Ik mag geen andere vrouwen neuken en niet rijden met 3,5 promille.
Ik mag geen andere vrouwen neuken en niet rijden met 3,5 promille.
Ik mag geen andere vrouwen neuken en niet rijden met 3,5 promille.
Ik mag geen andere vrouwen neuken en niet rijden met 3,5 promille.
Ik mag geen andere vrouwen neuken en niet rijden met 3,5 promille.
Ik mag geen andere vrouwen neuken en niet rijden met 3,5 promille.
Ik mag geen andere vrouwen neuken en niet rijden met 3,5 promille.
Ik mag geen andere vrouwen neuken en niet rijden met 3,5 promille.
Ik mag geen andere vrouwen neuken en niet rijden met 3,5 promille.
Ik mag geen andere vrouwen neuken en niet rijden met 3,5 promille.
Ik mag geen andere vrouwen neuken en niet rijden met 3,5 promille.
Ik mag geen andere vrouwen neuken en niet rijden met 3,5 promille.
Ik mag geen andere vrouwen neuken en niet rijden met 3,5 promille.
Ik mag geen andere vrouwen neuken en niet rijden met 3,5 promille.
Ik mag geen andere vrouwen neuken en niet rijden met 3,5 promille.
Ik mag geen andere vrouwen neuken en niet rijden met 3,5 promille.
Ik mag geen andere vrouwen neuken en niet rijden met 3,5 promille.
Ik mag geen andere vrouwen neuken en niet rijden met 3,5 promille.

Ik mag geen andere vrouwen neuken en niet rijden met 3,5 promille.
Ik mag geen andere vrouwen neuken en niet rijden met 3,5 promille.
Ik mag geen andere vrouwen neuken en niet rijden met 3,5 promille.
Ik mag geen andere vrouwen neuken en niet rijden met 3,5 promille.
Ik mag geen andere vrouwen neuken en niet rijden met 3,5 promille.
Ik mag geen andere vrouwen neuken en niet rijden met 3,5 promille.
Ik mag geen andere vrouwen neuken en niet rijden met 3,5 promille.
Ik mag geen andere vrouwen neuken en niet rijden met 3,5 promille.
Ik mag geen andere vrouwen neuken en niet rijden met 3,5 promille.
Ik mag geen andere vrouwen neuken en niet rijden met 3,5 promille.
Ik mag geen andere vrouwen neuken en niet rijden met 3,5 promille.
Ik mag geen andere vrouwen neuken en niet rijden met 3,5 promille.
Ik mag geen andere vrouwen neuken en niet rijden met 3,5 promille.
Ik mag geen andere vrouwen neuken en niet rijden met 3,5 promille.
Ik mag geen andere vrouwen neuken en niet rijden met 3,5 promille.
Ik mag geen andere vrouwen neuken en niet rijden met 3,5 promille.
Ik mag geen andere vrouwen neuken en niet rijden met 3,5 promille.
Ik mag geen andere vrouwen neuken en niet rijden met 3,5 promille.
Ik mag geen andere vrouwen neuken en niet rijden met 3,5 promille.
Ik mag geen andere vrouwen neuken en niet rijden met 3,5 promille.
Ik mag geen andere vrouwen neuken en niet rijden met 3,5 promille.
Ik mag geen andere vrouwen neuken en niet rijden met 3,5 promille.
Ik mag geen andere vrouwen neuken en niet rijden met 3,5 promille.
Ik mag geen andere vrouwen neuken en niet rijden met 3,5 promille.
Ik mag geen andere vrouwen neuken en niet rijden met 3,5 promille.
Ik mag geen andere vrouwen neuken en niet rijden met 3,5 promille.
Ik mag geen andere vrouwen neuken en niet rijden met 3,5 promille.
Ik mag geen andere vrouwen neuken en niet rijden met 3,5 promille.
Ik mag geen andere vrouwen neuken en niet rijden met 3,5 promille.
Ik mag geen andere vrouwen neuken en niet rijden met 3,5 promille.
Ik mag geen andere vrouwen neuken en niet rijden met 3,5 promille.
Ik mag geen andere vrouwen neuken en niet rijden met 3,5 promille.
Ik mag geen andere vrouwen neuken en niet rijden met 3,5 promille.
Ik mag geen andere vrouwen neuken en niet rijden met 3,5 promille.

Ik mag geen andere vrouwen neuken en niet rijden met 3,5 promille.
Ik mag geen andere vrouwen neuken en niet rijden met 3,5 promille.
Ik mag geen andere vrouwen neuken en niet rijden met 3,5 promille.
Ik mag geen andere vrouwen neuken en niet rijden met 3,5 promille.

Ik kijk op de wekkerradio en zie dat het halfeen is. Over een paar uur komt Carmen thuis. Hoe dichter dat moment nadert, hoe meer ik ertegenop zie. Ik wil goed doen, er zijn voor mijn Carmpje, maar ik heb het volledig verkloot bij haar. Carmen begrijpt geen fuck meer van me. Niemand begrijpt er nog iets van. Maud is kwaad op me. Frenk vast ook, nu ik me vandaag ziek heb gemeld. Ramon noemde me een klootzak. En Thomas en Anne zullen na twee dagen Carmen troosten ook niet bepaald gunstig over me denken, schat ik zo in. Zelfs Roos is kwaad en die weet niet eens wat de rest weet. O ja, en zelf vind ik mezelf ook een lul. Ik voel me schuldig, katerig, zielig, woedend, bang, depressief, egoïstisch, zwak, slecht, tekortgedaan, hufterig, huichelachtig, ondergewaardeerd, overspannen, gebroken, immoreel, asociaal, onbegrepen, laf, leugenachtig en ongelukkig.

Het gaat kortom niet best.

Ik zucht diep en draai me om in bed. Ik ga naar de wc. Ik stap terug in bed. Ik stap uit bed. Ik kijk uit het raam. Ik ga weer naar bed. Ik ga op mijn rug liggen. Ik ga op mijn buik liggen. Ik stap uit bed. Ik pak een glas melk in de keuken. En ga terug in bed. Twaalf voor een. Ik ga op mijn linkerzij liggen. Ik huil. Ik ga op mijn rechterzij liggen. Mijn linkerzij. Mijn rechterzij. Mijn rug. Ik bel Roos.

Roos is boos.

'Waarom heb je me verdomme niet eerder gebeld? Ik heb twee dagen en nachten liggen janken en wachten op een telefoontje of een sms van je!'

Ik vertel haar dat ik de stad nog in ben gegaan en met mijn auto een ongeluk heb gehad, met veel te veel drank op. Roos schrikt.

'Wat!?... Ontzettende hufter dat je bent! En eh... wat heb je zelf?'

'Niks...'

'Gelukkig,' zucht ze. Ze is de eerste die iets liefs zegt vandaag.

De dramatiek van het ongeluk is een stuk minder als je het deel van Maud/Natasja en dat van de thuiskomst bij Carmen weglaat, valt me op.

'Carmen is al twee dagen bij me weg, Roos.'

'Wát!?'

'Ze was woedend vanwege het ongeluk en de drank en omdat ik uren daarvoor al thuis zou zijn geweest...'

'Wat ben je toch een ongelofelijke eikel, Stijn... Je kunt zo lief zijn, maar hoe jij de laatste tijd met mensen omgaat is niet normaal, hoor... Waarom ga je niet eens naar een psycholoog?'

'Begin jij nou ook al!? Nee! Ik ga niet naar een psycholoog!'

Roos zwijgt even.

'Heb ik je wel eens verteld over Nora?' vraagt ze dan.

'Nee. Wie is dat?'

'Nora is een vrouw die spirituele adviezen geeft.'

'Leuk voor Nora.'

'Misschien is zij wel iets voor jou.'

'Ik geloof niet in God, geloof ik.'

'Heb ik iets gezegd over geloven?'

'Nee, maar wat moet ik dan met een spiritusadvies? Vragen hoe ik de fonduepan moet aanzetten?'

'Je mag het belachelijk maken, maar toch ga ik het je vertellen.'

'Welja.'

Roos trekt zich niets van mijn cynisme aan.

'Je zult het wel te zweverig vinden en waarschijnlijk is het ook niks voor jou, maar Nora is een vrouw met een gave. Ze is geen genezer of zo, geen goeroe, geen jehova-type, maar meer een soort van, tja, hoe zeg je dat, iemand die spiritueel begaafd is en daar mensen mee helpt. Hun antwoorden geeft op levensvragen.'

'Hoe weet ze die antwoorden dan?'

'Die eh... krijgt ze door.'

'Van wie?'

'Vanuit de spirituele wereld.'

'Toe maar.' Ik veins onverschillig te zijn, maar iets in wat ze zegt, interesseert me. Ik heb geen idee waarom.

'Als je wilt, kan ik je het nummer wel sms'en straks.'
'Voor mijn part,' zeg ik zo nonchalant als ik kan.
'Succes vanmiddag...'

nora. 06-42518346. Bel haar nou... x.

Ik staar even naar het telefoonnummer op mijn beeldscherm, haal mijn schouders op en sla het op in mijn gsm. Ik zet het voor alle veiligheid onder de codenaam 'sos'. Ik heb geen zin om Carmen straks uit te moeten leggen wie Nora nou weer is, hoe ik aan haar nummer kom en dat ik niet met Nora heb geneukt.

Had je mijn schoenen aan/wat had jij gedaan/ga in mijn schoenen staan

De Dijk, uit *Ga in mijn schoenen staan* (Muzikanten dansen niet, 2002)

DRIEËNDERTIG

Ik hoor de voordeur opengaan. Ze komt binnen, zet haar tas neer, doet haar jas uit en gaat aan de keukentafel zitten.

'Wil je koffie?'

Ze schudt nee.

'Ik wel, als je dat niet erg vindt.'

Ik voel dat ze me met haar ogen volgt terwijl ik koffie voor mezelf zet.

'Frenk belde me vanochtend,' zegt ze. 'Hij vertelde me dat je er helemaal doorheen zat, en dat je je vandaag ziek hebt gemeld.'

'Eh... ja...'

'Luister, Stijn. Ik voel me verraden door je. En Anne en Thomas gaven me groot gelijk.'

'Goh, dat had ik niet van ze verwacht,' mompel ik.

'Het zou leuk zijn als je je vrienden af en toe wat credits geeft. Anne heeft het nog voor je opgenomen. Ze hield me voor dat als ik in jouw schoenen had gestaan, ik mijn frustratie misschien ook zou botvieren. Ik had ons misschien allang een faillissement bezorgd door heel de P.C. Hooftstraat leeg te kopen. En er is nog iets gebeurd.'

'Wat dan?'

'Toos is van haar man af. Die man die nooit meeging naar haar chemokuren, omdat-ie daar niet tegen kon. En met wie ze niet meer praatte. Dat heeft me aan het denken gezet. We hebben al zoveel samen meegemaakt, dit kon er ook nog wel bij. Het is nou eenmaal gebeurd en we moeten verder.'

Ik knik, blij als een kind dat net van zijn moeder te horen heeft gekregen dat ze weer vriendjes zullen zijn.

'Kom hier, klootzak,' zegt ze met een glimlach en ze strijkt door mijn haren. 'Vergeven hoort ook bij de liefde.'*

* Wrample uit *Wat is dan liefde* van André Hazes ('n Vriend, 1980).

Al geven ze geld toe en dringen ze aan/ik denk er
niet aan om uit Mokum weg te gaan/je kunt hier nog
lachen/er is hier nog gein/ik zou echt niet weten/waar
ik liever zou zijn.

Danny de Munk, uit *Mijn stad* (Danny de Munk, 1984)

VIERENDERTIG

Ik was er al bang voor.

Ik heb Carmen deze week drie keer gevraagd of ze het niet fijner vond om op de verhuisdag te gaan logeren bij Anne. Dan zou ik met de verhuizers de hele zooi van de Amstelveenseweg naar de Johannes Verhulststraat kunnen moven, de slaapkamer en huiskamer inrichten, en dan zou Carmen 's avonds in een grotendeels opgeruimd nieuw huis kunnen stappen. Ze wilde er niet van weten.

De verhuizers komen over een kwartier en Carmen is zo ziek als een hond. Niet dat ik anders had verwacht, Carmens lichaam is 's ochtends voor twaalf uur altijd alleen pro forma aanwezig. Zolang ze slaapt of stil blijft liggen gaat het goed, zo gauw ze zich ook maar iets inspant, protesteert haar lichaam op buitengewoon effectieve wijze tegen deze energieverspilling en gooit het alles wat het de afgelopen uren heeft binnengekregen er net zo vrolijk weer uit. Ze heeft het afgelopen uur al drie keer kotsend boven de plee gehangen.

Ik wacht tot de verhuizers komen, zeg dat de koffie klaar staat en de appelflappen in die zak daar op tafel op mogen, en dat ik nu eerst eigenhandig mijn vrouw en een kotsemmer ga verhuizen. Ik help Carmen aankleden, ondersteun haar naar de auto, hol weer terug naar boven, gris een kussen, een dekbed en een emmer uit de slaapkamer, gooi alles in de Opel Astra van Budget Rent-A-Car en rij zo voorzichtig mogelijk, scherpe bochten en abrupte bewegingen vermijdend, naar de Johannes Verhulststraat. Daar ren ik eerst met het dekbed en het kussen de trappen naar de slaapkamer op, prijs Onze-Lieve-Heer en de waterbeddenwinkel dat ze tijdig geleverd hebben, haast me terug naar beneden naar de auto en ga dan met Carmen in een versnelling lager weer naar boven. Ik help haar met uitkleden en stop haar toe in het zachte waterbed. Daar ligt ze dan: nog geen vijftig kilo hoopje mens, lijkbleek, glimlachend in een groot waterbed in een nog grotere, op een kotsemmer na verder helemaal lege slaapkamer.

'Als jij nou effe die verhuizing doet, dan ga ik lekker slapen in ons nieuwe huis,' zegt ze giechelend.

Ik schiet in de lach. Wat zal ik die humor straks gaan missen.

Wat ben je lelijk van dichtbij

Huub Hangop, uit *Wat ben je lelijk van dichtbij*

(De allerergste van Huub Hangop, 1993)

VIJFENDERTIG

Onze au pair is gearriveerd. Op bestelling, vanuit Tsjechië, met de bus.

Carmen en ik hebben haar gevonden via de site van World Wide Au Pair, alweer een paar maanden geleden. Op dat moment hadden we niet kunnen vermoeden dat de au pair Carmen nog zou zien, maar dankzij de lv-chemo is dat nu wel het geval. Carmen zegt dat ze het eigenlijk wel prettig vindt om de au pair nog mee te maken.

Wat Carmen ook prettig vindt is dat de au pair in het echt nog lelijker blijkt te zijn dan op de foto. Mijn hemel, wat een gedrocht hebben we in huis gehaald, zeg!

Soepel loopt het allemaal niet.

In de tijd die ik erover doe om de au pair uit te leggen wat ze moet halen, hoe dat heet in het Nederlands, dat voor haar op te schrijven, en het nog een keer uit te leggen was ik al drie keer naar Albert Heijn geweest.

'What are ooyen, Stain?'

'Oeien?'

'Yes, ooyen, what you have written here.'

'Ah, uien!'

'O. What are aaien?'

Onze au pair ziet eruit als een kruising tussen een zangeres van een Gothic rockband en Furby-met-een-piercing-door-zijn-onderlip. Maar Luna is gek op Furby's, dus die is blij. Carmen ook. Ze mailt jolig al haar vriendinnen dat ze zeker weet dat ik me tenminste nooit aan de au pair zal vergrijpen. En Manus Rick, die in het huis de laatste klussen aan het doen is, eist per sms extra gevarengeld, vanwege het verhoogde risico om een keer van een trap te lazeren ten gevolge van een eventueel onverwacht treffen met de au pair.

243

En als ze eenmaal begrijpt wat 'drie ons rundergehakt' is, weigert ze dit te kopen. Ze kan er niet tegen om over de vleesafdeling bij Albert Heijn te lopen. De au pair is veganiste en koopt en kookt niets waar een beest voor heeft geleden of aan te pas is gekomen.

Fietsen wil ze ook niet. Ik dacht even dat ook hier een religieus of filosofisch beginsel aan ten grondslag lag, maar toen ik haar een keer sommeerde om het te proberen, had ik genoeg gezien. Pure horror. Ik breng Luna nog steeds zelf naar de crèche.

Ten slotte is er naast de taalbarrière, haar aangeboren onhandig- en lelijkheid, en ons zakelijk verschil van mening over het te voeren culinaire beleid, nog een probleempje. We ontdekken al snel dat onze au pair niet het zonnetje in huis is. Op iedere vraag volgt een verongelijkte zucht alsof ik haar zojuist heb gevraagd haar piercing door te slikken. Het kind is zo chagrijnig als Kurt Cobain. (Op zich begrijp ik dat wel – ik bedoel, je zal toch als pubermeisje op school maar altijd langs de kant staan terwijl al je vriendinnen staan te bekken met de leuke jongens, daar word je nou eenmaal niet vrolijker van.)

Het is dat ze – zij het zuchtend – strijkt, poetst, veegt, zuigt en dat ik haar de verantwoordelijkheid heb gegeven voor de vaatwasser, wasmachine, droger en vuilniszakken, anders was ik weer terug bij af: ik ben bijna net zoveel tijd kwijt als voor haar komst en heb er een probleem bij in huis.

Maar, eerlijk is eerlijk, door de komst van de au pair ben ik flexibeler dan voorheen. Ze neemt in het weekend één ochtendshift van mij over en is 's avonds, als Carmen met twee slaappillen in coma ligt, thuis om op Luna te passen. En dan kan ik er even tussenuit om naar de avondwinkel te gaan, iets af te maken bij Merk in Uitvoering of seks met Roos te hebben.

Always look on the bright side of life

Monthy Python, uit *Life Of Brian* (1979)

ZESENDERTIG

Een ander voordeel van de deprimerende aanwezigheid van onze au pair is dat ik met de dag trotser word op Carmen. Ze steekt zo lekker af bij haar.

Carmen kan geen dagen aan het leven toevoegen, dus voegt ze leven aan de dagen toe. Onze au pair weet niet eens wat leven is. Ze heeft nooit ergens zin in. Nooit.

Carmen zit op dagen dat het eventjes een ietsie beter gaat nog altijd vol levenslust. Zo keek ze deze week uit naar het etentje bij Anne en Thomas vanavond. Ik niet. Het komt me dan ook niet slecht uit dat Carmen zich vandaag hondsberoerd voelt.

Maar ze wil toch gaan. In dit geval zou ik willen dat ik een vrouw had die lekker thuis wil blijven als er eens een scheet dwars zit. Maar Carmen wil volgens mij nog de hort op als ze allang dood en begraven is.

Ik heb Thomas sinds mijn dubbele flipflap met de Chevy niet gesproken. Als ik uit de Opel Astra stap durf ik hem bijna niet aan te kijken. Carmen loopt voor me uit de huiskamer in. Thomas trekt me aan mijn arm.

'Niks over carnaval, hè!' fluistert hij me nerveus toe.

Ik kijk hem op mijn onnozelst aan.

'Dat eh... gedoe van mij met Maud.' Hij spreekt haar naam uit alsof hij het over een kakkerlak heeft, maar zijn blik verraadt dat hij de beelden van die nacht weer voor zich ziet. Hij krijgt zowaar een lach op zijn gezicht. Ik maak een beweging met mijn hand alsof ik mijn mond op slot doe en de sleutel inslik. Thomas geeft me een *nudge nudge wink wink*-knipoog. Zo zie je maar dat de voordelen van vreemdgaan zwaar worden onderschat. Je wordt er bijvoorbeeld een stuk toleranter van.

Anne en Thomas hebben er alles aan gedaan om het ons naar de zin te maken. Carmen én mij. Het gaat niet met woorden, niet met aanrakingen zoals bij Frenk, maar op hun eigen manier. Door het niet over het ongeluk en de Opel Astra te hebben. Door de fles wodka en een fles limoensap die Thomas speciaal voor mij in huis heeft gehaald. Door helemaal los te gaan in de keuken, zoals Anne vandaag voor ons gedaan heeft. Ze wil ons vanavond verwennen, zegt ze. Carmen verzwijgt dat ze de hele dag al heeft overgegeven en eet mee.

Na het voorgerecht gaat ze naar de wc. Het voorgerecht komt eruit.

Na het hoofdgerecht gaat ze naar de wc en kotst het hoofdgerecht eruit.

Na het nagerecht gaat ze naar de wc en kotst het nagerecht eruit.

'Bedankt voor vanavond jongens,' zeg ik. Anne geeft me drie zoenen en een knipoog. Thomas slaat me hard op mijn schouder.

Carmen ziet wit, maar haar ogen stralen.

'Bedankt, schatten. Ik heb genoten vanavond.'

Thomas omhelst haar plotseling en even denk ik dat hij haar nooit meer los zal laten.

Als we wegrijden, zie ik dat Thomas Anne vastheeft en met zijn vrije hand een traan uit zijn ogen wrijft.

Two birthdays and a funeral*

ZEVENENDERTIG

De eerste van de Moeflon die overlijdt, is Toos.

Carmen is er stuk van. Toos had drie weken geleden te horen ge-kregen dat de chemo's geen zin meer hadden. En nu is ze dood.

Haar ex-man heeft Toos niet meer gezien sinds hun scheiding. Hij kan haar nog één keer zien, in haar kist.

'Kunnen ze in ieder geval geen ruzie maken,' grinnikt Carmen.

Carmen wil naar de begrafenis, zegt ze. Als ik hoor wanneer die is, word ik gek. Aanstaande dinsdag. De dag dat Luna en ik jarig zijn. Onze derde verjaardag op rij die in het teken van de kanker staat. En de laatste, dat is zeker. En dan wil Carmen naar een *begrafenis*? Alsof je naar de voorbeschouwing van je eigen begrafenis gaat kijken.

'Denk je niet dat het eh... een beetje zwaar voor je wordt?'

'We vieren jullie verjaardagen toch zondag al? Dinsdag komt er verder niemand. En het is maar een paar uurtjes.'

Ik hou me in, maar Carmen ziet dat ik er niet blij mee ben.

'Ik vind dat ik het naar Toos niet kan maken om niet te gaan.'

'Naar Luna en mij wel?' Het is eruit voor ik er erg in heb.

Op zondag zit het huis vol. Vrienden van mij, familie, vriendinnetjes van Luna's crèche. Carmens moeder schrikt als ze binnenkomt, zie ik. Het is drie weken geleden dat ze haar dochter voor het laatst heeft ge-zien. Met haar dikke buik ziet Carmen eruit als een zwangere vrouw die zwaar ondervoed is. We staan in de keuken wat te babbelen. Luna

* Vrije interpretatie van de filmtitel *Four Weddings And A Funeral* (1994).

komt trots aanlopen met haar nieuwe prinsessenjurkje en engelen-vleugeltjes. Carmen gaat op haar hurken zitten om het allemaal eens goed te bekijken.

'Wat mooi,' zegt ze enthousiast tegen Luna, ze verliest haar evenwicht en valt samen met Luna om.

Luna schrikt en begint te huilen.

'Kijk dan ook uit!' roep ik geschrokken, 'je weet toch dat je geen kracht meer in je benen hebt, godverdomme Carm!'

Carmen voelt zich door haar eigen val en mijn reactie vernederd en begint ook te huilen. Het begin van het feestje valt niet mee.

'Gaan jullie dinsdag op jullie verjaardag nog iets leuks doen?' vraagt Anne, terwijl ze een hap van haar oranje kindertaartje neemt.

'Carmen wel. Die gaat naar de begrafenis van Toos, die vrouw uit haar praatgroepje.'

'Die begrafenis is dinsdag?'

'Ja.'

Anne fronst.

's Avonds na het feestje zegt Carmen dat ze dinsdag niet naar de begrafenis gaat. 'Anne begon erover. Ik zet hier in huis een mooie bos bloemen voor Toos neer. Dat vind ik mooi. Ik denk dat Toos het wel zou snappen.'

'Ik weet wel zeker dat Toos het snapt,' antwoord ik opgelucht.

Er zijn er twee jarig, hoera, hoera/dat kun je wel zien dat
zijn zij/dat vinden wij allen zo prettig ja, ja/en daarom
zingen wij blij/zij leven lang, hoera, hoera

Zij leven lang. Je zal het moeten zingen als je zelf binnenkort dood bent. Carmen doet het. Ik merk aan alles dat ze zich heeft voorgenomen zich te revancheren voor haar plan om naar Toos' begrafenis te gaan. Luna en ik krijgen ontbijt op bed. Carmen heeft het voor ons klaargemaakt en de au pair gevraagd het naar boven te tillen. Luna eet glunderend een croissantje met pindakaas en kokosbrood, ik eentje met brie, Carmen propt met tegenzin zes lepels *Kellogg's Fruit 'n Fibre* naar binnen.

Het is niet gemakkelijk vandaag. Bij alles wat er gebeurt word ik emotioneel. Als Frenk me sms't dat hij blij is mij als vriend te hebben en dat nog vele jaren wil zijn. Als Anne sms't dat ze blij is dat Carmen en Luna en ik onze verjaardagen samen vieren ondanks alles wat er gebeurd is. En als Carmen mij een vergroting geeft van een serie naaktfoto's die ik van haar maakte toen we elkaar net kenden.

Na het ontbijt zie ik dat Carmen moe en misselijk is.

'Als jij nou nog eens even lekker een uurtje gaat rusten,' zeg ik.

'Vind je dat niet ongezellig?' vraagt ze voorzichtig.

Ik schud nee. 'Ga maar even lekker slapen. Misschien dat ik straks nog een halfuurtje de stad in ga. Ik heb zondag van Maud nog een platenbon gekregen.'

Ik speel een uurtje met mijn zonnetje en vraag dan aan de au pair of ze samen met Luna pannenkoeken wil bakken. Haar imago van lompheid heeft inmiddels mythische proporties aangenomen, dus ik druk haar op het hart uit te kijken dat Luna niet van het krukje bij het aanrecht aflazert.

'Trust me,' zegt ze. Brrr. Ik ken onze au pair ondertussen en vind het doodeng als ze dit soort dingen zegt. Maar ik kan toch moeilijk de hele dag besteden aan het voorkómen dat die kut mijn dochter niet blesseert.

Ik ren nog even naar boven. Carmen heeft een emmer naast haar bed neergezet. Ik kijk erin en zie dat het niet voor niets is geweest. De cornflakes die ze vanochtend naar binnen heeft weten te wurmen, zijn wel voor niets geweest.

Als een speer fiets ik naar de cd-winkel in de Van Baerlestraat. In minder dan een kwartier heb ik mijn platenbon ingewisseld voor een cd van Coldplay en daarmee mijn alibi gekocht.

Daarna fiets ik naar Roos. Die heeft zichzelf in rood kant verpakt als verjaardagscadeau.

> What was that?/that was your life, mate/oh... that was
> quick... can I get another one?
>
> Fawlty Towers (1976)*

NEGENENDERTIG

Ik verveel me stierlijk in de wachtruimte bij Rodenbachs kantoor. De gratis *Spits*, die in de bakken bij de ingang lag, heb ik uit. Ik begin in Carmens dossier te bladeren. De verpleger die Carmens buik net heeft leeggehusseld, gaf het ons, met de vraag het straks aan dokter Rodenbach over te dragen. Carmens buik is sinds november zestien keer leeggehaald, lees ik. Ik tel de cijfers op.

'Weet je hoeveel liter van dat vocht er al uit je buik is gehaald?'

'Geen idee.'

'Eenenzeventig liter en nog wat.'

'Hahaha... da's meer dan ik woog voor ze met die puncties begonnen!'

Carmen weegt nog 47 kilo. Je ziet haar dagelijks magerder worden. Een half jaar geleden woog ze nog bijna zeventig. Door gebrek aan vet heeft ze het de laatste weken altijd koud. In de huiskamer staat de thermostaat de hele dag op 24 graden, het waterbed staat vier graden hoger dan de adviestemperatuur. Nog een geluk dat we een waterbed hebben. Elk gewoon matras zou te hard zijn. Tussen haar botten en het matras zit slechts vel, en geen vet meer.

We hebben geen goed gevoel over het gesprek met Rodenbach dat we zo meteen hebben. De puncties, die in het begin van de LV-kuur terugliepen tot eenmaal per twee weken, worden weer om de paar dagen gedaan. En ze worden steeds onprettiger. Het lijkt wel of haar

---

* John Cleese filosofeert erop los in *Fawlty Towers*.

organen helemaal beurs zijn, en dat ze na iedere punctie meer pijn doen. Daarnet was het afschuwelijk. Zelfs met een morfine-injectie moest Carmen nog overgeven van de pijn. Ik denk dat ik een trauma ga overhouden van het beeld van mijn vrouw boven een kotsbakje, terwijl er een slang uit haar buik komt waarvan het einde in een emmer hangt, die zich langzaam vult met liters troebele gele vloeistof.

'Gaat u zitten,' zegt Rodenbach vriendelijk.

We hebben hem ondertussen een keer of zes gezien sinds onze verhuizing naar het Antoni van Leeuwenhoek. Er is sprake van wederzijds respect. Hij weet dat wij niet zeuren en zaniken, wat zijn andere patiënten doorgaans wel doen, wij weten dat hij ons niet bedot en bedondert, wat onze vorige artsen doorgaans wel deden.

We nemen plaats op de stoelen aan zijn bureau. Ik pak automatisch de linker stoel, Carmen de rechter. Het is routine geworden. Net zoals ik in de Bastille altijd achterin bij de wc sta, bij concerten in Paradiso op de trapjes achter in de zaal vlak bij de bar, en bij De Bommel rechts voorin. Een mens moet toch wat zekerheden hebben in zijn leven.

Rodenbach staat op het punt ons een nieuwe zekerheid te geven.

'De tumormarkers gaan weer omhoog. De LV-kuren doen hun werk niet meer.'

'En... wat... eh... betekent dat?' stamel ik. Ik weet wat hij gaat zeggen.

'Ik ben bang dat we de strijd nu echt moeten opgeven.'

Dit is het dus. Einde oefening.

Carmen wordt opgegeven. Toos was drie weken later dood.

Carmen zit met haar hand voor haar mond naar mij te kijken. Ik hou haar andere hand vast en kijk haar aan.

'Zullen we maar gaan?' vraag ik voorzichtig.

Ze knikt.

We spreken af om over drie weken weer bij Rodenbach te komen. Een afspraak tegen beter weten in, want mocht Carmen er tegen die tijd nog zijn, Rodenbachs rol is over. Het enige wat hij nog voor Carmen kan doen, is zijn handtekening zetten onder de briefjes waarin hij de apotheek opdraagt om morfine, kytril, codeïne, prednison en temazepam te verstrekken. Pijnbeleid.

Ik start de auto en zet de cd af. De Dijk heeft het mis.

Het komt niet meer terecht.

Deel III
Carmen

> I'd tell all my friends but they'd never believe me/they'd
> think that I have finally lost it completely

Radiohead, uit *Subterrenean Homesick Alien* (OK Computer, 1997)

EEN

Ik heb Nora gebeld. De dag na het nieuws van Rodenbach.

Alleen Roos weet ervan. Thuis heb ik het maar even onder de pet gehouden. Carmen zou het idioot vinden dat ik mijn problemen niet gewoon bij een psycholoog neerleg, zoals ze al zo vaak heeft voorgesteld, en wel bij iemand als Nora.

Ik weet zelf ook niet precies waarom ik gebeld heb. Ik denk dat het auto-ongeluk de doorslag heeft gegeven. Dat ik daar zonder één schrammetje uit ben gekomen, terwijl de hele zijkant van de Chevy in puinpoeier lag, is minstens zo miraculeus als die goal van Marco tegen Rusland in '88.

Ook Frenk en Maud weten niet dat ik vandaag naar Nora ga. Ik heb Natas bij Merk in Uitvoering in de gezamenlijke agenda laten zetten dat ik een vrije middag neem. Ze keek me vragend aan, knipoogde en maakte een neukbeweging met haar vingers. Ik reageerde niet.

De spiritueel adviseur houdt kantoor in een rijtjeshuis uit de jaren zestig in Buitenveldert. Met bonzend hart bel ik aan.

Nora is een onopvallende, tengere vrouw met zwart haar. Ze leidt me naar boven, naar haar spreekkamer en vraagt of ik thee wil. Dat wil ik wel. Ze gaat de deur uit. Ik neem het geheel eens op mijn gemak in me op. Beschilderde stenen, heel feng shui neergezet. Smeulende stokjes die ruiken naar iets dat ik ken van een vakantie in India. Muziek die waarschijnlijk hoog in de Himalaya-toptien staat. Flyers voor de workshop *Dromen verklaren* die Nora volgende week geeft.

Het uitzicht op een galerijflat vanuit Nora's spreekkamer dissoneert met dit wereldvreemde geheel. Je kunt van alles over galerij-flats zeggen, ze zijn tenminste niet zweverig. Het uitzicht stelt me wat op mijn gemak. Het doet me denken aan Breda-Noord.

Nora lacht vriendelijk, als ze weer binnenkomt met een dienblad. Zo te zien is het normale thee.

'Jij had behoefte om hier te komen,' zegt ze. Ik krijg ineens een déjà vu. Mijn gesprekken met de psychotherapeute, bijna twee jaar geleden! Waar ben ik nu weer in beland? Dit wordt *Jiskefet*, aflevering twee.

'Laten we maar gewoon van start gaan, hè?' zegt ze als ze mijn argwanende blik ziet. Ze vertelt dat ze met mijn naam en geboortedatum, die ik haar heb opgegeven toen ik haar belde, vanuit een andere wereld boodschappen voor me door heeft gekregen. En dat die in een brief staan die ze nu gaat voorlezen. Ik zeg niet dat ik doorgaans niet geloof in dit soort flauwekul. Nora pakt de brief en begint te lezen.

De man voor wie je dit bericht ontvangt, heeft een hoge energie, maar hij moet deze energie in deze periode goed bewaken. Hij moet nu keuzes maken. Alles willen leidt tot chaos, heeft hij gemerkt.

Dit inzicht is goed. Laat het komen en doordringen. Het is goed.

Veel zal van hem worden gevraagd de komende tijd. Nu kan hij niet langer de zaken anders regelen. Hij dient aanwezig te zijn voor zijn verantwoordelijkheden. Hij kan hier niet meer voor vluchten.

Het gaat zoals het gaat. Hij kan het aan, al denkt hij van niet.

Zeg hem te vertrouwen op zijn intuïtie. Zich te richten op zijn harte-energie. Dit zal hem helpen, dit zal hem kracht geven.

Hij kan het aan. Zeg hem te vertrouwen. Veel hulp is om hem heen vanuit deze sfeer.

In liefde...

Inderdaad. Gelul van een dronken aardbei.

Nora legt de brief rustig neer en wacht even. 'Herken je er iets van?'

'Tja, wat zal ik ervan zeggen. Dit kan op iedereen betrekking hebben...'

'Vind je?' glimlacht ze. 'En die chaos, die in de brief beschreven wordt?'

Ja, zo lust ik er nog wel een paar.

'Mwa. Dat zijn van die horoscooptrucs. Wie komt er nou niet in situaties terecht die je chaotisch kunt noemen? Ga maar eens naar de Drie Dwaze Dagen van De Bijenkorf.'

Ze schiet in de lach. 'Ik denk dat in deze brief wel een beetje meer chaos bedoeld wordt, hoor.'

Ik besluit haar een kans te geven. 'Ik heb pas geleden een akkefietje gehad met mijn auto dat je wel redelijk chaotisch kunt noemen.'

'Een ongeluk?'

Ik knik.

Ze knikt terug. 'Weet je dat wij, mensen, beschermd worden door krachten waar wij zelf geen besef van hebben?' – *o, gaan we op die fiets?* – 'Dat ongeluk was een teken dat er aan die bescherming een einde begon te komen.'* – *hm. Dit zit me toch niet lekker. Ik bedoel, ook al geloof je niet in God of het lot of weet ik veel wie er over dit soort dingen gaat, het horen dat je niét meer beschermd wordt is het andere uiterste.*

'Maar je zit hier omdat er iemand ernstig ziek is, hè?' – *Schok.*

'Eh... Ja. Mijn vrouw...'

'Wat is de naam van je vrouw?'

'Carmen.'

'Carmen is klaar om dood te gaan.'

De rillingen lopen over mijn lijf... Dat dokter Rodenbach verkondigt dat Carmen niet lang meer te leven heeft, is tot daar aan toe, maar een onbekende vrouw in een jaren-zestig-rijtjeshuis in Buitenveldert...

'Je hoeft er niet bang voor te zijn. Dat is zij ook niet. Het is goed.'

Ik slik even. Al geloof ik nog steeds niet wat ze allemaal zegt, Nora

---

* Wrample uit *Brug naar de eeuwigheid*, Richard Bach (1984).

heeft me geraakt. 'Ik heb het gevoel dat ik nog zoveel met haar moet bepraten...' hoor ik mezelf zeggen.

'Daar krijg je de kans ook voor...' – *die Nora zal toch niet écht connecties hebben met de hogere... eh sferen?* – '...Zorg dat je de komende tijd zoveel als je kunt bij haar bent...' – *ja, hoor, daar gaan we weer. Dat had ik met mijn gezond verstand, voorzover de laatste tijd aanwezig, ook zelf kunnen bedenken. Weet je, laat ik haar eens shockeren. Daar kunnen die esoterische types meestal niet zo goed tegen.*

'Ik heb al meer dan een jaar een verhouding.' – *1-0 voor Stijn! Dat kwam er lekker uitdagend uit. Zo, nu jij weer, Jomanda.*

Nora blijft de rust zelve. Ze gebaart dat ik verder moet gaan. Ik weet even niet wat ik nu moet zeggen. Of eigenlijk wel. Ik weet in mijn hart best waarom ik ben gekomen. Laat ik het erop wagen. Ik vraag het gewoon.

'Carmen weet van niks. Moet ik het haar vertellen nu het nog kan?'

Nora wacht even. 'Ze weet het wél. Ze weet het allang...' – *Wát?* – '...als ze erom vraagt moet je de waarheid vertellen...' – *brrr* – '...maar ze gaat het niet vragen...' – *dat zou me niet slecht uitkomen* – '...ze wist altijd al hoe jij was. Beter dan jijzelf. Sinds kort heeft ze er vrede mee...' – *ik mag die Nora wel* – '...Hoe heet de vrouw met wie je een verhouding hebt?'

'Roos...'

'Het is niet voor niks dat je Roos tegen bent gekomen terwijl Carmen ziek was,' zegt ze met rustige stem. 'Het was nodig.' – *zie je wel! Ja, Nora heeft er wel kijk op. Laat ik haar het voordeel van de twijfel geven. Al dat cynische gedoe brengt een mens tenslotte ook geen stap verder.*

'Is Carmen eigenlijk blij met me? Ik ben nooit trouw geweest, en ben nogal een eh... levensgenieter.'

'Zonder jouw vermogen om luchtig te leven had ze haar ziekte nooit kunnen dragen,' zegt ze plotseling fel. 'Voel je niet schuldig. Ze is heel blij met je. En je hoeft je niet te schamen voor je zwakheden...' – *zal ik haar het 06-nummer van Thomas eens geven?* – '...Carmen is klaar hier, jij nog niet...' – *ik mag hopen van niet, nee* – '...Zij heeft je diep vanbinnen al vergeven...' – *ze zegt het wel héél beslist* – '...Maar nu moet jij háár nog steunen. Zet alles aan de kant en verzorg haar met alle liefde die je in je hebt...' – *ik als Florence Nightingale? Dat kan ik echt niet* – '...Laat het huishouden over aan anderen. Kan dat?'

'Eh... we hebben een au pair in huis. Die zorgt voor mijn dochter en ze doet het huishouden. Als ik het heel dwingend vraag.'

'Mooi. Geneer je niet om haar al het werk dat niks met Carmen te maken heeft, te laten doen. En hoe heet je dochter?'

'Luna. Ze is net drie geworden. Op dezelfde dag als ik jarig ben,' zeg ik zo trots dat ik ervan bloos.

'Dat verklaart veel. Je dochter en jij hebben een veel sterkere band dan je denkt...' – *jakkes, nu wordt het wel weer heel klef, beste Nora* – '... Als je vrouw er straks niet meer is wil je je au pair niet eens meer om je heen...' – *o? Zou ze mijn au pair soms kennen?* – '...dan wil je zelf voor je dochter zorgen...' – *forget it. Wie gaat er dan op haar passen als ik moet werken en de crèche dicht is? Of* – *erger nog* – *als ik wil stappen?* – '... Er gaat veel veranderen met je...' – *wat bedoelt ze nou weer?* – '...Je zult een ander persoon worden...' – *ach, hou toch op, mens!* – '...en je krijgt daarin steun van je vrouw. Ook als ze er niet meer is.' – *als Carmen, het aardige spookje, zeker? Doe even gezellig, griezel!*

Nora ziet mijn angstige blik en lacht. 'Geloof me nou maar,' zegt ze, 'Carmen en jij kennen elkaar al veel langer dan je denkt. Ze houdt van jou. Zielsveel...' – *ik kan het niet helpen dat ik ontroerd raak en slik weer een brok in mijn keel weg* – '...Jullie zijn soulmates. Voor eeuwig.'

Stilte. Ik knipper met mijn ogen.

'Weet Carmen dat je hier bent?'

'Nee. Ze is veel te nuchter voor dit soort eh... vage dingen.'

'Vertel het haar maar. Het zal haar goed doen.'

'Ik weet het niet, hoor...' zeg ik aarzelend, 'misschien vindt ze het wel belachelijk en wordt ze boos. Het lijkt wel of we helemaal uit elkaar gegroeid zijn, en dat ze zich de laatste tijd ergert aan alles wat ik doe...'

Nora schudt heftig haar hoofd. 'Ik zeg het je nog een keer: Carmen houdt zielsveel van je. Ze wil door niemand anders worden gesteund...' – *boem* – '...Ik zou zo meteen maar rechtstreeks naar huis gaan. Het begint sneller dan je denkt...' – BOEM – '...Zorg dat je er bent als het gebeurt...' – BOEM – '...Ze zal je er heel dankbaar voor zijn. En jij jezelf ook. Nu krijg je de kans om je vrouw terug te geven wat je al die jaren van haar gekregen hebt...'

Als ik in de auto zit, dreunt het door mijn hoofd. *Nu krijg je de kans om je vrouw alles terug te geven wat je al die jaren van haar gekregen hebt.*

Ik verdraai mijn achteruitkijkspiegel en kijk naar mezelf. Verbaasd zie ik een brede glimlach. En ik voel me verdomme gelukkig. *Nu krijg je de kans om je vrouw alles terug te geven wat je al die jaren van haar gekregen hebt.* Met een energie waar Edgar Davids* jaloers op zou zijn.

Door Nora en haar souffleurs, *who ever they may be.*

* De molotovcocktail onder de voetballers.

I was unrecognizable to myself/I saw my reflection in
the mirror/didn't know my own face/I can feel myself
fading away/and my clothes don't fit me no more

Bruce Springsteen, uit *The Streets Of Philadelphia*
(Music From The Motion Picture Philadelphia, 1993)

TWEE

Ik zet mijn gsm weer aan en zie dat ik een voicemail heb. Het is Carmen. Of ik haar wil bellen. Ik hoor meteen dat het niet goed gaat.

'Stijn, ik blijf maar overgeven,' zegt ze snikkend. 'Ik ben zo bang...'

'Ik kom er nu aan.'

Vier minuten en eenenvijftig seconden later ren ik de twee trappen op naar de slaapkamer van ons huis. Carmen zit boven een emmer een poging tot kotsen te doen.

Ik ga naast haar zitten en streel haar korte, roodgeverfde grijze haar.

'Wat ben ik blij dat je er bent,' zegt ze. Haar stem klinkt hol door de emmer, waar ze half met haar hoofd in hangt. 'Ik ben de hele ochtend al misselijk. Maar er komt niks meer uit.'

Ineens kokhalst ze en komt er toch een stroompje braaksel uit haar mond. Ik zie dat het gal is. Geen eten. Eten komt er moeilijk uit als het er niet in zit.

Dokter Bakker, onze huisarts, die een uurtje later komt, schrijft een vloeibaar voedingspreparaat voor, twee doosjes primperan en een doosje kytril, om het overgeven tegen te gaan. Als Carmen slaapt, ga ik naar de apotheek in de Cornelis Schuytstraat om het pretpakket op te halen.

Onderweg bel ik Roos. Ze is opgelucht dat het goed ging bij Nora. Ik zeg dat het er niet best uitziet met Carmen en dat ik haar waar-

263

schijnlijk een tijdje niet meer zal zien. Onze date van aanstaande vrijdag zeg ik af. Roos reageert gelaten. Ze wenst me veel sterkte en zegt dat ze vanaf nu een kaars zal branden voor Carmen op een kastje in haar huiskamer. Voor de vrouw die ze nog nooit heeft ontmoet, maar van wie ze ondertussen zoveel weet dat het net is of ze haar al jaren kent.

's Avonds komt Carmens moeder.

We gaan met zijn vieren bij King Arthur op het terras zitten.

> Het terras van **King Arthur** ligt midden in het luxereservaat, op het ruitpleintje van de Cornelis Schuyt en de Johannes Verhulst. De mannelijke clientèle is er meer dan gemiddeld irritant (advocaten van de kantoren op de De Lairessestraat en Engelse stropdassen die logeren in het Hilton en even weg zijn van moeder de vrouw) en voor de vrouwen hoef je er ook niet te komen (buurtfossielen). Maar de zon blijft op het ruitpleintje ruim een uur langer op dan op de terrassen in de Pijp en Oud-West. Onze buurt is zo kak dat zelfs het aantal zonuren er georganiseerd lijkt te zijn.

Carmens moeder heeft een dunne zijden blouse aan, Luna en ik dragen een T-shirt. De avondzon is heerlijk. Het is zelfs warm.

Carmen zit in een rolstoel, heeft een dikke jas aan en een zonnebril op.

'Het is toch wel een beetje fris, hè?' vraagt ze voorzichtig als we net onze drankjes voor onze neus hebben.

'Vind ik ook wel,' lieg ik.

'Ja, het valt toch wat tegen inderdaad,' valt de moeder van Carmen me bij.

Vijf minuten later zijn we weer thuis.

Tegen vel over been kan geen avondzon op.

You're packing a suitcase for a place none of us has
been/a place that has to be believed to be seen

U2, uit *Walk On* (All That You Can't Leave Behind, 2000)

DRIE

'Ik hoop toch zo dat het snel is afgelopen,' zegt de moeder van Carmen
en ze begint te huilen, met haar handen voor haar ogen. Ik sla een
arm om haar heen en trek haar tegen me aan.

Een moeder die haar dochter gaat verliezen. Haar dochter, die ze
doodziek van de chemo's op bed heeft zien liggen. Haar dochter, die
haar huilend de plek liet zien waar eerst haar borst zat en nu een
dichtgenaaide rits. Haar dochter, voor wie ze nu hoopt dat ze niet
lang meer hoeft te lijden. Er zou een wet moeten worden aangenomen dat moeders hun kind nooit pijn zien lijden.

Ze pakt mijn hand en geeft me een zoen. 'We slepen elkaar er wel
doorheen, hè?'

Ik knik. Frenk zit stilletjes naar het tafereel te kijken. Het gaat
slecht hier, dus is Frenk er. Een ijzeren wet. Anne is er ook al. Ik merk
dat haar warme omhelzing me toch weer goed doet, net als twee jaar
geleden, toen ze met Thomas op de stoep stond op de Amstelveenseweg.

'Ik ga nog even naar Carmen,' zeg ik en loop naar boven.

Carmen is nog aan het nadoezelen van een dutje. Ze ziet me de
slaapkamer binnenkomen en glimlacht. 'Dag vriendje...' fluistert ze.

'Hoe gaat het?' vraag ik, terwijl ik naast haar op bed ga zitten. Ik
hou haar hand vast. Mijn god, wat is die hand mager.

'Ik heb er geen zin meer in, Stijn... Als het zo doorgaat, mag het
van mij gauw afgelopen zijn...' Ze kijkt naar mijn hand, die de hare
streelt. Ik zie dat ze iets wil zeggen, maar het inslikt.

'Wat is er?' vraag ik. Ik weet al wat ze bedoelt, maar hou mijn mond. Ik wil dat ze er zelf over begint.

'Ik zou graag willen weten wat de regels zijn voor als ik er eh... mee op zou willen houden. En hoe jij daarover denkt.'

'Je bedoelt euthanasie?'

'Ja,' zegt ze opgelucht, blij dat ik het beestje bij de naam noem.

'Zal ik de huisarts bellen en vragen hoe dat in zijn werk gaat?'

Ze knikt. Ik neem haar in mijn armen. Ze voelt nog breekbaarder dan een pasgeboren baby.

'Ik ga hem bellen. Kan ik nog iets voor je doen?'

'Ik zou het wel leuk vinden als er morgen wat mensen komen...'

'Zeg het maar. Wie?'

'Thomas en Anne. Maud. Frenk.'

'Anne is er al, en Frenk ook.'

'Gezellig! Laat ze even boven komen.'

'Goed. Wil je ondertussen wat eten?'

'Dat moet eigenlijk wel, hè?'

'Vanaf vandaag moet jij helemaal niks meer.'

Laat me mijn eigen gang maar gaan

Ramses Shaffy, uit *Laat me* (Dag en nacht, 1978)

VIER

Sinds Luna begreep wat knuffelen was, doen we iedere morgen met zijn drieën een groepsknuffel in bed.

Ik vraag Frenk, die hier net als Carmens moeder vannacht heeft geslapen, om deze ochtend een foto van onze groepsknuffel te maken. Ik hou mijn stralende, van gezondheid blakende zonnetje (3) en mijn broodmagere, maar nog steeds stralende vrouw (36) in mijn armen. Carmen heeft een paarse zijden pyjama aan, Luna een witte met beertjes. Ze lachen allebei breeduit. Ik zie dat Frenk de camera amper stil kan houden.

We ontbijten met Frenk en Carmens moeder op Carmens bed. Bij de lunch is Maud er ook. Ze pakt direct bij binnenkomst Carmen vast en begint hard te huilen. Anne en Thomas komen ook binnen. Zelfs onze au pair heeft zich op eigen initiatief naast Carmens bed genesteld. Carmen geniet van de drukte. Zelf eet ze niets. Zo te zien is ze weer iets afgevallen. Ik schat haar nu op tweeënveertig.

Zo meteen komt dokter Bakker. Ik heb hem gisteren gebeld en hij heeft precies uitgelegd hoe het allemaal werkt met euthanasie. Carmen moet een briefje opstellen onder welke voorwaarden ze euthanasie zou willen laten plegen. Dat moet ze ondertekenen. Dan heeft ze eerst een gesprek met hem en daarna nog een met een onafhankelijke andere arts. Beide artsen tekenen er vervolgens voor dat het *'een uitzichtloze situatie is waarbij sprake is van onmenselijk lijden'*. En dat er geen dwang of druk is van de familie of anderen. Vanaf dat moment kan Carmen zelf bepalen wanneer ze dood wil gaan.

Tenminste, als alles goed gaat. De huisarts belt en zegt dat hij door

267

zijn rug is gegaan. Of het echt nodig is dat hij vandaag langskomt voor het gesprek met Carmen. Ik zeg dat het nodig is.

Hijgend komt hij de slaapkamer binnen, op de tweede verdieping van ons huis. Hij vertelt Carmen over zijn rug. Die vraagt bezorgd of het veel pijn doet en of hij niet liever morgen was gekomen.

'Met pijnstillers gaat het net,' zegt hij. 'En jij? Heb jij veel pijn?'

'Steeds meer, ja... sinds gisteren ook in mijn rug,' zegt ze tot mijn verbazing. Dat had ze mij niet verteld.

Hij onderzoekt de plek die Carmen aanwijst.

'Ik vermoed dat het weer een uitzaaiing is.'

'Welja,' antwoordt Carmen droog.

'Ik zal wat morfinepillen voorschrijven. Ik hoorde van Stijn dat je alles in orde wilt maken voor als het je echt te veel wordt?'

Carmen knikt. De huisarts vertelt dat hij die middag nog een collega kan laten komen om de euthanasie juridisch af te dekken.

'Graag,' antwoordt Carmen.

De tweede dokter komt aan het eind van de middag. Het is een formele man. Ik vraag of ik weg moet gaan. Weet ik veel hoe zoiets werkt. Misschien wel net zoals bij de Wiekent-Kwis vroeger, waarbij de man niet mocht horen wat zijn vrouw voor antwoorden gaf en daarom met een koptelefoon op zijn hoofd in een hok moest wachten.

Ik mag blijven. Carmen vertelt hoe graag ze zelf wil kunnen beslissen of en wanneer ze een eind aan haar ziekbed maakt. Het is of ze een sollicitatiegesprek aan het voeren is. Alsof ze zichzelf moet verkopen. De dokter tekent zonder veel verdere vragen het formulier. Carmen bedankt hem. Ze is blij, merk ik. Alsof ze zojuist de sleutels van haar nieuwe auto heeft gekregen.

'Je bent echt blij, hè?' vraag ik, verbaasd over haar opgetogenheid.

'Ja. Nu heb ik weer een keuze. Ik kan weer zelf bepalen wat er met mijn leven gebeurt.'

What you don't know you can feel it somehow

U2, uit *Beautiful Day* (All That You Can't Leave Behind, 2000)

VIJF

Naast Carmens moeder en Frenk heeft ook Maud in het kader van de geestelijke en organisatorische bijstand besloten in ons huis te blijven bivakkeren, zolang Carmen nog leeft. Frenk en Maud zullen samen in één bed op een van de logeerkamers slapen. Carmen verkneukelt zich erover en als Frenk even weg is, pusht ze Maud om hem vannacht eens een flinke beurt te geven. 'Je moet gewoon boven op 'm gaan zitten in zijn slaap en dan beginnen te gillen: *en nou neuken, lui kreng!*' Ze schateren het uit. Carmen heeft er weer zin in vandaag.

'Eten we vanavond weer met zijn allen hier?' vraagt ze hoopvol.

'Denk je niet dat je kotsmisselijk wordt van de geur van dat warme eten om je heen?'

'Jawel, maar dan komt het er misschien eindelijk eens uit.'

Onze au pair kookt. Carmen eet niet, de rest amper. Het eten ruikt naar de emmer van Carmen. Rijst met iets groens en geels. In het gele herken ik maïs, het groene kan van alles zijn. Carmen ziet ons eten en af en toe een vluchtige blik op elkaar en elkaars bord werpen, en krijgt de slappe lach. Zo heeft onze au pair toch nog een functie, als onbedoelde hofnar van Carmens sterfbed.

Na het avondeten blijf ik bij Carmen. De rest gaat naar beneden.

'Stijn... ik eh... moet poepen...'

'Moet ik even weggaan?'

De thuiszorg heeft vandaag een soort schijtstoel gebracht. Het lijkt net een campingstoeltje met een wc-bril als zitgedeelte. Onder de wc-bril hangt een emmer.

'Eh... wacht maar even... Ik weet niet of ik uit mezelf kan opstaan...'

Heel langzaam probeert Carmen uit bed te komen. Als ze bijna staat, valt ze terug. En begint te huilen.

'Ik heb geen kracht meer in mijn benen...' snikt ze.

'Kom maar,' zeg ik.

Ik zet de schijtstoel nog dichter naast het bed en til haar onder haar schouders op. Ze doet zelf haar pyjamabroek en haar onderbroekje naar beneden. Ik laat haar langzaam zakken tot op de stoel.

'Hè hè... oma zit,' zegt ze.

Als ze uitgepoept is, treuzelt ze.

'Zal ik je billen afvegen?' vraag ik.

Ze knikt en durft me amper aan te kijken.

'Ik ben bang dat ik anders val...'

'Steun maar op mij. Kan ik tenminste nog eens aan je billen zitten zonder dat je iets terug kunt doen,' zeg ik knipogend.

Ze lacht door haar tranen heen. Met haar gezicht staat ze naar me toe, haar armen om mijn nek. 'Lief vriendje...' fluistert ze. Met mijn ene arm houd ik haar onder haar oksels vast en met mijn andere hand veeg ik haar billen af. Daarna zak ik wat door mijn knieën. Carmen hangt met haar armen over mijn nek heen, ze steunt nauwelijks op haar benen. Met mijn vrije hand hijs ik de pyjamabroek omhoog en sjor het ding over haar billetjes heen.

'Zijn er eigenlijk dingen waarvan je liever niet hebt dat ik ze straks doe, als je er niet meer bent?' vraag ik als ze weer in bed ligt, nahijgend van de inspanning.

'Nee.'

'Zou je het fijn vinden als ik een tijd zou wachten voor ik weer seks heb?'

'Nee,' glimlacht ze, 'doe maar gewoon waar je zin in hebt. Hoewel... Ik hoop dat je het nooit meer met Sharon zal doen. Zij is toch wel het symbool van jouw vreemdgaan. Was zij nou de eerste met wie je toen vreemdging?'

'Nee... dat moet met een van m'n ex-en zijn geweest. Ik geloof Merel. Of Emma. Maar Sharon was wel de eerste waar je achter kwam.'

We lachen er allebei om.

'Er zullen er genoeg overblijven om iets mee te beginnen. Let maar op, je wordt opgejaagd wild. Je bent vrij, je hebt een eigen bedrijf, een mooi huis en een lieve dochter. Een goeie partij. Ik heb Anne, Frenk en mijn moeder al verteld dat ze niet verbaasd moeten staan als jij veel sneller dan ze denken een nieuwe vrouw hebt. Zo zit jij in elkaar.'

'O?' zeg ik, een beetje geschrokken.

'Dat geeft niks, hoor. Ik hoop dat je snel weer gelukkig wordt. Met een nieuwe vrouw. En ik zal je helpen: je moet iemand hebben die tegen jou is opgewassen en zich niet laat ondersneeuwen.'

'Nog meer wensen?'

'Ze moet bloedgeil zijn.'

Ik schiet weer in de lach.

'Maar je moet iets aan het vreemdgaan doen, Stijn.'

'Monogaam zijn...'

'Nee, dat lukt bijna niemand een leven lang. Jou zeker niet. Maar je mag nooit meer dat lijpe lotje-gevoel geven aan een vrouw. Dat je half Amsterdam en Breda neukt en alleen zij van niks weet. Zorg dan dat *niemand* ervan weet.'

'Zoals jij met Pim...'

'Ja. Hou het voor jezelf. Ik denk dat niemand het emotioneel kan opbrengen om vreemdgaan te zien als iets dat niets met liefde te maken heeft. Ik wou maar dat ík het had gekund...'

Ik heb mijn blik schuldbewust naar de grond gericht. Ik aarzel even, maar besluit dan toch te vragen wat me nog steeds dwars zit. Ik vraag het met een omweg.

'Zijn er nog dingen die je van me wilt weten? Die je nooit aan me hebt durven vragen?'

Ze glimlacht weer. 'Nee. Je hoeft je nooit schuldig te gaan voelen. Ik weet alles wat ik wil weten.'

'Weet je het zeker?'

'Ja. Het is goed zo.'

Ik voel me klein worden naast deze vrouw. Ik glimlach en ga dan naar de wc, gooi de poep- en de kotsemmer leeg en maak ze beide schoon.

Als ik terugkom, kijkt ze toe hoe ik de poepemmer weer in de schijtstoel zet. 'Je hebt zoveel voor me gedaan sinds ik ziek werd,' zegt ze ontroerd, 'en nu ook weer met al die vieze poep en pies van me...'

Ik denk aan wat Nora zei. *Nu krijg je de kans om je vrouw alles terug te geven wat je al die jaren van haar gekregen hebt.*

Even aarzel ik. 'Ik ben gisteren bij iemand geweest waar ik je nog niks over heb durven vertellen...'

'O? Vertel eens?' vraagt ze nieuwsgierig.

Verlegen vertel ik over Nora en wat het me heeft gedaan.

Carmen luistert aandachtig als ik de brief voorlees die ik van Nora gekregen heb. Ik zie dat ze ontroerd raakt.

'Ik vind het knap dat je ernaartoe bent gegaan en ik ben zo blij dat het je goed heeft gedaan. Ik vind het heel mooi...'

'Echt? Maar geloof jij dan in dat soort dingen?' vraag ik verbaasd.

'Ik weet niet waar ik in geloof, maar het is geen onzin wat die Nora je heeft verteld. Ik voel steeds meer dat het geen toeval is dat ik doodga. Het voelt alsof ik klaar ben.'

'Geloof jij dat we op een of andere manier nog bij elkaar zullen zijn als je er niet meer bent?'

'Ja,' zegt ze heel beslist. 'Ik ben er straks nog voor jou en voor Luna.'

'Ik geloof het ook,' zeg ik, 'maar je hoort wel eens dat mensen in God of in een hiernamaals gaan geloven, juist omdat ze aan het eind van hun leven zijn. Als een soort zelfbescherming...'

'Nee,' zegt ze beslist, 'het is meer. Het is sterker. Ik voel gewoon dat ik er straks nog ben. Het is zoals je voelt dat je van iemand houdt. Dat weet je gewoon. Zo wist ik ook dat het onzin was, vorig jaar in Club Med, toen jij dacht dat jij niet meer van mij hield. Het is alsof ik altijd van je heb gehouden, al voor ik je tegenkwam...' Ik ben ondertussen naast haar op bed gaan liggen.

'Ondanks mijn egoïstische inslag?'

'Jij zorgt altijd goed voor jezelf,' lacht ze, 'en dat was inderdaad niet altijd fijn voor mij. Weet je nog dat je me twee jaar geleden op Koninginnedag meesleepte naar het Vondelpark?' vraagt ze.

'Dat deed ik in eerste instantie voor mezelf,' grinnik ik.

'Dat maakt niks uit. Dat was symbolisch. Ik heb vaak aan dat moment gedacht, als ik er even helemaal doorheen zat en nergens zin in had.'

'En als je van tevoren geweten had hoe ik ben met vrouwen,' vraag ik. 'Was je dan toch met me getrouwd?'

Ze kijkt me aan, glimlacht haar glimlach die ik zo goed ken, met haar bovenlip aan één kant een beetje opgetrokken.

'Ja. Meteen.'

We houden elkaars hand vast, verliefd, zonder nog iets te zeggen. Minutenlang liggen we zo. Ik zie dat ze haar ogen heeft gesloten. Even later slaapt ze.

Ik loop naar beneden, waar Maud, Frenk en Carmens moeder aan de rosé zitten. Ik straal van oor tot oor.

'Je ziet er gelukkig uit,' zegt Maud.

'Ja,' zeg ik glunderend. 'Het was prachtig.'

Dag Godin... Ben moe, emo, maar voel me waardevol.
Stijn goes Florence Nightingale. Carmen verteld
over Nora. Ze was blij. Ik ook. X.

Wij tweeën hier samen/dit kan wel eens het moment zijn

Tröckener Kecks, uit *Nu of nooit* (Eén op één miljoen, 1987)

ZES

's Ochtends ligt Luna naast me in bed. Carmen ligt aan de andere kant van me, in een diepe slaap. Ik fluister tegen Luna dat het misschien wel leuk is om naar de logeerkamer te gaan, omdat Frenk en Maud daar slapen. Dolenthousiast springt ze op.

'Sssshhht!' fluister ik geschrokken, 'mama moet nog slapen!'

'O ja,' zegt ze zacht, met haar handje voor haar mond.

Ik ga de kamer waar Frenk en Maud slapen binnen. Frenk slaapt nog. Maud heeft een slaap-T-shirt aan en ligt te lezen. Ziet er niet uit of ze een wilde nacht hebben gehad. Jammer. Had Carmen leuk gevonden. Maud wenkt Luna, die enthousiast boven op haar springt.

Ik ga weer naar beneden, en kruip naast Carmen in bed. Ze slaapt nog. Ik kijk haar verliefd aan, pak zachtjes haar hand en houd die vast, zo stil mogelijk. Haar adem is zwaar. Langzaam, met onregelmatige tussenpozen. Beeld ik het me nu in, of worden die tussenpozen langer? Als ze nu, terwijl ze slaapt, dood zou gaan zou dat eigenlijk heel mooi zijn. Ze ziet er tevreden uit. Ineens bedenk ik dat ik geen enkele ervaring heb met het zien sterven. Hoe gaat dat? Wanneer besluit het lichaam om te stoppen met een hartslag, met een ademhaling? Gaat dat heel geleidelijk? Zie je dat aankomen? Gebeurt er nog iets kort van tevoren? En moet je dan snel een dokter bellen of moet je het gewoon maar laten gebeuren? Ik heb geen idee wat de etiquette van het doodgaan, of beter, *laten doodgaan* is. Ik ga maar op mijn gevoel af en dat gevoel zegt me dat Carmen nu zo vredig is dat ze van mij zou mogen inslapen.

Tien minuten duurt het langzame ademen. En dan begint Carmen weer normaal te ademen. Zoals ze dat heel haar leven al deed. Ook goed.

Gaan we er toch gewoon weer een mooie dag van maken.

I have become comfortably numb

Pink Floyd, uit *Comfortably Numb* (The Wall, 1979)

ZEVEN

Als Carmen wakker wordt, vraag ik of ze iets wil eten.

'Ja. Een halve morfinepil.'

'Heb je weer pijn?'

Ze knikt. 'Behoorlijk. Mijn rug.'

'Dan krijg je een hele.'

'Zouden we dat wel doen?'

'Ja, wat dan? Ben je bang dat je er dood aan gaat?'

Ze schiet in de lach. 'Als dat zou kunnen...'

Ineens betrekt haar gezicht. 'Wordt het geen tijd om Luna te vertellen dat ik er over een klein tijdje echt niet meer ben?'

'Ik heb haar er vanmiddag al een beetje op voorbereid.'

'En wat zei ze toen?'

'Dat...' – slik – '...het fijn was als je straks geen pijn meer hebt en niet meer hoeft te spugen.'

Samen huilen we om ons zonnetje.

'Gaat het weer?' vraag ik na een tijdje. Ze knikt. 'Zal ik je de mailtjes voorlezen die je gekregen hebt?' Ze knikt weer. Als een echte ster geeft ze haar fans antwoord. Als een echte secretaresse typ ik de antwoorden die Carmen dicteert. In alle antwoorden zegt ze hoe gelukkig ze nu is.

'Je hebt ook een heel mooi stuk geschreven aan Luna in je dagboek,' zeg ik. 'Dat wil ik bij de afscheidsdienst in de kerk voorlezen.'

'O? Wat dan?'

Ik pak Carmens dagboek aan Luna, sla het open op de bladzijde waar ik een geel memootje heb geplakt en begin te lezen.

Ik hoop echt dat ik iets achter laat bij mensen en dat ze jou dat later vertellen. Ik denk namelijk, en dat is niet alleen nu ik ziek ben, dat als je iets echt wilt in het leven dat je het gewoon moet doen. Dat je moet genieten van elke dag, omdat je nooit weet wat er later allemaal gebeurt. Nou, dat klinkt wel erg cliché, maar ik weet even geen andere manier om het te zeggen.

Toen ik ooit au pair was in Londen gingen we veel uiteten en naar de pub. Ik weet nog goed dat ik op een gegeven moment één paar schoenen had, waar de gaten in de zolen zaten. Ik had geen geld om ze te laten maken. Tenminste, als er keus was tussen nieuwe zolen onder m'n schoenen of een avond gezellig met vrienden op stap, dan koos ik voor het laatste. Ik dacht bij mezelf: ik word gelukkiger als ik gezellig met anderen iets ga doen dan als ik alleen thuisblijf met nieuwe zolen onder mijn schoenen.

Daarna ben ik op wereldreis gegaan. Ik hoor van veel mensen dat ze dat ook hadden willen doen maar dat het er niet van kwam. Luna, er zijn vaak honderd redenen om iets niet te doen, maar juist die ene reden om het wél te doen zou al genoeg moeten zijn. Het zou toch heel treurig zijn als je spijt krijgt van dingen die je niet hebt gedaan, want van alle dingen die je wel doet, kun je uiteindelijk alleen maar iets leren.

'Zit wat in, al zeg ik het zelf,' zegt ze blozend.

Daarna maak ik de koffer met herinneringen aan Carmen voor Luna af. Ik lees nog een paar brieven voor die vrienden, familie en collega's aan Luna hebben geschreven.

Ramon schrijft dat hij Carmen maar een of twee keer heeft ontmoet, op feestjes bij het reclamebureau waar papa en hij toen werkten, en dat hij dus niet zoveel over haar mama's karakter kan schrijven, maar dat hij zich Carmen nog precies herinnert. 'Ik weet nog goed hoe trots papa op haar was, toen hij haar aan me voorstelde. En hoe jaloers ik op hem was. Luna, laat ik er niet omheen draaien en het zeggen zoals ik het voel: jouw mama was een onvoorstelbaar lekker wijf. Ik zal papa zeggen dat hij je dit pas mag laten lezen als je daar oud genoeg voor bent, maar jouw mama had tie... eh, borsten waar iedere man zich voor omdraaide. Zo. Dan weet je dat tenminste ook. x, Ramon, de amigo van papa.'

Carmen lacht breeduit. 'Wat lief dat-ie dat schrijft...'

Ik lees de mailtjes die gisteren en vandaag zijn binnengekomen. Terwijl ik hardop lees, doezelt Carmen af en toe weg. Soms is ze er ineens weer.

'Stijn, heb jij onze trouwfoto laten vergroten?'

'Wat?'

'Onze trouwfoto. Heel groot. Op de schoorsteen.'

'Nee hoor...'

'Daar was ik al bang voor,' glimlacht ze. 'Goei poeier,* die morfine...'

Stilte.

'Wat zei je, Stijn?'

'Niets, schat... echt niet.'

Ze zucht. 'Ik ben moe... ik ga even slapen. Eten jullie straks weer gezellig hier?'

Carmen hallucineert soms door de morfine. maar ze
geniet nog van alles. Ben trots en blij voor haar.
X.

* Wrample van Urbanus.

Dan gaan we drinken zeven dagen lang/dan zullen we
drinken, wat een dorst/er is genoeg voor iedereen/dus
drinken we samen/sla het vat maar aan/dan drinken we
samen, wat een dorst/dan zullen we eten, zeven dagen
lang, dan zullen we eten...

Bots, uit *Zeven dagen lang* (Voor God en Vaderland, 1976)

ACHT

De middenstand in de Cornelis Schuytstraat wrijft in de handen bij
Carmens levensfinale. Het is army-catering. Nugteren, de groentejuwelier, loopt binnen op de bakjes zongedroogde tomaten, druiven en
rauwkostsalade. Nan, de delicatessensupermarkt, krijgt de dagelijkse
hoeveelheid melk, peperpaté, rosbief en filet américain (door de au
pair onder protest gekocht), boerenkaas, eiersalade en tijgerbolletjes
voor het ontbijt en de lunch in huize Stijn & Carmen & Luna & Maud
& Frenk & de moeder van Carmen & co niet aangesleept. De apotheek in de Cornelis Schuyt verdenkt ons ervan dat wij zelf een apotheek of een wielerploeg willen beginnen. Iedere dag komt er wel iemand een nieuwe bestelling voor mw. Carmen van Diepen halen. Ze
krijgen de prednison, kytril, paracetamol met codeïne, temazepam,
primperan, vitaminedrankjes, morfine en de citroenwattenstaafjes
om de kotssmaak in Carmens mond wat draaglijker te maken, niet
aangesleept. Pasteuning vraagt lachend of we blijven feesten, als ik
ze bel om weer twee dozen rosé te bezorgen. Per avond gaan er minstens vier flessen doorheen. En dan reken ik de namiddag niet eens
mee. Elke keer als ik beneden kom, zitten er weer andere mensen in
de tuin, de huiskamer en de keuken. En allemaal mee-eten.* Zo'n

---

* Wrample van Wim Sonneveld uit *De jongens* (Conferences, 1970).

sterfbed is beregezellig, maar het kost een vermogen. Nu begrijp ik pas waar de uitdrukking 'stervensduur' vandaan komt.

'Geld maakt niet gelukkig, maar je kunt er wel verdomd veel lol mee hebben,' zegt Carmen. Ze geniet ervan dat ons huis dient als een bourgondische herberg. Iedereen wil Carmen nog zo veel mogelijk zien. Niemand wil iets missen. Het heeft iets weg van een evenement als Pinkpop, Dance Valley, de Parade, carnaval of het Jazzfestival Breda. Een roes. Je zou bijna hopen dat het een jaarlijks terugkerend gebeuren was, zo'n sterfbed.

Dat sterfbed duurt nu al een week, maar het gaat hartstikke goed met Carmen. Beter zelfs dan in het begin van de week. Met morfine slaat ze zich redelijk pijnvrij door de dag heen. 'En je ziet nog eens wat, met al die hallucinaties,' merkt ze op. Ook het overgeven doet haar niets meer. Het is net zo gewoon geworden als haar neus snuiten.

'Dus ik zal het drankje bij de apotheek nog maar een paar dagen uitstellen?' vraagt de huisarts.

'Ja. Noem het maar blessuretijd,' zeg ik.

'Of verlenging met sudden death!' vult Carmen lachend aan.

Bakker kijkt ons wat vreemd aan maar komt ook tot de conclusie dat euthanasie in deze poel van jolijt* nog wat aan de vroege kant is.

Carmen vraagt of ik een bezoekschema wil maken voor de komende dagen. Naast een aantal herhalingsbezoeken van ouders en haar beste vriendinnen wil ze nu nog graag haar collega's van Advertising Brokers zien, een paar vriendinnen uit haar middelbareschooltijd, en de vrouwen van de Moeflon. Ik bel iedereen en maak een strak schema. Als de meiden van Advertising Brokers boven zijn, hoor ik af en toe luid gelach. Na anderhalf uur ga ik naar boven om te melden dat de *meet and greet* ten einde is. De ster moet rusten. Over een uur staan de Moeflon-vrouwen (althans, degenen die nog in leven zijn) op de stoep en vanmiddag komt de begrafenisondernemer ook nog langs.

* Wrample van Henk Elsink uit *Harm met de harp* (1961).

NEGEN

De begrafenisondernemer heeft plaatsgenomen naast Carmens bed. Ze wilde graag meepraten over haar 'afscheidsfeest', dus heb ik er eentje opgezocht in de Gouden Gids en die ontboden.

We laten hem het ontwerp en de tekst voor de uitnodigingen zien.

'Kijk 'ns aan,' zegt de man verbaasd, 'jullie hebben het ontwerp voor de rouwkaarten al klaar.'

'De uitnodigingen,' corrigeert Carmen.

'Eh... juist ja. De uitnodigingen.'

We vertellen hem dat we willen dat Carmen thuis wordt opgebaard. En dat we een dienst willen in de Obrechtkerk, bij ons om de hoek. Zodat Luna en ik zolang we hier wonen ieder halfuur door 'de kerkklokken van mama' zullen worden herinnerd aan Carmen. We maken duidelijk dat we zelf, met onze ouders en vrienden, de dienst zullen doen. We laten hem Carmens cd zien, die al maanden klaarligt, en vertellen hem welke nummers we willen horen in de kerk. Hij zegt dat hij zal uitzoeken of ze een geluidsinstallatie in de kerk hebben. Ik zeg dat dit niet nodig is, dat we dit zelf allemaal regelen.

We vertellen dat Carmen op Zorgvlied begraven wil worden en dat we daarna in het De Mirandapaviljoen wat willen drinken.

'En eten,' zegt Carmen. 'Brownies, Engelse drop, stroopwafels, bagels met zalm en creamcheese en Häagen Dazs-ijs. Macademia Nut Brittle.'

'U hoeft niets op te schrijven, hoor,' zeg ik als ik zie dat hij begint te schrijven. 'Twee vrienden van ons regelen al het eten.'

De man krijgt plezier in onze aanpak.

'Kan ik u misschien nog wel behulpzaam zijn met het uitzoeken van een kist, of had u dat zelf ook al geregeld?' vraagt hij geamuseerd.

'Laat maar eens zien wat u in de aanbieding heeft,' zegt Carmen.

We kiezen een sobere blankhouten kist, met een witte bekleding. 'Daar staat mijn blauwe Replay-jurk het mooist bij,' zegt Carmen. Ze kijkt naar mij. 'Tenminste, als jij het leuk vindt als ik die aandoe.'

Ik zeg dat ik vind dat die haar goed staat. Het woord leuk krijg ik even niet mijn strot uit.

'En de auto voor naar de kerk?' vraagt de begrafenisondernemer.

'Wit. Niet te patserig.'

'Goed.'

'Nou, eh... tot ziens kan ik niet zeggen, hè?' zegt Carmen.

De man lacht schaapachtig en vertrekt.

'Was wel humor geweest als-ie me een prettig uiteinde had gewenst,' zegt Carmen als hij de deur uit is.

Die avond eten we weer met zijn allen bij Carmen aan bed. De gebruikelijke pan groenvoer die de au pair ons nu al een week voorschotelt, begon me aardig tegen te staan. Ik zei vanochtend tegen de meute bij ons thuis dat ik een moord zou doen voor een frikandel, een patatje oorlog of een vette bak Chinees. Er bleken meer mensen zo over te denken. Dus heb ik de au pair vanavond vrij gegeven.

Maud en Frenk halen een lekker kleffe hap bij de afhaalchinees. Het is dagen geleden dat we voer aten dat niet groen of geel is en de babi pangang en koe loe yuk wordt onder luid gejuich verorberd in de slaapkamer. Het feestvarken zelf, zoals Carmen zich noemt, doet het met twee happen yoghurt.

Binnen enkele minuten is ze misselijk. Ze doet haar best om over te geven, maar het lukt niet. Ze steekt een vinger in haar keel, maakt kokhalsbewegingen, maar er komt niets uit.

'Godsamme, waarom komt die zooi er nou niet uit!' vloekt ze.

Ineens komt alles, inclusief de paar happen Fruit 'n Fibre van vanochtend, naar buiten. Als in een Joop Klepzeiker-strip. Onder het overgeven, kus ik Carmen op haar hoofd. Ik geef haar tissues aan. Iedereen is stil. Na een laatste straal braaksel klinkt haar stem uit de emmer. 'Jezus, wat is het hier stil! Is er iemand dood of zo?'

Even blijft het stil. En dan proest iedereen het uit.

TIEN

'Over die jurk doe ik dan dat nieuwe Diesel-jasje aan,' zegt Carmen als ze 's ochtends wakker wordt. 'Ik weet alleen nog niet zeker welke schoenen ik erbij aandoe. Waarschijnlijk mijn Puma's.'

Ik heb geen idee welke ze bedoelt. Ze kwam de laatste maanden elke week met nieuwe schoenen, laarzen of kleren terug.

'En jij? Jij gaat toch ook iets nieuws kopen?'

'Ja. Ik twijfel nog. Ik heb laatst ergens een zandkleurig pak zien hangen, dat kan ik ook op mijn werk dragen. Of een flitsend, crème-wit pak van *Joop!* dat ik in de P.C. Hooft heb gezien. Maar dat kan ik alleen aan naar feesten.'

'Doe dat maar,' zegt Carmen enthousiast, 'ik heb liever dat je me later met feesten dan met werk associeert.'

Ik lach vertederd en omhels haar. Ze ruikt. Carmen is al een week niet meer in bad geweest.

'Ik ga je verwennen. Je gaat in bad.'

'Stijn, nee, dat lukt nooit...'

'Vertrouw me nou maar,' zeg ik en loop naar de badkamer. Ik laat het bad vollopen en doe er een scheut van haar favoriete badolie in. Ik neem de zachtste handdoek die ik kan vinden in de kast, en leg twee washandjes, een schoon onderbroekje en een schone pyjama klaar. Om haar broodmagere billetjes te ontzien, leg ik op de bodem van het bad drie dubbelgevouwen handdoeken. Daarna ga ik terug naar de slaapkamer.

'Nu even je kont omhoog.' Ik trek haar pyjamabroek uit en schrik. Ze is weer magerder geworden de laatste dagen. Haar billen zijn verdwenen, en ook het typische V-tje boven aan haar bilspleet, dat ik altijd zo geil vond, is weg.

Ik help haar om te gaan zitten. Ik trek haar pyjamajasje uit en schrik weer. De ribben zijn met het blote oog te tellen. Haar ene overgebleven borst is een leeggelopen cup D. Ze rilt van de kou. Ik sla snel een badjas om haar heen. Dan til ik haar in de rolstoel en rijd haar naar de badkamer. Ik zet de rolstoel parallel aan het bad. Ze is bang.

'Rustig maar. Ik laat je echt niet vallen.'

Ik doe mijn spijkerbroek en sokken uit, zet één voet in het bad en de andere ernaast. Als ik zeker weet dat ik stabiel sta, til ik haar op en zeg dat ze alleen maar een been in het bad moet zetten en er niet op hoeft te steunen. Daarna het andere been. Ik zak door mijn knieën en zeg Carmen hetzelfde te doen. Even later ligt ze in het warme water. Ze krijgt tranen in haar ogen van genot. Ik doop de washand in het warme water, wrijf er zeep op en begin haar te wassen.

'Ooo... heerlijk...' zegt ze, haar ogen gesloten. Doodmoe, innig tevreden. Ik laat de washand over haar magere lijf glijden. Van haar voeten ga ik naar haar benen. Via haar kruis naar haar buik. Ik was haar ene, verschrompelde borst en ga dan, terwijl ik diep ademhaal, naar rechts. En dan raak ik voor de allereerste keer de plaats aan waar haar borst ooit zat. Mijn washand gaat eroverheen alsof het een doodgewone plek is. Ze doet haar ogen open en zegt zacht tegen me: 'Kom eens...'

Ik buig mijn hoofd naar haar toe. Ze kust me op mijn mond.

'Ik hou van je,' fluistert ze.

Als ik klaar ben met wassen, droog ik haar af en doe dezelfde exercitie als daarstraks in omgekeerde richting. In de slaapkamer doe ik haar een schone pyjama aan. Binnen twee minuten slaapt ze.

Op de wc tik ik een sms in.

Ik zit er even helemaal doorheen, Roos. Wil snel iets van je horen. X. ?

Ze belt direct. Ik vertel wat ik zojuist heb gedaan en barst in huilen uit. Roos troost me en zegt dat deze weken achteraf een cadeau voor mijn hele leven zullen blijken te zijn. En dat Frenk haar vanmiddag heeft gebeld en uitgebreid verslag heeft gedaan van hoe het hier gaat. Roos zegt dat ze trots op me is.

Als ik heb opgehangen, ga ik naar de slaapkamer en kus mijn slapende Carmen zacht op haar hoofd. Met een gelukzalige glimlach val ik in slaap.

Baby, is there no chance/I can take you for a last dance

The Troggs, uit *With A Girl Like You* (With A Girl Like You, 1968)

ELF

'Stijn?'

'Ja?' zeg ik slaperig. Ik merk dat het licht aan is. Ik kijk op de klok. Het is kwart over een 's nachts. Iedereen in huis slaapt.

'Ik heb honger...'

'Waar heb je zin in?'

'In eh... poffertjes...'

'Tot zo dan.'

Even later zitten we midden in de nacht op bed poffertjes te eten.

'Ik denk dat ik toch de Gucci-gympen in plaats van die Puma's aandoe.'

'Huh?'

'In de kist. Bij mijn blauwe jurk.'

Het duurt even voor ik besef wat ze zegt. Dan barst ik in lachen uit. Ik kan niet ophouden. Carmen krijgt ook de slappe lach.

'Stop, stop, ik plas in mijn broek...' zegt ze snikkend van het lachen. Haar sluitspier werkt niet helemaal meer.

'Zal ik wat muziek opzetten?' vraag ik als ik uitgelachen ben. 'Je eigen cd? Kan je dat aan?'

Ze knikt. We zingen de nummers mee, tussen de poffertjes door. Track zes is de openingsdans van onze bruiloft. 'Zullen we dansen?' vraag ik.

'Mafkees!'

Ik til haar op. Haar voeten raken net de grond. Ze hangt in mijn armen, ik draai haar langzaam wiegend rond. We dansen langzamer dan op onze trouwdag, maar we dansen. Ik in mijn onderbroek, Carmen in haar zijden pyjama. Zachtjes zing ik de tekst in haar oor mee.

I want to spend my life with a girl like you... And do all the things that you want me to... I tell by the way you dress that you're so real fine... And by the way you talk that you're just my kind... Till that time has come and we might live as one... Can I dance with you... *

Als het nummer is afgelopen, geef ik haar een tongzoen. Het is intiemer dan seks.

Een halfuur later word ik wakker. De poffertjes komen eruit.

'Het gaat goed hoor,' zegt ze vanuit de emmer. 'Ze waren echt lekker.'

Ze pakt een tissue en veegt haar mond af. 'Zo. Ik ga weer slapen. Trusten.'

* Uit *With A Girl Like You* van The Troggs (1968).

Waiting for that day

George Michael, uit *Waiting For That Day* (Listen Without Prejudice, 1990)

TWAALF

De achtste en negende dag van Carmens sterfbed gaan voorbij. Af en toe huilt ze. Als de pijn in haar rug even te veel is. Als ze moet hoesten en merkt dat ze een beetje urine verliest. Als ze weer een stuk kwijt is door de morfine, waar ze steeds meer van nodig heeft om een beetje pijnvrij te blijven. Een groot deel van de dag is ze zo duf als een Italiaanse coffeeshop-toerist.

Waar ze ook om huilt, is Luna. Van wie ze maar drie jaar heeft mogen houden en genieten. 'Was het maar een kutkind,' lacht ze door haar tranen heen als ze met Luna tegen zich aan op bed een video van Sesamstraat heeft zitten kijken.

's Avonds in bed, als de rest van het gezelschap beneden rosé zit te drinken, huilen we soms samen. Als we herinneringen ophalen over de vakanties die we hebben gehad, over onze vrienden, over de mooie momenten samen. Maar vaker lachen we.

Iedere ochtend vraagt Carmen opgewonden wat het dagprogramma is. Wie er die dag komen. Ondertussen heeft ze iedereen gezien die ze wilde zien. Ik heb even geteld, er zijn in negen dagen zesendertig mensen aan haar bed geweest. Sommigen kwamen één keer, anderen waren niet weg te slaan.

Vriendinnen en vrienden komen af en toe in tranen beneden.

'Ze zei net dat ze het zo erg voor óns vindt, dat we zo'n verdriet hebben,' snikt Anne, als ze een uurtje bij Carmen is geweest. Ik ga boven kijken of Carmen net zo emotioneel is. Als ik de slaapkamer binnenkom, zit ze op de rand van het bed een sigaret te roken. Haar magere beentjes zwaaien heen en weer, de hand die de sigaret vasthoudt, trilt zo dat ze hem nauwelijks naar haar mond kan krijgen. Ze heeft een grijns over haar hele gezicht. Alsof er niets aan de hand is. Ze is mentaal de sterkste van ons allemaal in haar laatste dagen.

De dagen verlopen volgens hetzelfde patroon. We lunchen en dineren met zijn allen boven, Carmen kotst vrolijk door, de au pair doet zuchtend en kreunend het huishouden, Maud, Frenk en Carmens moeder ontvangen de gasten en spelen met Luna en ik til Carmen een paar keer per dag naar en van de po, en breng de emmers poep en kots naar de wc.

Haar lever heeft er nu opzichtig de brui aan gegeven: haar poep is grijs, haar plas donkerbruin. Carmens ogen zijn zo geel als een post-it-velletje. Die ogen liggen diep in hun kassen. Ik heb vandaag de foto's opgehaald die ik gemaakt heb van Carmen, met iedereen die deze week op bezoek is geweest. Ik denk dat niemand ze straks wil hebben. Op vrijwel alle foto's, vooral die van de laatste twee dagen, ziet Carmen er afschuwelijk uit. Het lijkt of ze minder dan veertig weegt. Ik denk dat het zo is.

Als ik voor de zoveelste keer die dag een kotsemmer op de wc aan het leeggooien ben, hoor ik haar roepen.

'Stijn! O, snel... ik moet ineens enorm plassen...' De *Tena Lady* die ik gisteren voor haar gekocht heb, werkt wel voor de hoest- en lach-urine, maar houdt geen volledige plasbeurten tegen. Ik ren naar haar toe. 'Blijf maar liggen. Ik schuif de po er wel onder.'

'Nee... ik hou het niet meer,' roept ze in paniek, 'o... het komt al bijna, Stijn...'

Snel grijp ik een paar handdoeken uit de kast, doe Carmens pyjamabroek naar beneden, schuif een dubbelgevouwen handdoek onder haar billen en duw een andere tegen haar kruis. Ze plast alles nat. Hier lig ik dan. Met een handdoek tegen haar kutje. Haar kutje waar ik altijd zo gek op was. Haar kutje, dat ik honderden keren heb gelikt. Waarin ik mijn lul heb gestoken, mijn vingers, mijn tong, alles wat we maar konden bedenken samen. Haar kutje, waarin ik de eerste nacht nadat ik met haar uitging keer na keer na keer na keer na keer klaar was gekomen. Haar kutje, dat ze voor me openhield met twee handen om me nog geiler te maken dan ik al was. Haar kutje, waarvan ze me luidkeels aanmoedigde om het harder te neuken. Dat kutje lig ik nu met een grote handdoek droog te deppen omdat mijn lieve schat haar plas niet meer kan ophouden. Carmen huilt van schaamte.

'Het geeft niet, liefie...' fluister ik. Ik hou haar vast en kus haar overal. Mijn kleine hoopje fantastische mens.

Als ik haar kruis en haar dijen heb schoongewassen, ga ik bij haar liggen en streel haar over haar gezicht. Ze is verdrietig. 'Dit hou jij toch ook niet vol, Stijn? Ik ben bang dat ik nog weken zo moet liggen en dat het steeds slechter gaat,' snikt ze. 'Ik weet niet of ik nog verder wil...'

Er gaat een lichte schok door me heen. Even denk ik hoe ik het zal zeggen. 'Liefie, ik kon altijd overal met je over meedenken, maar dit moet helemaal jouw beslissing zijn. Ik ben gelukkig dat ik nog voor je mag zorgen en ik wil dat nog weken doen. Maar als jij niet verder wil, snap ik dat ook. Wat je ook beslist, ik heb er vrede mee.'

Ze knikt. 'Gelukkig. Ik heb nu iedereen gezien die ik wilde zien en gedaan wat ik wilde doen. Ik heb alles gezegd wat ik wilde zeggen. Ik wil ermee stoppen. Morgen.'

'Weet je het zeker?'

'Ja.'

'Dan ga ik nu de dokter bellen.'

I've lived a life that's full/I travelled each and every
highway

Frank Sinatra, uit *My Way* (My Way, 1969)

DERTIEN

Langzaam loopt de huisarts voor me de trap op. Hij houdt demonstratief zijn rug vast. Ik vertik het om iets te vragen. Het gezucht van
onze au pair gedoog ik omdat het zo fijn is om er met Frenk, Maud
en de moeder van Carmen lekker over te kankeren, maar een dokter
moet niet zeuren. En zeker niet als mijn vrouw onder de morfine zit
en morgen doodgaat.

'Hoe is het eigenlijk met uw rug?' vraagt Carmen als hij de slaapkamer binnenkomt.

Voor hij kan antwoorden, werp ik hem een norse blik toe.

'O, dat gaat wel, hoor. Maar met jou gaat het nu hard achteruit,
hè?' vraagt hij haastig aan Carmen.

'Ja. Ik heb weer meer pijn dan gisteren en af en toe ben ik hele
stukken kwijt. Ik wil niet meer verder. Morgen wil ik stoppen,' zegt
ze beslist.

Bakker neemt haar indringend in zich op. 'Goed. Ik zal je vertellen
wat er gaat gebeuren. Ik neem morgen een drankje mee. Dat moet
je opdrinken. Daarna ben je binnen een halve minuut weg. Je voelt
niets.'

'Klinkt lekker,' zegt Carmen.

De huisarts lacht. 'Wil je dat er nog mensen bij zijn als het gebeurt?'

'Alleen Stijn,' zegt Carmen zonder aarzeling.

Ik glim van trots, alsof ze me net heeft uitgenodigd om in haar
VIP-box de finale van de Champions League bij te wonen.

'Wel,' sluit de huisarts af, 'dan zal ik morgenochtend nog even bellen om te horen of je bij je beslissing blijft en dan zie je me morgen aan het einde van de dag weer.'

Ik zie nu al op tegen het moment dat ik de bel zal horen, morgenmiddag laat. Alsof de beul voor de deur staat.

Beneden vertel ik dat Carmen morgen euthanasie zal laten plegen. Iedereen is opgelucht. Het is nu zeker. Frenk, Maud en de moeder van Carmen gaan zich bezighouden met de kamer waar Carmen zal worden opgebaard. Anna neemt Luna mee de stad in, zonnebloemspeldjes voor in Luna's haar zoeken. Ik ga met mijn laptop in de tuin zitten om rond Carmens brief aan Luna de mooiste speech te maken die ik in me heb.

Aan het eind van de middag ga ik naar de slaapkamer.

'Ik heb mijn toespraak af...'

'Mag ik hem horen?' zegt ze met glinsterende ogen.

'Ja.' Ik begin met lezen. Ze luistert, met haar ogen gesloten.

...Je wilde mensen iets meegeven, schreef je aan Luna. Dat ze moeten genieten van elke dag. Van jouw begrafenis. Van de rest van hun leven. Van de liefde, van de vriendschap, van mooie kleren, van kleine dingen, van decadente dingen. Genieten is een levenskunst. Jij was van beroep Levenskunstenaar.

'En daarna lees ik die tekst voor die je aan Luna hebt geschreven.'

Ik kijk naar Carmen. Ze veegt haar tranen weg.

'Je bent mijn held...' fluistert ze.

Carmen heeft besloten morgenavond afscheid te nemen. Ik zal erbij zijn. Hou je dinsdagavond vrij voor me? Ik zal je nodig hebben. X.

When you're chewing on life's gristle/don't grumble,
give a whistle/life's a laugh and death's a joke, it's true

Monty Python, uit *Always Look At The Bright Side Of Life* (Life Of Brian, 1979)

VEERTIEN

Die nacht lig ik lang wakker. Om wat ik niemand durf te vertellen. Ik zie op tegen het voor het eerst in mijn leven *live* meemaken van de dood. Ik heb al wel eens een paar dooie mensen gezien. Twee die in een kist lagen en een keer eentje op straat, maar die lag gelukkig onder een auto, die kon ik niet goed zien. Dus dat telt eigenlijk niet mee.

Die twee in kisten waren een tante van me – waar ik amper van schrok omdat die bij leven al niet om aan te zien was – en mijn oma, aan wie ik een hekel had. Maar toch werd ik van deze lijken, waar ik nauwelijks binding mee had, ook niet bepaald vrolijk. Nee, ik ben geen fan van de dood. En iemand *live* dood zien gaan, dat lijkt me helemaal geen feest.

Nou vind ik die angst behoorlijk nichterig van mezelf. Carmen is niet bang, en zij gaat de dood nota bene *beoefenen*. Ik zal hem alleen maar *zien*. Maar het is ook niet zomaar een dood. Voor het eerst in mijn leven zal ik iemand zien sterven, en dan is het nog meteen mijn vrouw ook. Ik bedoel, met voetballen oefen je aan het begin van het seizoen toch ook eerst tegen Klokkentorense Boys of zo? Waarom kan ik niet even wennen aan het zien van de dood door eerst iemand de pijp uit te zien gaan die me niet interesseert? Gewoon een voorbijganger op straat of iemand op de tribune bij Ajax die een hartinfarct krijgt? Waarom moet het nou meteen Carmen zijn die ik morgen dood zie gaan?

Nog wat anders: moet ik nu morgen die begrafenisondernemer

gaan bellen om te zeggen dat we inderdaad voornemens zijn gebruik te maken van de optie tot lijkverzorging, liefst na – maar dan ook graag snel – Carmens geplande dood, zo rond zeven uur? Met een marge van een uur of zo, kan dat, of is dat dan lastig in te plannen? Moet je zoiets vooraf boeken? Niet dat ik hem vanavond bel en dat ik dan te horen krijg dat ik dat natuurlijk véél eerder had moeten doorgeven, dat er nu zes doden voor ons zijn, en dat we nu op zijn vroegst aan het eind van de week aan de beurt zijn.

En daarna? Moet ik twee uur nadat Carmen in ons bed is doodgegaan en is gewassen doodleuk in datzelfde bed gaan liggen? Of mag ik niet zeggen dat ik dat een beetje luguber vind?

Kijk, dat vertellen ze er allemaal niet bij op die euthanasiesite.

> And I know it aches/and your heart it breaks/and you
> can only take so much/walk on, walk on
>
> U2, uit *Walk On* (All That You Can't Leave Behind, 2000)

VIJFTIEN

Carmen maakt me wakker. Het is halfzeven in de ochtend. Ze huilt.

Ik pak haar vast en druk haar tegen me aan.

'Dit is mijn laatste dag...'

'Zou je liever nog door willen gaan?'

'Nee... maar toch... het is zo gek... Wil je nog iets voor me doen?'

'Wat?'

'Wil je iedereen die vandaag komt op het eind wegsturen? Ik vind het zo moeilijk om dat zelf te doen... En ik wil geen tijd tekortkomen met Luna en jou...'

Carmen heeft gisteren zelf aangegeven hoeveel tijd ze met iedereen wil, wie er samen moeten komen en wie apart. Zoals een rockster omgaat met interviews.

'En bel je de dokter nog even? Zeg maar dat het doorgaat.'

Hoi. Zal heftige dag worden. Iedereen hier
verdrietig, maar ook opgelucht dat het vandaag
zover is. Denk maar veel aan me en brand een
extra kaars voor Carmen.x.

De eersten die naar boven gaan, zijn Thomas en Anne. Ze zitten ruim een uur bij Carmen. Dan komen ze naar beneden. Anne houdt zich groot. Thomas vraagt of ik even mee wil komen. We staan in de keuken. Zijn ogen zijn rood. 'Ik mis haar godverdomme nu al.'

Hij slaat een arm om me heen, pakt mijn hoofd in zijn grote handen en kust me op mijn voorhoofd. Voor het eerst sinds ik hem ken, kust de Beer van Maarssen me.

'Stijn, ik eh... moet zeggen dat ik niet altijd een eh... goeie vriend was het afgelopen jaar. Ik ben niet zo'n eh... prater als het erop aankomt. En eh... misschien heb ik me soms... een beetje vergist in je... Carmen heeft me verteld over die, hoe heet ze, Toos, van de Moeflon. Dat zij en haar man gescheiden waren. En over de chemo's, waar jullie altijd de enigen waren die samen gingen. En hoe je haar er al die tijd doorheen hebt gesleept. En hoe gelukkig je haar de laatste weken hebt gemaakt. Ik... eh... ben trots op je, man.'

Hij omhelst me zo stevig dat ik vrees dat ik zo meteen eenzelfde blessure heb als onze huisarts, maar ik vind het moment te mooi om hierover te gaan lopen mieten. We janken. Allebei. En schieten dan in de lach.

'Nou is het wel genoeg, vuile nicht...' snotter ik lachend.

'Ja. Eikel.'

'Klootzak.'

'Lul.'

Met de armen om elkaars schouder lopen we de tuin in. Maud kijkt ons aan alsof ze Louis van Gaal een duet met Johan Cruijff ziet zingen.

Frenk heeft een blije lach op zijn gezicht als hij beneden komt. 'Het was gezellig. We hebben nog ontzettend gelachen.'

Maud komt snikkend terug. 'Het was prachtig. Ze leek wel verlicht.'

De meesten komen niet uit zichzelf naar beneden en moet ik met zachte hand dwingen om een eind aan de sessie te maken. Carmen ligt als een koningin te genieten van al het liefs dat ze op zich krijgt afgevuurd en van alle mooie gesprekken. Al snel zijn we meer dan anderhalf uur achter op schema. Ik kon het niet over mijn hart verkrijgen om als een politieagent mensen de kamer uit te sturen als ze daar nog niet aan toe waren. Maar ik vind het ook niet zo'n fijn idee dat ik straks de sluitpost van Carmens levenstijd word en zelf onvoldoende tijd met haar heb.

'Is het goed als ik de dokter bel dat het iets later wordt?' vraag ik.

'Ja hoor. Het is wel leuk zo. En er is toch geen haast?'

Ik bel de dokter en vraag of hij niet om halfzes, maar om halfacht wil komen. 'Ze vindt het te gezellig.'

Carmens moeder is de laatste die voor Luna en mij is. Ze is binnen een kwartier terug. Ik sta klaar om haar op te vangen, maar ze is niet emotioneel. Ze ziet er gelukkig uit.

'We hadden alles al tegen elkaar gezegd,' zegt ze. 'Ze zei alleen nog "tot ziens vrijdag bij mijn begrafenis".'

Never forget who you are/little star/never forget where
you come from/from love

Madonna, uit *Little Star* (Ray Of Light, 1998)

ZESTIEN

Vanochtend is Luna een halve dag naar de crèche geweest. Ik wilde haar niet de hele dag met huilende mensen confronteren. Op de heenweg heb ik haar uitgelegd dat de dokters mama nu niet meer beter kunnen maken. Luna reageerde met een nuchter 'O'. Ik vertelde dat ze mama vanmiddag voor de laatste keer zal zien. En dat mama daarna doodgaat.

'Net als vogeltje?' vroeg ze.

'Ja,' slikte ik, 'net als vogeltje.'

'En net als Elvis en Beavis?'

'Ja,' lachte ik, 'net als Elvis en Beavis.'

'Maar mama gaat niet in de wc. Niet naar de vissenhemel.'

'Nee. Mama gaat naar de mensenhemel. Daar wordt ze het liefste engeltje dat er is.'

Ik heb haar net opgehaald. De leidsters, die ik de laatste weken op de hoogte heb gehouden van de ontwikkelingen aan het front, zeiden dat Luna heel trots aan de andere kinderen heeft verteld dat haar mama vanavond doodgaat en dan een engeltje wordt. Luna werd er vandaag in één klap de populairste peuter van de groep door.

Ik heb een knoop in mijn maag als ik met Luna de slaapkamer binnenloop. Carmen begint meteen te huilen als ze ons ziet.

'Wil jij het uitleggen?' vraagt ze me met trillende stem.

Ik knik.

'Luna, kom je op mijn schoot zitten?' vraag ik. We nemen plaats vlak naast Carmens bed. Luna is heel rustig. Heel intensief bestudeert

299

ze haar mama. Ze wendt haar blik niet af, blijft Carmen aankijken.

Ik begin.

'Ik heb verteld dat mama heel ziek is en dat ze vandaag doodgaat, hè?'

Luna knikt.

'Straks komt er een dokter, en die neemt dan een drankje mee. Mama mag dat drankje opdrinken en dan gaat ze slapen. Maar dat is geen echte slaap, want daarna wordt ze niet meer wakker. Dan heeft ze geen pijn meer, is ze niet meer ziek.'

'Moet ze dan niet meer spugen?'

'Nee. Dan...' – ik moet even stoppen, omdat ik zie hoe Carmens tranen over haar wangen biggelen – '...dan moet ze niet meer spugen.'

Ondertussen pakt Carmen Luna's handje en begint het te strelen.

'En dan gaat ze dood. Heel rustig.'

'En moet mama dan in een kist?'

'Ja. Dan gaat mama in een kist.'

'Net als Sneeuwwitje?'

'Ja. Maar dan nog mooier...' zeg ik met betraande wangen.

Luna kijkt naar me en kust me op mijn wang. Ik ga door.

'En die kist zetten we dan beneden in de huiskamer, met een glazen deksel erop. Mama krijgt dan haar mooiste jurk aan.'

'Welke jurk?' vraagt Luna benieuwd.

'Die blauwe,' zegt Carmen.

'Wacht, ik pak hem wel even,' zeg ik.

Ik pak de Replay-jurk, die al dagen klaar hangt tegen de kast achter haar bed.

'Mooi, hè?' vraag ik.

Luna knikt.

'En dan kunnen we nog een paar dagen kijken naar mama, zoveel als we willen, maar dan zegt ze niets meer terug.'

Luna knikt weer. Ze vindt het vrij logisch, zo te zien.

'Als mama dan een paar dagen in de huiskamer gelegen heeft, gaan we naar de kerk, met een heleboel vrienden van mama, om liedjes te zingen en mooie verhalen te vertellen over mama. En dan gaan we mama begraven. Net als het vogeltje in het boek, weet je nog?'

Ik zie dat ze een beetje teleurgesteld is.

'Maar mama zou toch naar de hemel gaan?'

Carmen lacht.

'Ja. Maar dat is heel moeilijk uit te leggen. Dat snappen grote mensen ook niet precies,' zeg ik. 'Ik denk dat mama's lijf dan begraven is, maar dat ze in de hemel dan een ander lijf krijgt.'

'Van een engeltje!' roept Luna enthousiast.

'Ja...' zeg ik, op mijn lip bijtend.

'Ik vind het wel jammer dat mama doodgaat.'

'Ik ook, schatje,' fluistert Carmen. 'Ik ook.'

'Kan ik je dan niet meer zien?'

'Nee. Als jij straks, als je heel oud bent, ook doodgaat en ook een engeltje wordt, dan zien we elkaar denk ik wel weer...' zegt Carmen.

'O...'

'Daarom hebben mama en ik een heleboel dingetjes van mama in die koffer daar gedaan. Die kun jij straks, als je een beetje groter bent, lezen en bekijken.'

'En papa zal altijd van alles over mij kunnen vertellen. En een nieuwe mama straks ook,' zegt Carmen.

Stil.

'Wat denk je ervan?' vraag ik Carmen, niet wetend hoe ik anders moet formuleren of ze klaar is om afscheid te nemen van haar dochtertje.

'Laten we het maar doen,' huilt Carmen.

Ze strekt haar armen uit. Ik zet Luna op de grond. Ze staat nu naast Carmens bed.

'Ik hou van je, lieverd,' zegt Carmen.

'Ik hou van jou,' zegt Luna beduusd.

En dan begint ze Carmen te kussen. Over haar hele gezicht. Overal. Zoals ze nog nooit gedaan heeft. Luna kust Carmens wang, haar oog, haar voorhoofd, haar andere wang, haar mond... Luna veegt een traan weg op Carmens wang. Ik voel mijn hart pijn doen, ik zou er alles voor willen geven als ik dit kon veranderen, ik zou... ik zou...

Ik kan er niets aan doen.

Behalve op mijn knieën naast Carmen en Luna gaan zitten en voor de allerlaatste keer een groepsknuffel doen.

Daarna maak ik me los en loop met Luna in de richting van de deur. Carmen knikt.

'Dag kleine lieverd van me,' zegt ze nog een keer, intens verdrietig.

Luna zegt niets. Ze zwaait naar Carmen, haar ene hand in die van mij. En geeft Carmen een kushand. Carmen houdt haar hand voor haar mond en huilt verder.

Luna en ik lopen de slaapkamer uit. Carmen zal Luna nooit meer zien.

God, laat er alsjeblieft een hemel zijn waar ze elkaar weer zullen zien.

Alsjeblieft.

Alsjeblieft.

Alsjeblieft, God.

Ga nu maar/ik blijf nog even hier/maar ik wil je nog
bedanken/voor wat je hebt gedaan/het afscheid komt
altijd te vroeg

Tröckener Kecks, uit *Een dag zo mooi* (Andere plaats andere tijd, 1992)

ZEVENTIEN

We hebben alles al tegen elkaar gezegd. Toch hebben we zo meteen nog anderhalf uur samen voor de dokter komt. Alsof je op vakantie bent en dan het laatste uur moet wachten op de bus die je naar het vliegveld zal brengen. Ik wil er een afscheid in de stijl van Carmen van maken. Ik pak de videocamera, zet hem aan en film de tekst die Maud en Frenk vanochtend op de muur in de huiskamer hebben geverfd. Ik trek mijn spijkerbroek en T-shirt uit en doe het blauwe overhemd aan dat ik vanochtend heb klaargelegd. Dezelfde kleur als Carmens jurk. Daarna haal ik het crème-witte pak uit de plastic tas van Oger en trek dat aan.

In de slaapkamer ga ik voor het bed staan en spreid mijn armen.

'Kijk. *Shopping is healthy*,' zeg ik.

Haar ogen beginnen te twinkelen. 'Je hebt het gekocht!'

'Voor jou. En?'

'Wat mooi...' Ze is ontroerd. Ze lacht en huilt tegelijk. Ze gebaart dat ik me om moet draaien. 'Het is echt prachtig... het staat je geweldig. Zul je altijd aan me denken als je het aan hebt?'

'Altijd. Op elk feest waar ik heen ga.'

'Dan weet ik zeker dat je vaak aan me gaat denken,' lacht ze.

Ik ga naast haar liggen en omhels haar zo goed als het gaat. Minutenlang zeggen we niets.

'Ik ben benieuwd naar de andere kant,' zegt Carmen plotseling. Ze zegt het alsof ze op het punt staat naar een film te gaan waar ze veel over gehoord heeft. 'Ik ben blij dat het zover is. En hoeveel ik Luna en jou ook zal missen, ik ben blij dat ik niet in jouw schoenen sta. Alleen met Luna, zonder jou... Ik zou er de kracht niet voor hebben. Ik zou niet willen ruilen met je...'

'Ik niet met jou...'

'Wat hebben we het dan toch goed, hè...' lacht ze.

We praten, zoals zo vaak de laatste weken, over Ons. Waarom we verliefd werden op elkaar, wat we in elkaar waarderen, wat we van elkaar hebben geleerd, wat we allemaal samen hebben meegemaakt. We zijn blij dat we Ons zijn geweest. Fuck alle ruzies, fuck alle problemen, fuck de kanker, fuck de avond van het auto-ongeluk, fuck Pim, fuck Sharon en fuck alle vrouwen die ik heb geneukt, behalve Roos. En Maud.

'Zullen we onze trouwringen afdoen?' vraag ik voorzichtig.

'Ja...' We houden elkaars hand vast en herhalen het ritueel van onze trouwdag. In tegenovergestelde richting. Ik doe de ringen in een zilveren sieradendoosje en berg dat op in de koffer met herinneringen voor Luna.

Carmen kijkt naar de ring die om mijn andere ringvinger zit.

'Mag ik hem nog een keer omdoen bij je?' vraagt ze verlegen.

Ik haal de ring die ik een half jaar geleden van haar kreeg van mijn vinger en geef hem aan Carmen. Ze probeert de tekst te lezen die ze aan de binnenkant van de ring heeft laten graveren. Het lukt haar niet.

'*Voor mijn grote liefde. xxx Carmen,*' lees ik voor.

'O ja...' zegt ze, tevreden naar de ring kijkend.

Ze probeert hem om mijn vinger te schuiven, maar komt kracht tekort. We doen het samen.

'Hou je hem om?'

'Altijd.'

'Fijn,' zegt ze zacht.

Stilte.

'Ik heb nog wat om je op te vrolijken,' zeg ik.

Ik pak de videocamera. Ik heb de laatste dagen ons hele huis op video gezet. Het huis dat we samen hebben gekocht, en waarvan Carmen de laatste elf dagen, met onderbreking van een kwartier badderen, slechts de slaapkamer heeft gezien. Mijn stem op de band geeft commentaar.

Dag Carmen. Het is al een tijd geleden, dus mocht je hem niet meer herkennen: dit is onze tuin. Hier zie je de nieuwe parasol, waaronder ook vandaag Frenk, Maud en je moeder zich vanaf elf uur 's ochtends zitten te bezatten terwijl hun beste vriendin en dochter boven in bed doodziek ligt te zijn. – *gelach* – Wellicht kunnen jullie nog de beleefdheid opbrengen om een toast op Carmen uit te brengen? – *ze proosten, joelend* – Je ziet ook dat Maud haar glas amper meer op kan tillen en dat je moeder door de drank nauwelijks meer kan praten – *gebulder* – ...

– Carmen lacht –

...Vervolgens gaan we naar de hal, en zie daar: de door Manus Rick in allerijl opgehangen kroonluchter die jij al weken geleden had gekocht, maar waar hij steeds te lui voor was om hem op te hangen. We zien – *ik loop de trap op* – de prachtige foto's die we in Ierland hebben gekocht eindelijk hangen, op de plaats waar jij ze niet mooi vond hangen en ik wel – ik dacht, laat ik er nu maar gebruik van maken dat je toch niet je bed uit kunt komen...

– Carmen lacht hardop –

...en dan zijn we in de huiskamer. Daar zitten Anne en Thomas een kroket te eten, o, correctie, Thomas heeft er twee, zie ik, vermoedelijk ter aanvulling van het zojuist genuttigde vegetarische muizenhapje dat onze au pair ons heeft voorgeschoteld. – *'Dag Carmen!!!' brullen ze met volle mond in de camera* – We zien duidelijk dat de buurt verloedert sinds onze vrienden er regelmatig komen, het eten met dichte mond is nog altijd geen usance in Maarssen. Dan hebben we hier nog de naaktfoto die ik van jou voor mijn verjaardag heb gekregen, waar zelfs Frenk geil van lijkt te worden...

– Carmen lacht hoofdschuddend –

...En dan, ten slotte, – *de camera zwenkt naar het andere deel van de L-kamer, we zien een leeggemaakte ruimte, met overal bloemenvazen aan de zijkant, de helft ervan is nog leeg* – zie je hier de ereruimte waar... – *de stem op de videoband stokt even en wordt iets zachter* – jij straks komt te liggen...

– Carmen slikt en pakt mijn hand, ik vraag of ik de band stil moet zetten, ze schudt nee –

...we zien hier een foto van jou, mij en Luna die we vlak voor je voor de tweede keer kaal werd, hebben laten maken. Ik heb hem gisteren hier opgehangen in de huiskamer...

– Carmen knikt tevreden en zegt zacht: 'mooie plek' –

... en dan last but not least – *de camera gaat van de ene muur via de tafel voor het raam, waar de bloemenvazen al klaar staan om gevuld te worden, naar de andere muur* – een tekst die Frenk en Maud vanmiddag nog op mijn verzoek op de muur hebben geverfd, en die me altijd aan jou zal herinneren zolang Luna en ik in dit huis wonen... – *de camera zoomt uit en toont twee woorden die over de volle lengte van de muur zijn gespoten, in krachtige kapitalen, met zilvergrijze verf; de stem zwijgt als de camera secondenlang de twee woorden in beeld houdt* –

'Carpe Diem...' fluistert Carmen, roerloos naar het beeldschermpje op de camera kijkend. Ze knikt en kijkt me vertederd aan.

'Prachtig. Zelfs het huis is af.'

De bel gaat.

No alarms/no surprises/silence

Radiohead, uit *No Surprises* (OK Computer, 1997)

ACHTTIEN

De huisarts komt boven, een koffer in zijn hand. Hij is goedgeluimd en geeft ons allebei vrolijk een hand.

'Zo,' zegt hij en hij gaat zitten op een stoel naast ons bed.

'Gaat het alweer iets beter met uw rug?' vraagt Carmen.

Hij begint een uiteenzetting over waar het in zijn rug zit en hoe lang het duurt voor het over gaat en hoe lastig het allemaal is. Carmen luistert beleefd. Ik laat hem voor deze keer maar. Het breekt de spanning wat.

'Maar het gaat niet om mij,' wijzigt hij van onderwerp, 'tjonge meid... Op zo'n jonge leeftijd deze vorm van kanker, dat komt zelden voor. Je hebt zo verschrikkelijk veel pech gehad...'

'Tja. Misschien wel...' zegt Carmen met haar blik op mij.

Wij geloven niet meer in pech. Pech bestaat niet. Toeval bestaat niet. Geloven in toeval is een belediging voor het leven. Het ging zoals het ging. Ooit zullen we erachter komen waarom. Carmen weet het over een uur misschien al. Ik zou er bijna jaloers op worden.

'Zal ik de spullen dan maar klaarmaken?' vraagt dokter Bakker.

We knikken. Hij haalt een flesje uit zijn tas.

'Heb je voor mij een groot glas, Stijn?'

Ik loop snel de trap af naar de glazenkast en kijk naar de glazen. Eh... ja, wat voor glas gebruik je voor zoiets? Ik neem een neutraal longdrinkglas en prent me in om NIET TE VERGETEN DAT GLAS STRAKS WEG TE GOOIEN. Voor je het weet drinkt er vanavond nog iemand bij toeval uit en kan ik ineens twee begrafenissen regelen.

Bakker schenkt voorzichtig het flesje leeg in het glas. Het is halfvol.

'Het ziet eruit als water,' zegt Carmen.

'Het smaakt naar anijs. Je moet het langzaam, in één keer leeg-drinken.'

Carmen knikt.

'En dan zul je binnen een seconde of tien merken dat je slaperig wordt. Jullie zullen daarom voor je drinkt, afscheid van elkaar moeten nemen. Want soms gaat het heel snel.'

'Goed.'

'Ben je er klaar voor, Carmen?' vraagt de huisarts plechtig.

'Helemaal,' antwoordt Carmen glimlachend.

'Dan kunnen jullie nu het beste afscheid nemen.'

Ik lig op mijn zij naast Carmen en beweeg mijn hoofd naar haar toe. We zijn beiden een beetje lacherig nerveus. We fluisteren.

'Ik ben blij dat ik je vrouw was,' fluistert ze. 'Ik ben nu gelukkig.'

'Mensen die hier niet in huis zijn geweest, zullen dat nooit kunnen geloven...'

'Het is echt zo. Bedankt voor alles, Stijn. Ik hou van je. Eeuwig.'

Ik slik. 'Ik zal ook altijd van je blijven houden, Carm...'

De huisarts zit met zijn armen over elkaar naar buiten te kijken.

'Geniet nog, de rest van je leven,' zegt ze zacht en ze streelt me over mijn wang.

'Zal ik doen. En ik zal goed voor je dochter zorgen.'

'Tot ziens, grote liefde van me...'

'Tot ziens, liefie...'

We kussen elkaar en dan zegt Carmen tegen de dokter dat ze er klaar voor is.

'Stijn, wil jij even meehelpen om Carmen rechtop te zetten en een paar kussens achter haar rug te doen? Dat drinkt makkelijker.'

We helpen Carmen omhoog. Veel kracht kost het niet.

De dokter geeft haar het glas aan.

Carmen kijkt me nog een keer aan. Ze glimlacht. Ik pak haar hand.

'Daar gaan we dan,' zegt Carmen. Ze zet het glas aan haar mond en begint te drinken.

Terwijl de dokter geconcentreerd toekijkt en rustig 'doordrinken... doordrinken... doordrinken' zegt, ben ik voor de zoveelste keer in de afgelopen twee jaar onbeschrijflijk trots op de moed van mijn vrouw.

Het glas is leeg.

'Smaakt niet eens slecht,' grapt Carmen. 'Beetje als ouzo...'

'Ja, hè?' zegt dokter Bakker, die ondertussen de kussens achter haar rug weghaalt.

Carmen gaat weer liggen. Ze kijkt nog een keer naar mij. Tevreden, kalm, vol liefde.

'Mmmm... dit voelt goed,' zegt ze na een paar seconden, alsof ze in een warm bad ligt. Haar ogen zijn gesloten.

Bakker kijkt mij aan en knipoogt. Ach, hij bedoelt het goed.

Ik streel onophoudelijk Carmens hand. Bakker heeft de pols van Carmens andere arm vastgepakt. Hij kijkt op zijn horloge.

'Kijk, nu is ze weg,' zegt hij zacht, zijn ogen nu op Carmen gericht.

Ik kijk naar Carmen. Mijn Carmen. Ze beweegt niet meer.

'Nee hoor, ik ben er nog,' zegt Carmen plotseling, zachtjes, en ze opent haar ogen even.

Ik schrik niet, maar glimlach.

Daarna zegt Carmen niets meer. Haar adem gaat langzamer. Haar pols ook, zegt de dokter.

'Nu is ze binnen een minuut weg,' zegt hij.

Er gaat een minuut voorbij. Carmens adem stokt af en toe. 'Schrik er maar niet van, hoor,' zegt de dokter. 'Ze voelt hier niets meer van.'

Er gaan twee minuten voorbij. Carmen ademt nog steeds, af en toe.

'Kom maar, meisje, geef het nu maar op,' zegt de huisarts.

Er gaat weer een minuut voorbij.

'Ze is wel heel sterk hoor! Sjonge jonge.'

Ik ben weer trots op Carmen, al weet ik eigenlijk niet of je wel trots kunt zijn op het lichaam van je vrouw dat het niet wil opgeven terwijl de baas van dat lichaam, Carmen zelf, al wel is gestopt.

Er gaat weer een tijd voorbij. Carmen ademt langzaam. Ze rochelt wat.

'Het ziet er echt enger uit dan het is, hoor,' zegt de huisarts.

Ik vind het niet eng. Ik vind het alleen erg voor haar moeder, die zich beneden in de tuin ongetwijfeld afvraagt wat er in hemelsnaam aan de hand is. Zou Carmen ineens geen zin meer hebben?

Vijf minuten later – de arts praat ondertussen over de juridische aspecten van actieve en passieve euthanasie, over hulp bij zelfdoding en andere terminale koetjes en kalfjes, ik antwoord half, verlies Carmen geen seconde uit het oog – stelt hij voor om over een paar minuten toch maar een spuitje te geven in haar aderen.

'Voelt ze daar niets van?'

'Nee, helemaal niets.'

'En dan geeft het lichaam het wel op?'

'Ja. Dan is ze vrijwel direct overleden.'

'Doet u het dan maar.'

Bakker zoekt in zijn tas. Hij haalt er een injectiespuit uit, vult die weer met eenzelfde kleurloze vloeistof en legt hem op het kastje naast het bed. Dan gaat hij op zoek naar een geschikte ader. Die hij niet vindt. Ineens schieten de problemen tijdens de chemokuur met het aanprikken me te binnen. Carmens aderen liggen blijkbaar ver onder haar huid. Bakker bindt Carmens arm af en zoekt en zoekt. Nada.

'Wil jij even aan de kant gaan?' vraagt hij en kruipt aan de andere kant van Carmen op het waterbed, de spuit in zijn ene hand en met zijn volle lichaamsgewicht steunend op de andere. Ik vind het een levensgevaarlijke stunt en weet niet of ik angstig moet kijken of de slappe lach moet krijgen. Als hij zo meteen zijn evenwicht verliest, valt hij in de euthanasiespuit. Soort van: wie een spuit maakt voor een ander valt er zelf in. Zit ik hier zo meteen met een dooie dokter en een bijna-dood lichaam van Carmen. Leg dat maar eens uit aan de politie.

Bakker vindt ook in Carmens andere arm geen ader. Hij probeert het wel een paar keer, maar vergeefs. De naald vindt geen ader. Ik moet er wel een beetje om lachen. Haar lichaam is zo aan het levensgenieten gewend dat het vertikt ermee te kappen.

'Dan maar in de lies,' zegt Bakker. Er zijn al vijfentwintig minuten voorbij sinds het drankje.

'Gelukt!' zegt Bakker enthousiast.

Vijftien seconden later ademt Carmen niet meer.

Ik streel haar hand, kus haar voorhoofd en voel een traan over mijn wang glijden.

'Dag lief Carmpje van me...' fluister ik.

De huisarts hoort me niet meer. Hij is aan het bellen naar een andere dokter die zo meteen moet komen controleren of de euthanasie technisch en juridisch is verlopen zoals het hoort.

Ik ga naar de tuin en vertel dat Carmen overleden is. Iedereen reageert gelaten. Opgelucht zonder het te durven zeggen.

Frenk en Maud knikken slechts.

Thomas staart voor zich uit. Anne houdt zijn hand vast.

Luna is vrolijk en zit kirrend in de neus van Carmens moeder te knijpen.

Haar moeder, haar dochter, hun vriendin, mijn vrouw is dood.

Liefde, wat is dan liefde?

André Hazes, uit *Wat is dan liefde?* ('n Vriend, 1980)

> Soms is 't beater iets moeis te verleeze/beater verleeze
> dan dat ge 't noeits het gehad

Rowwen Hèze, uit *Heilige Anthonius* (Water, lucht en liefde, 1997)

EPILOOG

We kijken met zijn allen naar The Artist Formerly Known As Carmen.*

Tja, wat moet je ervan zeggen. Het lijk lijkt niet op wie Carmen was. Carmen is verdwenen – God weet waar naartoe – en haar lijk heeft ze achtergelaten, achteloos. Hoe je het ook wendt of keert – wat die assistenten van de begrafenisondernemer nu schaamteloos aan het doen zijn met hun enge handschoentjes, we gaan snel de kamer uit – dit is een lijk. Morsdood.

Het is maar goed ook dat Carmen dood is, als ze de mannen had gezien die nu haar lichaam aan het eh... prepareren zijn, had ze alsnog een hartstilstand gekregen. Toen ik ze daarnet beneden in de hal zag binnenkomen, bijna geruisloos achter hun baas aan lopend, hun handen vroom in elkaar gevouwen voor hun buik, liepen de rillingen me over de rug. Ze gaven mij en Carmens moeder een hand en fluisterden ons beroepsbedroefd een condoleance toe. De ene is rechtstreeks uit Lucky Luke weggelopen. Ingevallen wangen, een kortgeschoren schedel en de lichaamshouding en blik van een aasgier. Kromgebogen, loerend op zijn kans om aan het werk te kunnen gaan. Zijn collega lijkt op die dikke van *Adams Family*. Hij is kaal van zichzelf, pafferig en ik verdenk hem ervan dat hij zich daarnet stond in te houden om niet te likkebaarden bij het vooruitzicht aan Carmens lijk te mogen beginnen. Ach, ze hebben in ieder geval van

* Afgeleid van TAFKAP, The Artist Formerly Known As Prince.

315

hun hobby hun beroep gemaakt.

Terwijl de begrafenisondernemer mij in het Carpe Diem-gedeelte van onze huiskamer staat uit te leggen hoe de koelinstallatie werkt waar de kist met Carmens lichaam op komt te staan, zie ik de aasgier de trap af komen. Ik vang een glimp op van de brancard die hij met de dikke man draagt. Dit wil ik niet zien. Snel ga ik de tuin in.

Uiteindelijk mogen Carmens moeder en ik komen kijken. We zuchten diep en gaan de huiskamer binnen. Zo meteen ga ik het lichaam van mijn vrouw in een kist zien.

Het valt niet tegen. Haar felblauwe Replay-jurk met haar Diesel-spijkerjasje erover staan haar goed. Morgen zal Anne haar opmaken, heeft ze beloofd. We gaan ervan uit dat Carmens lijk net zo ijdel is als Carmen zelf was.

Anne en Thomas nemen afscheid en gaan naar Maarssen. Carmens moeder gaat naar bed. Frenk, Maud en ik trekken nog een fles wijn open. We praten over wat we allemaal moeten regelen de komende dagen. De begrafenis is vrijdag.

'Hebben jullie iedereen gebeld?' vraag ik.

'Ja, familie, vrienden, collega's: iedereen.'

'Fijn,' zeg ik, kijkend naar mijn glas rosé.

'Weet Roos het al?' vraagt Frenk.

'Nog niet,' schud ik, 'ik ga haar zo even sms'en.'

Frenk knikt.

'Ik wil jullie iets vragen,' zeg ik, Maud en Frenk beurtelings in de ogen kijkend. 'Ik wil een eerlijk antwoord.'

Ze knikken.

'Ik denk erover om Roos te vragen naar de begrafenis te komen.'

Ze zijn allebei even stil.

'Doen,' zegt Frenk.

Maud wacht even en knikt dan.

'Ja. Ik vind ook dat het kan.'

Om halftwaalf ga ik naar bed. Ik schrik een beetje als ik de slaapkamer binnenkom. Mijn blik richt zich als vanzelf op de plek in bed waar Carmen elf dagen achtereen gelegen heeft. Het is er leeg. Ik kleed me uit en stap in bed. Carmens moeder heeft het bed al verschoond en de oude lakens weggegooid. Toch ga ik niet in het midden liggen, maar op mijn eigen plaats.

Dan pak ik mijn gsm.

Carmen is vanavond om kwart over acht rustig overleden. Ik was erbij. Voel me op dit moment redelijk goed. Ik bel je morgen. Wil je vrijdag voor de begrafenis vrijhouden?

Daarna neem ik de afstandsbediening van de televisie. Ik zoek op teletekst wat voor weer het morgen wordt. Eenentwintig graden, zonnig. Mmmm. Morgenvroeg lekker in mijn eentje een krantje lezen en een kop cappuccino drinken op het terras van Het Blauwe Theehuis.

Als ik de afstandsbediening op het nachtkastje leg, zie ik in de hoek van de kamer een paar witte gympen met groen-rood-groene band staan. Lachend schud ik mijn hoofd. De Gucci's waar ze zolang over heeft getwijfeld. Morgen gelijk even die begrafenisman bellen dat hij ze haar aandoet. Trouwens, wat een flauwekul. Ik stap uit bed, trek een badjas aan en pak de gympen. Zachtjes, om Luna niet wakker te maken, loop ik de trap af. Met de gympen in mijn hand open ik, een beetje nerveus, de deur van de huiskamer, waar de koelinstallatie onder Carmens kist een licht gebrom laat horen.

You're so vain/I'll bet you think this book is about you/
don't you/don't you/you're so vain

Carly Simon, uit *You're So Vain* (No Secrets, 1972)

VERANTWOORDING

Het is niet onmogelijk dat er artsen, chirurgen, psychotherapeuten en andersoortige genezers zijn die zichzelf hebben herkend in bepaalde karakters, gebeurtenissen of ontmoetingen. Dat is niet voor eenieder van hen even prettig. Ik zou me troosten met de gedachte dat een roman per definitie fictie is.

De overige karakters zijn de vrucht van mijn interpretatie en het combineren van bestaande personen. Dat combineren was echt nodig, zei mijn redacteur, toen ze de oorspronkelijke versie van mijn manuscript las. Zie www.kluun.nl/hetboek/themakingof...: ruim vierhonderd dichtbeschreven A4-tjes met hopeloos veel totaal overbodige en bovendien slecht uitgewerkte personages (het leek met al die namen die je moest onthouden af en toe wel een familieroman van Couperus, maar dan – gelukkig – veel leuker en – helaas – minder goed geschreven), ellenlange beschrijvingen van ontelbare ziekenhuisbezoeken, breed uitgemeten puberaal beschreven seksscènes en vooral veel onbegrijpelijk debutantengefilosofeer over de zin van het leven.

De ziekenhuizen, horeca-etablissementen en overige locaties bestaan alle in werkelijkheid. Zie ook www.kluun.nl/stijnsworld.

DANK

Brenda, Don, Kurt en Naat voor het genadeloos kritisch meelezen van het oorspronkelijke manuscript.

Bart H, Bart V, Engin, Eric H, Eric L, Geert, Hugo, Jan, Marco, Mars, Sieb, Sikko en Yonneke voor jullie inspanningen rondom manuscript, muziek, website, ontwerp, game en presentatie.

Janneke en Joost voor het vertrouwen.

André, Bono, Brett, Bruce, F-Side, Hans, Huub H, Huub vd L, Jan, Johan, Michael, Rick, Milan, Ramses, Ronald, Sándor, Thom en andere helden die ik heb gewrampled, voor de inspiratie.

Juut voor je toestemming en je kracht.

Naat voor alles wat je voor me doet en laat.

Eva voor ik-kom-je-even-een-kusje-geven-papa tijdens het schrijven.

Ontbreek jij op deze bladzijde? Kijk op www.kluun.nl → hetboek → kluunbedankt.

PS

Het gironummer van de Nederlandse Kankerbestrijding/Koningin Wilhelminafonds is 26000. Of ga naar http://www.kankerbestrijding.nl/specials/doneren.